[明] 程敏政 著 阮東升 校點

# 程敏政文集

第四册

華東師範大學出版社

# 篁墩程先生文集卷四十六

## 碑誌表

### 故奉政大夫常德府同知致仕李公墓表

知徽州府事李君聞其父常德公之喪，即日解官，爲位持服，不佞往弔之，號慟以請曰：「吾父明年壽八十矣，計將以入覲禮成取道東還，與吾兄弟六人者上堂稱慶，少遂愛日之私。不幸而遭茲大故，將歸卜新阡以圖襄事。惟是墓上之石所以賁終昭遠者，敢以累執事。」不佞固辭，不獲命，退而考其事狀，次第書之曰：

公諱泰，字景和，濟南新城人。其上世以産雄邑中，丁亂而圮。至公曾大父善始克以孤煢有立，復其家。大父彦實，父從亮，皆淳謹，嗣拓其先業益盛。彦實以公貴贈文林郎龍陽知縣，加贈奉政大夫常德府同知。妣郭氏，累贈宜人。

公兄弟凡四，然父母獨奇愛公，曰：「興吾家者，必季子也。」稍長，遣補縣學生，敏悟過人，職學者恒以魁選期之。而公數奇不偶，上太學，行益勵，不欲爲佔畢之學，自號敬軒以見志。景泰丙子，遂入吏部銓，廷授保定之慶都知縣。居未朞而政即緒，丁内艱，民詣上官請留，不果。天順庚辰服闋，徙湖廣常德之龍陽。值連歲暵荒，民大疫，公盡却自奉，禱而雨。又勸分遠邇，得泉穀則驗口以給，市藥以瘳，所全活者數萬。更與置耕具種子，還其所售子女田宅。壯與室，瘞與槥，撫摩招徠。境内晏然，爲之謡曰：「李父母，來何遲。早來不使吾民飢。」其得民如此。邑大堤民半居其下，值江漲，公督民修守，勢將決。仰天祝曰：「寧殺令，不可殺吾赤子。」語畢漲落。邑當徵巨杉三百株，以不忍坐民，親歷山中，遇中材者，貿得之。數足而阻于險，復禱得雨，浮澗以出。辰、貴夷兵從王師征廣西，悍不可制，上司檄路旁民移避四十里。公嘆曰：「曷至此邪？」止勿避，第豐其餼廪，而分督人巡視，諭之法。夷兵過迄，不敢逞。巡按御史數才公，以聞，賜勑旌異，進常德府同知。民數千遮道悲慟，衣履爲之分裂。公一一撫之，曰：「我將加惠若。」乃去。常德學久弊，公心語曰：「是非所以本政化也。」規措一新。丁祭日，井忽告涸，禜而得泉，郡人志之。蘄黄清軍者弗克事，巡撫都御史委公，公於衆中察數人者詞色異，拘之別所，少頃，果有發其奸者，人驚以爲神，由是爭自首，得久不從役者三千餘。尋署知長沙府事，事治民孚，一如常德。湖南軍興，公督民兵數千入辰沅助官軍，又部公帑數萬赴武崗羅軍餉，皆有成績而還。歲造幣惡，兩司官率坐累左遷，議屬公。公減常價三之一，幣成，無不中度者。巡按御史復上之朝，賜誥旌異，將有守郡之擢，而公浩然有去志矣。

公孝友恭儉，出天性，律己嚴，筮仕日，即召諸子曰：「汝曹勿以吾得官可自肆。」命誓其志于庭，長者請業醫，次者請業儒，幼者請如次兄志。公始釋然。請業儒者，即今太守君也。家居十八年，起居服食，不異韋布，鄉閭相戒以不義爲耻，邑大夫就而問政，如禮大師焉。卒以弘治壬子四月二十有五日，享年七十有九。疾革，命書遺言，戒仲子曰：「廉慎終始，爲國爲民。」戒諸子曰：「勤儉苦學，毋隳先業。」語不及私。

配黄氏，贈宜人。繼羅氏，封宜人。皆以賢明佐公，婣黨稱之。子男六人，長延年，義官，以醫鳴；次延壽，成化己丑進士，歷監察御史，以直道外補，起知徽州府事；次延齡，太學生。皆黄出。次延福、次延祺，並爲儒學生。次延禄、延祺，羅出。延福、延禄，皆側室田出。女三人，長早世，次適士人賀春，次適儒學生陳謙。孫男八人，長璋，次琇，次琄，次琮，次璜，次珩，次璇，次瓛。孫女六人。

噫！不佞嘗承乏史氏矣，觀公之所樹立若龍陽、常德之政，視古循良之臣，豈多讓哉！矧象賢之子，紹其學名益顯，法其政惠益弘，所以敬承公後，巋然爲一時之望者，蓋方進未已也。

然則漏泉之澤、汗竹之紀，大筆特書，當不日見之，公又何憾于九京也哉！是爲表。

## 翠環處士胡君墓誌銘

新安舊俗有得于先正之遺風，故好禮尚約，無慕于豪侈之習，四方以爲難。數十年來，漸以銷斁，而莫甚于親喪飾殯儀、崇佛事，僭儀踰越，所費不貲，附身與棺者甚略，而述德誄行昭遠垂後之作，無聞焉。間有之，則亦取具示觀聽爾，非用其情也。歙胡氏子宗介其友王宗植氏以狀來，請其考君處士之墓之銘，詞核意勤，出其儔輩甚遠。會予以疾謝文事，然悼今撫昔，義不獲辭。

處士諱虎，字士儀，世居歙琶塘。曾祖先遠，當元季嘗起義捍盜以安鄉人，其配則師山先生鄭公女弟也。祖伯恭，國初被薦不起，吟嘯翠屏山下，學者號翠屏先生。考彦美，亦名士。祖妣許，妣吴，繼鄭，皆里之舊家。

處士自幼敦敏如成人，居勵學，出幹蠱，務得其二親之心乃已。彦美君嘗葺譜收族，處士佐爲之，不以疏遜豐歉爲詳略。執二親之喪過哀，而營壙妥靈必以禮。里居琶川原，有陂塘中塞，處士計聞官調役則民愈困，畫策以喻鄉人，履田出貲，不月工完，其惠利甚博。

以義復里社之祠，便祈謝，而淫祀佛、老，一屏絶之。里貧病無告者，拯之視其力，而材良行修之士，必倡延之爲里塾師。晚築室端居，取「庭草不除，晚山相對」之義，自號翠環居士，士夫間亦因以名焉。又擇里北大白山麓爲生營，而以弘治丁未正月五日卒〔一〕，享年六十有六。疾革前兩日，召諸子付後事，神氣不亂。配方氏，棠源人楚華女，嚴正有禮，族黨賢之。子男四人，長即宗，次曰名、曰益、曰滿。孫男六人。葬以壬子某月某日。

處士承世德而能不鑿其所稟，和易曠達，有語輒盡，雖無位守，而行其鄉者率多長厚之事，閨門之内，雍而不譁，然義不可者，未始徇時爲之。居家奉身，一以廉儉，非舉祀接大賓，衣不兼，食不重。諸子奉訓率其行無改，亦可謂履順守正之君子矣。嗚呼！使一鄉之間得胡處士者一二爲之表，則烏有不能返淳樸之俗，以復于先世之舊觀者哉？而今已矣，可不銘諸？銘曰：

孰砚其光，弗之慎兮。孰晲其時，弗之徇兮。有歸其全，業之振兮。有昌其人，澤之浚兮。

## 溪東孫處士及其配吴孺人墓誌銘

溪東孫處士彦正捐館之三十二年，其配吴孺人始告終，其子玄璋將以弘治壬子冬十月二十四日合窆于白雲樓之先塋，前期奉故汊口程隱氏與今藏溪汪琳氏二狀來請所以昭其幽者。予素善玄璋，而隱、琳之狀亦核可徵也，乃序而銘焉。序曰：

處士諱存德，其字彦正，世居徽之休寧。曾大父希佺，大父宗惠，父士陽，皆以德履重其鄉。母隆阜戴氏。生三子，英德、京德，處士其季也。士陽父卒年未四十，有母在堂，而英、京亦早世。處士能以孤子起家，孝事其兩世無違志，居閒即延師講學、鳴琴，不伍于俗，而以三省名其軒，志懇業成，比之士陽甫存日，不替益盛矣。處士風儀峻整，重然諾，淳行義。正統中，郡舉大家實京師，處士當行，即走行在所，上言母老缺侍狀，獲釋歸。歸益刻意于善。嘗值歲侵，贊其世父用規發粟四百碩賑饑，而中任之，以是用規得如令受冠服之榮。處士亦自是於貧者必隨其力所及歲賙之粟，負逋而弗克償者，焚其券。英德死，有女煢然，處士子之及笄，擇嫁剡溪吴士元。溪東孔道，行者無所憩，亭其渡口以濟困暍。族孤孱而摧于横逆者，必振之，使有立。至於拓先基、表先壠，尤惓惓，奉其責而不以自逭也。鄉先達尚書楊公、侍郎吴公、都憲程公亟稱其爲人而與之納交焉。

吴孺人出邑之臨溪，叔祥君女也，佐處士有禮，尤善以勤儉持其家，而孝敬慈淑與處士相高，奉孀嫂甚謹，晚失壯子，而爲處士置側室仰氏、汪氏，如娣姒，遂相繼有子，親教育之成，而處士不及見也。孺人年益高，主家益健，其行至於弱者慕、暴者馴，一時名宗，率自以爲弗及。

處士生永樂壬辰九月十一日，卒天順辛巳六月十六日，得年五十。孺人生永樂癸巳五月十八日，卒弘治壬子四月十四日，得年八十。子男三人，長世美，早逝；次即玄璋也，今長區賦；次玄玘。女四人，長適歙邵村張禎，次適同里率東程昂，次適歙溪南吴道榮，次適戴岩，大母之族也。孫男二人，長寔、次寯。孫女四人，俱未行。曾孫女一人，尚幼。

予觀郡乘，謂新安地斗僻而風氣完，故前代鼎族多以避難來居，苗裔相承，守其祠墓奉訓弗墜，殆不誣哉。蓋孫氏譜以爲江東諸公子之後，至唐曰金吾公萬登始居休寧之黎陽，七傳曰大公遷坑口，又五傳曰子厚遷草市。至諱宏父者，當宋季來居溪東，生安卿，則希佺之父也。吴氏譜以爲漢番君之後，至唐曰侍御公少微暨其子中舍君鞏，俱以文名。鞏七傳曰琇，仕宋爲休寧令。生五子，分居邑臨溪諸處。蓋叔祥之所自出者也。若處士、孺人之賢，與玄璋兄弟之克肖，法宜書，而予又歸重其先世者，所以進其後之人，俾圖無忝也。銘曰：

有焯一士，淑行在躬。允孝且友，業充譽隆。碩人相之，無靡無妒。子也克承，職是之故。膴膴高原，白雲之鄉。有卜其傍，雙玉偕藏。大江東馳，番水西注。瞻斯敬斯，維後之裕。

## 休寧儒學生程公昭墓誌銘

予於諸族中子弟特才公昭，而公昭以叔父事予亦謹。予北上之明年，忽以公昭訃告，爲之扼腕不懌者累日。又七年南歸，過率溪書院，其子法出遺像示予，宛然公昭，殆不忍觀也。法泣言塚上之石未有銘，敢拜以請。會予疾，不能執筆。久之，公昭族弟曾從予學，數以爲言，乃序而銘之。序曰：

率溪諸程與予同出梁將軍忠壯公，至公昭爲三十有五世矣。公昭貌癯性介，在童稚即錚錚若成人，長老異之，曰：「後有炳然振吾族者，將在是子乎？」因名之燿，字公昭。公昭讀書家塾，日開警於經傳，不必成誦，而講説敷繹，悉中理。稍長，里中少年率師之，其舅氏汪世行令君語其父鎬曰：「燿也慤，是不可但已，宜勖之成。」會世行往宰醴陵，挈與俱，以是學益邃、事益核。歸，被選爲儒學生。未幾，諸同舍者多遜其業精專，至於事可不行尼，亦恃以決。婁侍御克讓董學政南畿，於休寧亦進公昭，俾與秋試，不偶。而汪令君改莅新昌，公昭復侍行。令君每喜從宿儒問政得失，於是公昭獲往見張太史廷祥、彭狀元敷五，兩人亦皆器公昭，曰佳士。

公昭負識見，卓卓不苟，尤篤行義，事父母能養志，與兄炫及弟熖一不失矩度。父喪，極哀，屏去浮屠法不用。祖墓敓于歙江氏，毅然與兄協力愬官，必直之乃已。予嘗會遠近族人作統宗譜，公昭與焉，凡有所考誤正譌，率先意與予合。在新昌，又佐汪令君作縣志，蒐獵纂次，亦秩然可觀。後竟以積思苦學得孱疾，不可起。

公昭曾大父敏、大父玩與其父三世皆有名里中，母汪氏，令君之姊也。公昭生正統戊辰四月六日，卒成化乙巳閏四月十三日，得年三十有八。娶里之吴氏。子男三：長法，次儀，次湜。湜不育。女二：長靜，適里人吴遷；次止，尚幼。法等以弘治辛亥十一月二十有四日奉葬所居西園，負乙面辛，於是公昭之卒，八易寒暑矣。悲夫！銘曰：

九仞垂成忽告圮，千里風馳蹶而止。猗嗟若人適類是，命兮奈何妥于此。

## 處士李公墓誌銘

高邑李公之治徽州也，恒以其父處士春秋高不獲迎養爲歉。士夫間爲作公餘愛日詩慰解之。少間，將上其績于朝，計取道可歸省，而部使者以郡事委君，留不遣。先尚書襄毅公夫人之喪，又檄督葬事。弘治丙辰春正月，竟得處士之訃。君號慟累日，命其子來休寧請曰：「珍不佞幼見知襄毅公，且莅衈典于兹，未即工而去，有遺憾焉。惟是門下之義甚久，敢以銘託。」予發書嘆曰：「嗚呼！君之用情，猶我也，是何可辭？」

按其所自狀，李氏世居真定高邑，曾大父德甫，大父安，國初嘗有仕籍，坐謫戍遼東廣寧之左屯，家焉。父榮，娶于梁，生處士，蓋永樂戊子歲九月二十五日也。處士諱鑑，字克明，性淳樸孝友，雖處行間，早失怙，而執禮讓、喜儒雅，不失故宦家矩度。時當家難之後，或邀之爲賈人，走四方以自殖者。處士謝曰：「商務華，農務實，吾寧甘畎畝以貽後之安爾。」由是竭力服田以奉母，生盡養，没盡哀，又撫其弟銘，爲之娶，節緒浮費，家用漸饒，歲時祭燕有常，而周窮濟急，亦隨其力之所至無恡，鄉隣翕然稱之。處士見珍有偉質，恒語人曰：「是當起吾家者。」遣從師授學，底于成。邊吏嘉嘆，以處士爲賢。

處士卒弘治乙卯歲十一月九日，享壽八十有八。娶侯氏，有淑德，年五十九，先處士卒。繼俞氏，亦克相夫。子男三人，珍、璉、璠。珍舉成化丁未進士，授徽州府推官，有治績。璉以功長五十夫，侯出。璠，俞出。孫男七，曰來鴻、來鳳、來鵬、來鶚。珍之子曰芳、華、蕡，璉之子鳳、鵬、鶚，皆都司儒學生。女四，長適廣寧左屯衛指揮周徵男輔，次許適浙江按察司副使文貴男三省，次許適正千户果俊男某，次在室。珍歸，將奉處士葬城西五里許錦川先塋，以侯祔焉。

予觀趙郡李氏在唐族極盛，贊皇文獻公、趙國忠懿公父子與其孫衛公三葉相唐，而高邑族素立名在循吏傳，胤嗣多賢，宦業不乏。今其世遠矣，而處士實出高邑，又得郡推爲之子，意天於善人之久詘者，將振之也。然則紹先烈以上及其父，俾褒卹之恩賁泉壤而增輝于家乘，不有待于異日哉？銘曰：

維趙李氏，積深慶宗。孰厄其先，浮海而東。屢屯向亨，有淑一士。膺壽孔多，亦顯其子。身雖往矣，不亡者存。溯原有需，赫其貤恩。西城錦川，中作華表。玄堂刻文，永妥斯兆。

## 沙溪處士汪君墓誌銘

郡學生汪祚奉其大父處士君之命，來從予學于休寧南山中。踰年，予往報君歙西沙溪上，時君已抱疾，不能興。命祚禮予于堂，因宿焉。明日，祚道予遍視其所居，曰：「此爲稼同，以斂穀；此爲靜樂，以佚老；此爲三益，則家塾在焉。皆我大父之所力營而貽後人者也。」又出履其所居之東曰：「此爲忠烈行祠，以奉先世祖越國公；此爲宗德祠，以奉本支祖司農府君以下。皆我大父合族人而爲之垂成者也。」還坐堂中，則又手一帙以前曰：「此爲崇孝編，以紀先世之文獻，亦皆我大父之所裒輯而將刻梓以傳者也。」予因憮然曰：「賢哉！汪君。」惜不獲識其顔面何如人，顧其所立有如此者，嘉嘆久之乃去。去未幾，而君果以不起聞，時弘治壬子冬十一月十有四日也。予既遣奠君，而祚來以銘見託。會予有召命，不及爲，乃使人尾舟相候，始克序而銘之。

君諱慶宗，字宗裕。曾祖俊德，祖子原，父貴新，母棠樾鮑家女。生君，性孝友不群，策者以爲「是真能裕其宗邪」。居父喪，一用朱氏禮。比葬，或上其僭于官，巡撫侍郎周文襄公曰：「此禮也，烏得謂之僭哉？」抵告者罪。一庶妹，失愛于父，君厚其裝遣之。與二姊同御其家最嚴，對妻子未嘗見齒。至與鄉族則甚和，而亦不苟徇也。社壇稅爲鄭氏專，必均之乃已。又嘗言縣官，新安地多山而瘠，請五穀之外，藝桑棗以自給。縣官是其言，爲下令，民獲利至今。

君自處最儉，而好施予，代人官征而不責人之私負，以急告者，必周之。於士尤篤，寓秀水日，有胡英、林鳳二生，才而貧，君數資之，遂相繼舉進士。先墓上下二十世，悉植木伐石爲表；墳庵田敓于異姓者，倡弟愬于朝而復之。歲與族人四會食、序昭穆。子孫族姓，多聚教館中，從子濬、濂相繼領鄉薦，而祚亦負志力學，有可冀以成者。君不及見也。

沙溪之汪出越國公第四子之後，居歙之唐模，十一世祖叔詹，宋崇寧丙戌進士，歷官司農少卿，以忤秦檜不大顯。司農生若海，直秘閣，別居古城山，史有傳。若海生常州倅擇善，擇善生建寧察判時中，察判生貢元起莘，起莘生人鑑，始居沙溪，俊德之祖也。貢元當宋季嘗傾家資與止屠城之師，而俊德受業鄭師山先生，師山死國時，以孤託之。蓋累世以節行聞，宜君之所立如此也。

君卒年八十有一。配溪南吴氏，持家有法，族黨稱其賢，年六十有九，先君卒。子男二，長隆孫，亦先君卒；次佑孫。女四，長勝貞，適潭渡黄齡；次松貞，適溪南吴歡；次柏貞，適攸縣知縣江昌；次堅貞，適竦塘黄迦。孫男五，長道祚、次道彰、次道充、次道芳、次道齊。道祚易名祚，道彰易名魯，並爲郡學生。孫女三。曾孫女六。墓在古城山祖塋之右。

初越國故廟在歙雲嵐山，婺源裔孫元帥同當勝國時捐田奉祀甚盛，廟祝沈氏冒姓而有其田。君合族人言之官，不報，則移書婺源諸汪，若今成都太守奎、山東憲副進、大理副堅、江西僉憲舜民，言激切動人，諸汪義之，乃以委元帥嗣孫宗紹主其事，經二十年不决，而君佐之益堅，事卒白，人以是奇君。而婺源諸汪，皆予姻家也，故知君寔詳，而銘不可辭。銘曰：

沙溪之汪，出宋司農。溯厥淵源，越公之宗。數百年來，有啓有續。迨處士君，志彼前躅。蹈義秉禮，卓乎不群。貴弗在爵，學弗在文。其貴以天，維德與齒。其學以身，有徵孫子。古城山麓，蔚爾塋圍。君復何憾，式全其歸。有道之碑，克副者少。鄉評既公，嗣有褒表。

## 故唐孝子黄府君祠堂碑銘

歙潭渡黄氏以成化乙酉歲建其遠祖唐孝子府君祠于里第之東，每歲正元日，子孫進謁禮成，長幼以次拜起，序飲而退。二仲之望，族長率子孫之勝冠者，舉祀禮焉，飲福受脤，具有規約。而所費則出于先世贍塋之田，行之餘三十年矣。府君裔孫今兵部職方主事華始具首末請書其麗牲之石。走觀唐書孝友傳總序，以孝獲旌典者二十九人，府君與名而莫詳其事，蓋州邑未嘗以其平生履行上史官也。走乃爲考郡乘、參家牒，旁蒐傳記而書之曰：

府君諱芮，本江夏之族，自祁門左田來居歙西九里之屯村。後值盜起，黄之族人集衆屯此，以捍鄉井，乃更號黄屯。府君曾祖諱璋，祖諱亮，父諱光，母程氏，生府君而卒。繼母洪氏，實長育之。府君天性純至，奉親以孝聞。建中初，洪氏抱疾危甚，醫不奏功，府君封股肉作羹以進，疾隨愈。父卒，號泣，晝夜不絶聲，遂廬墓終身，芝產十四本，木連理者四，遠近嗟異，以爲孝感。刺史盧公上其事，得旌表門閭，蓋貞元十九年也。府君生以上元庚子三月七日，卒以太和辛亥十月十三日，享壽七十有二，葬歙之向杲寺西。配程氏。子三人，曰文瓚、文炳、文德。巢賊之亂，自黄屯徙溪北居之。賊重其孝行，遣人慰諭，下令毋犯其家，號潭渡黄氏，迨今幾八百年，子孫不下數百人，勤生力學，衣冠褒偉，見之者曰：「此孝子之後也。」府君葬處，更代既遠，池荒草寒，而往來者率相指曰：「此孝子之墓也。」噫！府君何修而得此于當時、後世哉？一好德之心同爾。

自后王降德之典廢，孔、曾授受僅筆之書，誠以爲世無悖德、悖禮之人，斯化行而治可成也。使唐之季在位者知孝，則事君必忠、莅官必敬，伾、文無所售其術，牛、李無所成其比，宦寺、方鎮無所騁其惡，順德舉而犯上作亂之事，泯矣。惜乎其以孝稱若府君者，多出于遠外、農畝之間，其盛至於感鬼神、格草木、化强暴，上之人亦未始不作興之，而終無補于治也。昔朱子守南康，下車即詢唐孝子熊仁瞻之墓宅，爲文奠之，禁其樵采，又言之朝，請復旌門如舊。大賢君子之急先務，蓋如此。府君之名，實與仁瞻並列，安知他日無良有司者，取法朱子追表其門與祠相高，感動其民人以興于行，而副我列聖孝理天下之意哉？走既序其事補舊史之闕，且爲銘以系之，銘曰：

允顯新安，環山帶川。自昔炳靈，篤生材賢。唐三百年，名著國史。有歙一人，曰黄孝子。惟是孝子，至性天成。善事其親，顓顓厥誠。早哀失恃，鞠于繼母。母疾莫救，欒封其股。作羹以進，母疾獲痊。兹匪人力，實監于天。父没悲號，夜以繼日。廬此墓左，終身不釋。有樹連理，有芝競芳。孚彼草木，匪孝何祥。里人驚慚，孰克致養。流聞刺史，頓首言狀。當宁曰嘻，孝哉若人。往旌其門，式降恩綸。棹楔巍巍，見者傾竦。褒顯一人，列邑風動。閲世既久，居然墓林。樵蘇自戢，盗弗敢侵。矧是錫類，有蕃孫子。潭渡來居，亦數千指。故宅之東，爰作新堂。合其宗人，以奉蒸嘗。鐘鼓有嚴，豆籩夙戒。孝子來享，生氣如在。孰非人子，孰無是心。觀感擴充，匪古斯今。惟皇撫運，克篤孝理。虞周化成，圻内伊始。有美嗣人，或奮于朝。或成于家，孝澤孔昭。我作銘詩，勒之貞石。勖哉孝孫，永保無極。

## 孫君以寬墓誌銘

新安孫氏在休寧者，以雷溪爲望，至諱忠原者，贅汊口程氏而居焉。至以寬君，再世矣。於是又有汊口孫氏，口分世業，殆與雷溪相高，非似續者之有人而能邪？以寬其字也，諱存仁，性淳樸，善事其父母。其父曰岐隱翁，母曰富溪程氏，皆愛賢君，曰：「孟當益興吾宗。」翁之季曰雲隱處士，富學問，昌于詩，君從之游。而親年高，有弟七人，闔門男女百口，日給孔艱，君慨然曰：「學不可終遂矣。」與諸弟謀幹蠱，曰：某之吴，某之粤。協乃心力，無敢異議。居數歲，家果益興，如親言。君既致大阜，思所以維之者，乃立條約，不私畜，不析産，婚喪祭燕，泉布出納，比閭間。慶弔還往，周恤假貸，悉按古禮，度可行者爲之節。且延師儒訓子姓，躬督教之。由是汊口人稱家政之善者，必曰孫氏。君又將建先祠、訂宗法如浦陽鄭氏，而疾作，不果爲之。

君曾大父諱興，大父即始居汊口者岐隱翁，諱春殷，别有傳。君配亦出程氏，壼範相承，賢淑有聞。君平生好簡逸，惡侈靡，乃獨愛鞠藝而玩之不斁，因以菊窻自名。卒成化壬辰歲九月十九日，得年四十有二。丈夫子三，廷傑、廷弼、廷式。女子一，適程永浩。孫男子二，友進、友緣。孫女子三。以甲午歲正月十一日卜葬里之白楊塢，二十四年矣，廷式始以君表弟正思之狀來請銘。汊口、富溪之程與予皆同所自出，且聞廷式兄弟與其諸房守君之家規弗替至今，然則君豈直一鄉之彦而已？是宜銘。銘：

無咎承考，孰悖之畏。念鞠子哀，孰鰲之愧。有堂構矣，亦學友于。肅彼家規，莫之敢渝。繄若人兮，胡弗壽豈。月旦有言，不亡者在。黄花采采，白楊蕭蕭。最行勒銘，惟後之昭。

## 處安汪翁墓誌銘

歙稠墅汪翁以成化壬寅四月十五日卒于家，其子泰護屬其姻家儒學生程陽奉狀來請于休寧。值予方以服闋介行李將入朝，辭之。而陽於予爲族孫，請甚堅，乃不克辭而序之曰：

歙西諸汪皆唐越公之後，而稠墅之望彌著。其先在宋有諱應元者，事理宗至提刑，予嘗得其論役法狀而讀之，事核文簡，有憂國活民之情，又嘗得吾宗丞相文清公所爲誌銘而知履行之詳，審其爲一時名流，不誣也。公之族甚蕃，而阨于元季之兵燹，至翁之大考國佐始出而振之。考士美，又克繼之，遂長一區之賦，有名鄉曲間。士美君三子，翁最少，而性淳慤，與二兄繼長區賦，能不墮其父業。二兄繼殞，諸子尚幼，君益自刻厲，以亢宗植家爲己責。上奉其父，下撫其子，盡心力，無違禮。又推其所有以應公家而惠其隣里、婣戚、宗黨之不給者，由是義聲燁然起一時。一時競者以平，暴者以歛。教其二子，讀書敦行如己志。二子者，奉訓唯謹。君因自號處安翁，以家事付之，而自適于溪山觴詠間，不復關世慮。杖屨所至，人必以爲榮。卒年八十。

配江氏，卒成化壬辰九月二十六日，年七十五，與翁合兆。子男二，長泰護，次泰常。女二，長適棠樾鮑泰，次適向杲吴槿茂。孫男三，長元俊，次元傑，次元傅。孫女二，長適胡某，次適吴某。曾孫男二，長璜，次璉。墓在里之鮲堨原。翁諱敦慶，字文厚，其群行若此。嗚呼！其亦無忝于文獻之族，而法不可以不銘者乎？銘曰：

一鄉善士衆所推，賢者以勸愚者規。成此下俗淳弗漓，處士汪翁宿且耆。孳孳好義老不衰，遠膺福履百歲宜。今其已矣寧不悲，盛德之後嗣者誰。子孫詵詵慶所遺，鮲堨之原山水奇，我銘敢比林宗碑。

## 資德大夫正治上卿掌通政使司事太子少保禮部尚書致仕張公墓誌銘

弘治癸丑夏四月二十有六日，掌通政使司事太子少保禮部尚書致仕張公卒于京師之第，訃聞，詔遣官諭祭其家，仍命有司爲營兆域如禮。於是公之子兵部車駕郎中忱將奉柩歸其鄉，前期以翰林編修白君鉞之狀來請銘。

謹按：公諱文質，字允中，世居永平昌黎，相傳其七世祖勖嘗仕元爲翰林學士承旨，至公之曾祖曰繼和，祖曰廣，考曰鑑。而廣嘗仕爲山西繁峙縣沙澗驛丞，兩世以公貴並贈資政大夫工部尚書。祖妣王氏，贈夫人；妣楊氏，封太夫人。始公父侍學于沙澗，早卒，遺腹得公，賴王夫人親抱育之。少長，遣入縣學，爲生員。公茹悲苦不堪，而刻意問學，期自立以亢其宗。正統辛酉，遂舉京闈鄉試第二人。明年登進士第，授工科給事中。值己巳之變，中外多事，公與同列屢進讜言以輔政。而公體質凝遠，音吐鴻鬯，尤爲一時所器重。景泰庚午，陞都給事中。壬申，陞通政使司右參議。英宗復位初，廷臣多不當意者，獨嘉公，陞左通政，進通政使，數被賞賚。憲宗嗣位，久之，以考績陞兵部左侍郎。成化乙未，進工部尚書，並掌通政事。今上正位東宫，加恩廷臣，公太子少保。明年，調禮部尚書，莅部事。尋以母憂去職。服闋，仍掌通政事。會同官有以左道進者，謀奪公位，公覺之，遂引疾去。蓋家居凡七年，及見左道者之敗，而公等被陰嫉者，或起用于時，或令終于家，然後論者知天道之不爽如此。

公爲人謹厚，雅度有容，終日恂恂，不妄言笑。典出納前後餘四十年，每朝廷有大政刑，必預議，有大典禮，必在列。公亦感列聖眷知，夙夜奉公，思以濟時澤物，而局于官守，不克自見。然其存心制行，不苟爲異同以趨時好，望而知爲福人君子也。性孝友，每思王夫人恩，薦享之日，或哽涕不已。至有官，始克迎楊夫人以歸，奉養備至。待異父弟妹無間言，於故舊、鄉黨，無論戚疏貴賤，在困中者，極力拯之，必濟乃已。

公享年七十有三，娶王氏，贈夫人。繼張氏，封夫人。子男三，長忱，己丑進士，即郎中君也；次慥，鄉貢進士；次懷，太學生。皆王夫人出，而慥、懷先卒。孫男二，長葵，太學生；次蘭。女五。曾孫男女各一。公墓在邑西會東社之原。

惟先尚書襄毅公與公同年進士而友相得，故走獲以童子親几席、聽教言。中歲去國，不及拜公，幸兹還朝，則公已捐館。嗚呼！先友盡矣，忍不以銘？而才謭文陋，不足以發公行治之詳，誼在通家，又不敢讓，則次其事而銘之。銘曰：

惟天降材，亦難其成。惟器之碩，斯用之宏。緊若張公，自其有禄。鉅人元夫，占者屬目。一仕青瑣，再官銀臺。封駁之績，對敭之才。進位文昌，載加宫保。竭靨效忠，屢閲勳考。英皇景帝，暨我憲宗。嘉此老成，恩崇譽隆。公事三朝，一節敬慎。守厥攸司，弗究其藴。人謂公器，福禄孔宜。彼憸讒兮，嫉而尼之。褒賢殛頑，天道甚邇。公雖云亡，何憾于彼。營墳有使，諭奠有文。哀榮始終，無愧前聞。會東之原，有妥玄室。貞珉勒辭，百世無斁。

## 驃騎將軍右軍都督府都督僉事李公墓誌銘

公諱泉，字明遠，其先起西陲，自宋、元來，世有西寧之地。至公祖南哥，當國朝混一初，首率衆内附，太祖高皇帝嘉其誠，俾同知西寧州，歷官西寧衛指揮僉事。父英，嗣其官，事太宗文皇帝，屢從征伐，以功封奉天翊衛宣力武臣，特進榮禄大夫柱國會寧伯。母夏氏，封會寧伯夫人。

初，會寧公爲將，有威名，坐累失爵而卒。公年甫十二，母夫人上書愬其功，英宗睿皇帝惻然念之，授錦衣衛指揮同知。未幾，有詔録勳臣後，復進都指揮使。憲宗純皇帝即位之又明年，舉將才，尚書姚文敏公以公名上，進左軍都督府署都督僉事，分練五軍營。尋用兵部言，莅右軍都督府事。是歲秋大閲，立團營十二，又領振威營。公久在散地，一日被廷薦，受簡知，於士馬訓習、戎務張弛，殫厥心力，聲稱翕然。庚寅歲侵，畿内盜起，詔侍郎葉文莊公及公等三人往綏輯之。癸巳，監修禁城。己亥，督治盧溝河決，而山後以回禄變告，勢及四陵，復詔公發旁近兵撲之。公每受命，寢食不遑，務竣事乃已。而先帝亦賜賚優渥，同官者不及也。庚子，中貴人汪直來監十二營，奏罷公，仍分練左掖軍。又用中貴人張敏言罷之。而尚書余忠肅公言公可用，乃分練神機營。公上疏請罷，不許。乙巳，請告展墓，許之。公至西寧，治别墅，自號松巖拙叟，思終老焉。逾年不至，詔兵部檄陝西守臣促公，始入朝。

今上皇帝嗣位初，再上疏請罷，亦不許。壬子，用建儲恩，實授都督僉事，而公已抱疾，不可出矣。癸丑夏五月十五日卒于正寢。訃聞，上悼惜，賜棺槨齋糧麻布，遣官諭祭者再，凡一切葬事，悉從官給，臨壙朞年及再朞，詔亦遣使祭焉。

公爲人儁晤沉著，喜讀書，尤工筆札，所交一時名人，誓必嗣其先烈，而遭時承平，不克自見。結佐五府、典列營三十年，自壯至老，持己矜嚴，守官介慎，雖與時忤不恤，亦可謂世勳之巨擘者歟！公享年六十有四，配胡氏，有淑德，封夫人，先公卒。子男十三人：長瑁，太學生；次玑，舉進士，今尚寶司丞；次珊；次璠；次璵；次琨；次琦；次璘；次珂；次珮；次瓘；次瑞；次瑢。玑、璵，胡出，餘出側室陳氏、董氏。女二人：長適廣義伯子英鎮，次適指揮子張鋭。孫男五人：長寧，嗣錦衣衛指揮使；次安；次定；次壽延；次壽顯。孫女四人，尚幼。玑等將奉公西歸，與胡夫人合葬西寧巴州先塋，前期以翰林編修徐君穆之狀來請銘。憶當成化初，先尚書襄毅公在兵部，首舉公而用之，故予得數與公還往，知其人，義不可辭。銘曰：

西寧賺賺，惟陝之藩。李氏在州，世屬櫜鞬。允顯貳車，首識真主。爰錫金緋，秩比亞旅。有赫代將，分茅會寧。功高謗興，慶衍于庭。惟驃騎公，世武孔力。亦篤詩書，安此家食。錦衣輝雲，崇德昭勳。以才受知，入佐五軍。乃肅戎行，乃拯民瘼。國有大功，亦籍經略。歷事三聖，勞勤寔多。進止何心，出入逶迤。公志未酬，公疾弗起。有子如林，一濟其美。惟皇念舊，卹典載頒。以窆以奠，于彼家山。冠劍之藏，永妥窀穸。貞珉勒辭，百世無斁。

## 懷遠將軍忠義前衛指揮同知凌公墓誌銘

公諱錦，字日章，凌姓。凌之先蓋出衛康叔，康叔支子爲周凌人，以官氏，子孫散處江、浙間。至吴偏將軍都亭侯統，著名史册，而句容，故吴甸也。句容之凌，相傳爲統後，在唐學士準，在宋侍郎策，各以其地顯。

公家句容之郭干村，族亦鉅，而失其譜。公之祖福海，妣田氏。考天壽，贈懷遠將軍同知指揮使司事，妣白氏，贈淑人。天壽君當永樂初以詿誤戍興州中屯，業中圮，然獨撫公曰：「吾所爲無愧心者，將恃爾以亢吾宗，無自棄也。」公受命感奮，必思以自效。宣德初，代父軍中，騎射之餘，時從儒者問書史大義，而於一切世態俯仰、宦跡通滯、物貨奇贏，悉鈎探其情勢而欲手操之。蓋公性沉鷙有術，長身偉髯，慕古策士，亦每以策干時，名公卿諸公，亦多折節與還往。

正統中，從大將軍擣虜于甘州兀魯乃歸，以功長伍什夫。上言興州官軍當分番宿衛，而地遠外非便，兵部是之。得旨〔一〕，許内徙，隸忠義前衛。己巳秋，虜大入寇，京城戒嚴，公從副將軍戰虜彰義門，又追虜紫荆關，以功試百户。景泰初，貴州苗作亂，公在行，破其香爐山諸寨，進副千户。金齒守將知其能，請隨以自輔。天順元年正月，以遞奏入京預迎英廟復位，進指揮同知，食禄錦衣衛。英廟亦識其人，數有賜賚，詔乘傳取馴象于雲南，還奏稱旨。久之，曹、石擅政，陷文臣典兵者，公出與善〔二〕，調涼州。明年，與邊將出禦虜，敗之，功未上，值英廟燕間忽思公，問所在，左右曰在涼州，即日召之。時方革迎駕功進者，兵部俟公至，上劾。英廟曰："非也，其仍舊職。"不問。

公感上知遇，脱險即夷，遂獻其名馬，廷謝不復出，以老疾自免。日與方外者遊，而於世故，亦未始相忘，聞朝政闕失暨邊報民瘼，與客亹亹説不倦。自號無默子，放遊江東西、淮海間，自豪于賈人十餘年乃還。買西山田三千畝以濟飢，捐地以瘞貧死者千計，築大第，作土室，壘山種樹，日坐卧其中。雖事聲色，而所食無珍味，所服不過唐巾氅衣。自以爲得異人授金丹至訣，恒自閟不以告人也。又時操觚著書，以仙自命，雖見哂不恤。弘治壬子二月二十四日，忽得疾不起，享年七十有九。

配楊處士舜之女，協公起家，勤儉孝睦，親黨稱之，先公十六年卒，贈淑人。公子男二：長雲漢，今懷遠將軍指揮同知，婦曰程，先少保尚書襄毅公之女，予弟也，封淑人；次雲衢，後公八月卒，婦曰陳，陝西按察僉事峻之女。公女四：長適參將都指揮魏啓，次適錦衣百户子吴純，次適錦衣千户趙良，次適錦衣指揮子葉順。孫女一。公長子暨兩長女楊出，餘多出側室。雲漢將以癸丑八月廿二日奉公葬都城之東南平屯塢，前期匄予銘。予與公雖至戚，而情不比，間有違言，亦不爲忤。蓋公晚而知予，其屬壙之言，亦惓惓在予。嗚呼！悲夫，若公，亦豈非行間之表表不可多得者歟？銘之可也。銘曰：

惟凌之先，材武有聞。肅肅亭侯，世遠而分。粤懷遠公，其智孔邃。業亨宦成，弗繫世類。金帶緋衣，出彼櫜鞬。角巾草屨，跡近超煩。豈句曲人，多慕先老。企永厥年，孰振其槁。亦既有年，有女有男。如公得斯，當甏而甘。爰歸一坵，平屯之塢。我弗辭銘，俾顯終古。

## 汪承之墓誌銘

承之佐予編刻新安文獻志于南山堂，役鉅而弗克就緒也，上書郡侯，言是不宜獨勞。郡侯韙其言，即日下屬縣協力竣事，而承之躬校讎、訪遺闕，雖抱疾或往反冒雨雪不自惜。一日請歸，言動安好，不知其有疾也。又數日，以疾革告，予大駭，亟令壥子往視，而承之説後事亹亹不亂。已乃泣下，曰：「吾不能副先生之教矣。」竟不起，時弘治丙辰十二月廿七日，年甫四十爾。嗚呼！悲夫。

承之諱祚，歙沙溪汪也。新安諸汪皆祖唐越公，而沙溪有宋司農少卿叔詹及其子直秘閣若海，族益顯。承之距若海十二世，詳見予所銘其祖墓云。承之少失母吴氏，壯失父隆孫君，雖孱多疾，而英豪材敏，負大志，必有以自見。入郡庠，治小戴記，從學方太守進。又之越，從學毛僉事憲，爲經義，豐蔚可觀，而旁治諸經史子傳，參究博極，至廢寢食。積書萬卷，猶不以自足。前後經四提學御史，每試必進之，歲乙卯，試郡庠第一，上南畿，有娼之者，中以飛語，竟不獲薦。

承之從予遊將十年，其爲人動必慕古，居親喪過哀，至嘔血成痼疾。奉繼母如生己者，撫繼出弟妹極友愛，事叔父崇禮君甚謹，事必咨而行。長子冠，用朱氏禮以倡俗。又刻予所編心經附注以傳，曰：「此聖學之基也。」承之娶方氏，生二子，恂、恪；三女，岩音、兆音、魁音。治命以其季歸予族姪曾之子從進，曰：「吾與曾友善，毋食吾言。」承之所著詩文有寶經堂稿若干卷，又輯其先世遺文爲崇孝編若干卷。恂以其從叔儒學生魯之狀來乞銘。噫！承之已矣，予尚忍爲之銘墓也哉？銘曰：

天胡降材，弗成而栽。士立孔卓，乃毁于璞。繄命則然，孰夭孰年。全歸若子，亦曰不死。

## 恭人鄭氏墓誌銘

恭人鄭氏，諱玉香，世居淮安宿遷，爲故太保吏部尚書鹽山王忠肅公之冢婦，今錦衣指揮竚之室。

初，恭人之考君曰文，宣德中爲典史鹽山，而忠肅公以都憲出撫江、浙、川、陜無寧歲，君之配曰韓孺人，每上謁太夫人宋氏于里第，必攜恭人與俱。時恭人年五六歲，端淑如成人，太夫人奇愛之，將聘爲婦，以書告忠肅公。公曰：「吾方受命于外，王事孔殷，不及顧此也。惟夫人主，宜無不可。」會君以績最陞吏目定州，而忠肅公還朝，又未幾，而君以老得休致，由是不相聞數年。忠肅公念無以致婦者，以書託其友南京都憲張公純，值張公有事入覲，盡室行至宿遷，代之舉納徵禮而挈恭人歸王氏。當是時，忠肅公再出視師遼東，錦衣君實侍行，在邊十餘年，恭人能盡婦職，奉公姑甚謹，又每以忠孝勉錦衣君甚力。久之，忠肅公復視師二廣，錦衣君以入國學留京師，恭人年益壯，内政益修。暨忠肅公以耆德總百僚，英廟念其功，録錦衣君千户，而恭人所以事其舅、佐其夫者，不以大貴顯而小或肆也。忠肅公既没，錦衣君寖嚮用，而子女日亦盛。恭人治家，一如忠肅時，由是錦衣君賢聲日著，子有娶，女有歸，一時公卿家，率自以爲不及。

恭人之生以宣德己酉正月十五日，其卒以弘治癸丑九月二十五日，享年六十有五。子男二：長宣，武學生，先卒；次瞵，中軍都督府經歷。女長適天津左衛指揮黄溥，次適國學生楊鏜。孫男二：長允恭，亦先卒；次承宗。女五：長適馬溥，次適錦衣千户韋綱，次適錦衣指揮張禹之子，其次適錦衣千户趙輗之子，其次適騰驤衛指揮夏銘之子。宣、瞵將奉柩歸，以卒之歲十一月十一日葬鹽山之太平鄉安都里毛兒園祖塋之次。前期以鴻臚高君岱之狀來請銘，走家亦出河間，幼承忠肅公誨顧，而獲與錦衣君還往，聞恭人之内行甚悉，不敢以鄙樸辭也。銘曰：

維宰忠肅，立朝桓桓。家規孔嚴，爲婦實難。有鄭之媛，配公之子。賢不以忮，敬不以弛。名與德媲，是曰恭人。胡弗永年，遽韜其真。紀行刻銘，新壠故地。世澤之長，閫範之懿。

## 指揮魏君墓誌銘

君諱啓，字景初，姓魏氏，世居邳之睢寧。曾祖興，國初以材武隸東平侯軍中，爲隊長。

祖真，佐太宗入靖難，歷官寧夏指揮僉事。父政，嗣其職，累用戰功至都指揮同知。母王氏，封夫人。

君生世將家，雖閑武事，而喜讀書，親賢樂善，無紈綺之習。成化初，以舍人從襄城伯出討川、貴夷之梗化者，拳勇智略，已駸駸有名于幕府。時同知公已老，兵部請以君代，長其軍，爲濟州衛指揮使。會昌侯在五軍，奏用之，俾總練士于中軍。廷議建團營十二營，以定襄伯督之，君獲總練士于振威營。久之，復用保國公奏，以君居十二營中軍，主宣令于下，將吏皆服君舉錯之宜，而凡前後總戎者，亦皆才君不自釋。會河南汝寧盜起，劫府庫，殺長吏。兵部薦君可獨任，詔進署都指揮僉事，奉璽書往守其地。君至，申號令，閱軍實，籍民兵捕劇賊，而鎮之以靜，一境晏然。弘治初，用薦充右參將，將移守蜀之松潘〔四〕，以恩詔實授都指揮僉事。時龍溪寨番酋雨東數出爲邊患，君設伏三處，而自督官軍往迎之，馘其徒三百人，雨東敗走，居人始安。而議者以君招釁，詔落三職還京師，兵民皆爲不平，而君怡然不自辨。歸舟抵通州，值大疫，遂卧疾不起，時弘治癸丑閏五月十五日也，得年五十有七。

配凌氏，忠義前衛指揮同知錦之女，封淑人。子男二人，長曰瑺，嗣爲濟州衛指揮使；次曰瓚。女二人，俱在室。孫男三人，長曰江，次曰淮，次曰湘。孫女一人。君弟昇及瑺等將奉君柩以是年七月十四日葬都城西白芷坊之原，負壬面丙，前期來請予銘。予女弟適錦之子雲漢，故於君連姻往還相好也。今歲予被召北上，君方西還，相遇于淮，而予舟先發，蓋抵京未一月得君訃，爲之驚悼不能已已，銘豈可辭哉？銘曰：

精悍之資，通練之譽。如駿斯馳，乃蹶其御。有餘福祉，維後之留。我銘昭哉，聿寧斯丘。

## 中奉大夫宗人府儀賓郭公墓誌銘

公諱巖，字景瞻，姓郭氏，世爲漢中南鄭人。曾祖考文通，元季以功封隋國公。祖考雲，歷官湖廣行中書省平章政事，國初内附，太祖高皇帝嘉其誠，授宣武將軍南陽衛指揮使。考溟，復以功進榮禄大夫後軍都督府都督。公三子：其長曰崇，以都指揮守開平；公其季也，美姿容，喜問學，觀者策其必大貴。時唐定王開國南陽而薨，子靖王繼立，宣德戊申上書言定王有長女未婚，詔封魯山郡主，選可承者，得公，送京師入見，稱旨，錫之冠服，誥授中奉大夫宗人府儀賓。

公生世將家，而秉禮執謙，納交名士，未嘗以富貴自侈，内外府僚，亟稱其賢。每歲時入賀，小心周悉，恒以不克將命爲懼。郡主敬之。教諸子俱力善向學，不爲紈綺之習，以成化己丑某月某日卒于正寢，享年六十有四。訃聞，詔遣官諭祭，權厝南陽城北紫山之原。郡主後公一歲生，永樂初隨定王之國，事王及母妃英氏極孝謹，習經史通大義，連失怙恃，哀毁盡禮。其事舅姑甚執婦道，處家肅雍，撫諸子愛均，無嫡庶之別，勤儉恭慎，聞者不意其爲貴主也。享年八十有七，以弘治癸丑三月二十五日薨，治命喪葬悉用朱子家禮。朝廷得王奏，爲製銘旌，遣官諭祭者四，仍勑有司爲營墓園，俾合葬焉。

公子男三人，曰顔，先卒；曰顒；曰順。女四人，其婿曰指揮芮凱、百户丁廣、千户弟何達、閻惠。孫男六人，曰脩、曰俊、曰仁、曰仲、曰伸、曰傑。女四人，其婿曰國學生鹿藝、郡學生朱鳳、百户弟顧德、指揮弟邢潮。曾孫男若干人，女若干人。

公之先與予皆聯姻故閣老贈太師李文達公家，成化初，文達公子今太常少卿士欽共辱過予，時公已蒼顔髮斑白矣，然語笑竟日，猶儁爽可親，不覺其老也。別去不相聞二十年，乃見顒京師，知公久下世，爲之泫然。而顒不鄙以銘見屬，辭再三，不獲，則據其所自述者次第如右。惟我列聖御家垂範之懿，既久且深，故化及宗藩，慎終以禮若是，是亦可銘。銘曰：

有偉公族，作賓王門。履善弗愆，荷天之恩。維宗媛兮，復受多祉。既昌厥齡，亦引其嗣。生也偕貴，歿焉同藏。有褒鳳册，有慜龍章。帝命作丘，紫山之麓。玄金刻銘，百世斯卜。

## 石丘處士吴君墓碑銘

弘治甲寅春，予被命教庶吉士于翰林，時山陰吴蕣年最少，最執禮嗜學，恒竊意其家訓有素也。明年春，郊享齋于公，而蕣不至，云有父喪焉。又浹旬，乃奉大理丞王君鑑之狀來乞請銘，曰：「將載燕石歸刻之。」其容戚，其詞悲，且諗其父之賢，不忍辭也。諾而書之曰：

君諱琢，字文器，世居山陰湖桑里，爲碩宗。曾祖慎，國初徙居邑西州山。祖淵、考暉，皆不仕。而淵嘗入粟濟邊，受旌爲義民。暉，故儒者，號裕庵。妣夏氏，生子七人，君行六。有資質，未總角已涉獵諸經史，賦詩業文如成人，又以餘力作屬對啓蒙一編，人争賞之。其事父母極孝，母遘疾危，湯藥非親嘗不以進，送其終無違禮。有司屢欲以儒學生進君，君固辭，曰：「父老矣，願終養也。」既又奉父隱細山之陽，自號石丘子，示終不出，獨力備養。父稍不樂，即長跪曰：「大人得無以兒不孝故邪？」或終日不去左右，務得其歡乃已。

吴族千指，君事上撫下，悉有恩義，尤以才識服人。族有疑事，或持之，必待君而決。諸兄璇、璧早世，育其孤若己子，貨泉粟帛聽取而自收其敗勘者。仲兄玢，生女不舉，爲仇家所誣，多畏避，君毅然出白其枉。父苦下疾數年，醫以爲非吮不可達，君屢達之。其卒也，悉用朱氏禮。又注意郭璞書，久而棄去，曰：「墳地好，孰若心地好？」人以爲名言。君篤于教子，且曰：「士必以用世爲志，經、律相資，不可少也。」故諸子率謹禮奉法，而族人亦以之相戒，實君啓之。君嘗病風而愈，愈五年復作，遂不起，時弘治甲寅九月十七日，得年僅四十有六。娶司馬氏，温國文正公之裔。子男四人：其長，𦳝也；次臯；次夔；次龍。𦳝初名舜，舉進士，被選入翰林爲庶吉士，以避古諱，請于上更今名。孫男一人，夢聖。孫女一人，夢政。𦳝將以某年某月某日奉君葬某鄉某山之原。

予觀處士群行，皆可書，而孝父事類庾黔婁，友兄事類薛包，至於究堪輿之本、合經律之宜，其所見尤過人，而迄不一施，又弗逮其子之養，誠有可悲者。然脩短之數，人豈能責之乎冥冥不可致詰之地哉？守官勵行，一求爲君之光而俟天定于異日，恩及漏泉名昭無窮，則君雖不壽，猶壽矣。予不及識君，然於𦳝有一日之長，故書君之事以副其哀思，亦將慰君于九原也。銘曰：

木榮而摧，驥迅而踣。豈伊人爲，而實氣之忒乎？爰□□□，亦引其澤。將不在厥嗣，而孰昭其德乎？貞珉岌然，我銘載勒。後千百年，過而太息。懿哉，是惟石丘之宅乎？

## 贈文林郎雲南道監察御史周君暨封太孺人張氏墓誌銘

周君真諱而仲成字者，阜城之隱君子也，年僅五十有五而卒。卒之二十年，用其子琰貴，受敕贈文林郎監察御史。其配張氏，封太孺人。太孺人壽八十有四，以就養，卒于京邸。士大夫交識琰者，奠賻相踵，且相與嘖嘖嘆周君之積與太孺人之教，有以成其子者如此。於是琰將奉柩歸葬，以失恃之早，墓未有銘，奉中書舍人沈君冬魁狀來屬之予。予於琰同鄉人，交相好，爲序而銘之。序曰：

周氏之先本居浙黄巖，曾大父均禮，元季爲河間路總管。大父本初，國朝洪武中始家河間阜城。父祐，娶王氏，生君。最謹厚，性不嗜酒，少從師授書，通其大義，而於子史喜涉獵，與人説亹亹忘倦。事父母必得其歡，友其弟深，務責之成人，深果以才自見，仕爲江夏簿。教諸子不許事豪侈，曰：「人生自耕讀外，皆非可業者。」處友接人，和而不苟。家務人事，必審而後應，鮮或盭也。鄉戚族屬後生晚輩，視以爲法者，必曰：「周處士，周處士！」

太孺人同邑名家女，生有淑行，父從義奇愛之，擇所歸，得周君而嫁。蓋君平日孝親友弟、訓子持家，皆太孺人相成之力。及君早世，親督教諸孤，而資給之費，皆自耕織中出，人以爲難。琰起儒學生舉進士，擢雲南道監察御史，太孺人居恒語之，曰：「汝爲言官，大不可以寵耀自持，當畏慎以不職爲懼，斯可以光汝祖父矣。」琰奉訓唯謹。凡監税、督餉、按部，皆以勤公著聲。而建白時政、扶植善類尤力，論者蓋不以其推榮爲難，而以其風節顯親爲難。

君生永樂庚寅十月十三日，卒天順甲申三月二日，葬阜城坤維先壠之次。太孺人生永樂辛卯六月二日，卒弘治甲寅七月廿七日，將祔于君。子男三，曰瑄；曰琰，御史君也；曰璞。孫男五，曰章，曰良輔，曰良臣，曰良金，曰良玉。孫女一，曰長春，許聘何磬。曾孫男二，曰廣集，曰迎年。曾孫女一，曰妙鸞。葬以卒之年某月某日。銘曰：

代有隱顯，貴譽之傳。脩短弗齊，其偕則賢。猗雙璧兮，永妥于此。惟後燁然，惟君有子。

## 宋尚書職方郎中兼權中書舍人查公墓表

中世以來，號鉅家者保其丘壠至四五傳者，鮮矣，況十有三世之遠哉？近祖之履歷行業或不能詳矣，況欲表之于異代五百年之久哉？奉其遺體之弗失，顯其遺烈而弗忘，此修士行而尚古道者所難也。若吾邑查君富興求表其上世職方公之墓，非曠世而僅見者哉！

按其譜：查氏世居休寧瑞芝坊，自歙徙，出唐長史昌之後。公諱拱之，失其字。曾祖文徽，南唐工部尚書，謚曰宣。伯祖元方，宋殿中侍御史。祖元規，贈國子博士。父陶，秘書少監，知審刑院。叔父道，咸平四年舉制科第一，仕至龍圖閣待制。子孫遷海陵，而秘書居故鄉。有子二人，公其長也，舉淳化三年進士，歷官尚書職方郎中兼權中書舍人，卒年四十。弟慶之，自崑山尉授太常太祝，而宋史謂公爲都官郎中，謂慶之爲太子中舍，各隨所見書之也。公墓在休寧北街朱紫巷口，距今五百年，逮富興則十有三世矣。公子一人，曰翼，將作監主簿。孫三人，曰起，寧海觀察支使。曰沔，郊社齋郎。曰樗，太廟齋郎。其祖之受封與其嗣之蔭序，譜多失書者，而一抔之土，託委巷塵坌間，亦未之有表焉。富興以布衣七十之老，崛然衆中，禮以義起，既續譜以昭世德，又建石墓下，請文史氏以嚴冠舄之藏，是可不爲執筆而使其無傳哉？

公之履歷行業不能悉，獨縣志及家乘稱其廉行清節，不愧世風，爲錢宣靖、寇忠愍所獎重，其大致可推見。而胤系承傳，蕃衍碩大，仕者有守，處者有聞，則其餘慶所種，亦豈一時淺夫自殖而弗計其後者之可及哉？昔忠獻韓公僅得奉五世祖墓，至發壙考銘而後見；老泉蘇氏譜其所自出，高祖以上不可得詳。而吾鄉鉅家，往往能守其丘壠譜牒，遠者數十世，近亦十數世，松楸鬱然，昭穆不紊，合族之禮、掃墓之節，著于定法，比于官府，有先正巨公之所不可致者，豈吾鄉僻居東南山中，無兵燹之禍，而其人得以申敬宗收族之義歟？然則生其地者，安可不自幸而敦本力善以爲其上世之光歟？查氏後人，尚知所謹哉！

## 校勘記

〔一〕而以弘治丁未正月五日卒　弘治無丁未年，「弘治」當作「成化」爲是。

〔二〕兵部是之得旨　「部是之得」，底本漶漫难辨，據臺圖本、四庫本補。

〔三〕公出與善　「出」，四庫本作「坐」。

〔四〕將移守蜀之松潘　「潘」，原作「藩」，據臺圖本、四庫本改。

# 篁墩程先生文集卷四十七

## 碑　誌　表

### 驃騎將軍後軍都督府都督僉事李公墓誌銘

弘治甲寅夏六月二十有一日，後軍都督府都督僉事李公卒于家。訃聞，上爲之悼惜，命禮部諭祭，工部營墳，京府給齋糧麻布如制。其子清等將以次年夏四月十七日奉葬都城東六里屯之原，以予其父執友也，前期請文誌其墓。

公諱銘，字自新，世居山東鄒平之醴泉鄉。曾大父士成，贈武略將軍管軍副千户。妣柴氏，贈宜人。大父子祥，以布衣從文廟靖内難，授武功中衛副千户。父海，嗣武成後衛副千户。並以公貴贈驃騎將軍後軍都督府都督僉事。祖妣劉氏，妣邢氏，並贈夫人。

公生四歲而孤，邢夫人爲請世禄，挈歸鄒平，教育之。至正統己未，始上京師，嗣父職。

時公年踰弱冠，即負志侃侃，日從人習騎射，讀書史，思亢其宗。正統己巳，虜入寇都城，公從大將軍拒戰德勝關，陞正千户。景泰庚午，從追虜于大同，時白馬城及雷公山虜騎蔽野，衆莫敢攖，公與偏師轉戰不懾。至代州復遇賊，先登陷陣，還，論功陞指揮僉事。居久之，用薦莅衛事，兼練士于京營，以勤恪聞。天順辛巳秋，逆欽犯闕，勢張甚，公時隷五軍，急號召所部士夜詣總戎者，分道與戰，衄其黨，賊就戮，陞指揮同知。成化丙戌舉將才，公在選中，陞署指揮使。川、貴山都掌蠻亂久不下，朝廷大發兵擊之，軍畢節。而蜀兵爲賊沮于瀘江，不克進，公冒險往迎之，軍大振。復自率一軍入擣大穴塘，連破之，燔其寨數十，遂抵大壩。大壩者，賊巢在焉，由是諸蠻悉平，公勞居多。會有妒其功者，僅實授指揮使。己丑夏，從西征，獨將三千人爲前行，破虜雙山堡，又追敗之于開荒川，還所掠丁男生口甚衆，陞都指揮僉事。辛卯冬，詔充右參將，分守燕河營諸處。居八年，進署後軍都督府都督僉事，充總兵官，鎮薊州永平、山海諸處。薊，東北重鎮，亭障久，多廢不治，公歲加修塞，剗峻甃險，踰數百里，屹成巨防。而喜峰口者，朵顔貢道也，既入墳山關，猶俾露宿，殊失柔遠之義。公爲造大屋三十八楹，以居虜使。又立墩臺堠石垣五百丈以謹防戍，督民耕邊田采野食以備荒，選精卒躬團練之以備戰，又以其餘力祠名臣以勸有功，置戎醫以濟病者，一方晏然，人戴之若父母。而公自以年至，請罷。上知公先朝宿將，慰留之。又五年，用建儲恩，實授都督僉事，賜誥追贈二代。公復上章懇辭，始獲命還京師，時弘治壬子也。

公早失所怙，事母夫人極孝謹，居喪哀毁，嘗請于朝乞解官持服，不果行。性不嗜酒，與人恂恂若儒生，而御軍嚴整不可犯，所至有功，同時列校號材武者，究其歸，率自以爲不及。課諸子諄諄以詩、書，斥紈綺之習，是以清嘗挾藝較鄉闈，弗偶。公卒年七十有二。配張氏，封夫人。側室王氏。子男二，長即清，今嗣旗手衛指揮使；次源。女三，長適揚州衛指揮使程瑄，次適梁城所指揮僉事楊輝，次在室。孫女四，俱幼。

憶當正統末，少保于肅愍公總諸軍，公時少年，已克有立，與功名之會。成化中，從先尚書襄毅公南征，在幕府有名。晚守薊，又與尚書莆田彭公同事，彭慎許可，獨稱公，爲作邊政記，鑱之石。蓋誠一時老成人，而今不可復作矣。故序其事而系之辭，以昭公于無窮。辭曰：

惟皇御宇，長治久安。孰使武嬉，而缺材官。洸洸李公，爰起孤子。忠勤自將，爲天子使。有寇邦畿，有燔宫門。分將貔貅，殪彼狐豚。南靖妖氛，西馘戎醜。載服金緋，公勞孔有。參閫授鉞，名尊位崇。二十餘年，捍國之東。羽檄不驚，邊人按堵。公年既高，公節良苦。鸞書紫泥，豹纛牙旗。天子加念，功名來歸。胡疾弗瘳，殫厥心力。有司訃聞，哀動宸極。御奠旅旅，敕葬峩峩。恩禮始終，如公幾何。六里之屯，泉深土厚。序勳勒文，百世不朽。

## 太恭人强母袁氏墓誌銘

今南京通政司右通政强公在成化中爲御史按遼東，以言事忤權貴人被逮繫，謫戍邊。時公母太恭人在堂，年七十餘矣，士方爲公憂，而太恭人聞之殊不色動，曰：「吾兒能忠於事上若此，吾何戚焉？」即遣人慰諭之，曰：「險、夷一致，無以我爲念也。」弘治初公起副憲山東，又召佐大理，進都憲，益倔倔不屈，坐是改官南京。太恭人老，不能就養，公復上書請歸侍，許之。蓋抵家獲奉起居一年，而太恭人捐館，年九十矣。士論嘖嘖，以太恭人享全福，膺上壽，有子若公，忠孝具備，譽望孔嘉，求之一時，不多見，而善慶之積、慈訓之懿，誠有不可誣焉者矣。通政公以敏政辱在鄉閭有同榜之雅，遠以銘見屬，謹不敢辭，則撮其大者如此而序之曰：

太恭人諱體柔，字用巽，贈中憲大夫通政强公諱繩武之配，世居河間滄州，生有德容，性貞一，勤女紅，知書史大義。父勝及母李氏無他子，鍾愛太恭人，擇所歸得中憲而嫁。上承下御，具有條則。烹飪蠶桑之事，悉身視之，不以煩其伯姒。泉布出内，亦不私所有。用是其昆弟友于無間言。遇祀先，極恭謹，雖歉歲亦節約取豐潔乃已。念袁氏無嗣，每四時必走哭其二親之墓。墓道多狼戹，嘗一值之，甚殆，終不以是輟行，其力孝如此。

通政公少有偉質，太恭人爲擇師授學，至脱簪珥、躬紡績資其成。及通政公貴，而太恭人猶喜樸素，厭喧擾，却羅綺弗御。所居别業雖陋而樂，恒諄諄以戒其家人曰：「勤儉兩言，豈可忘邪？」以通政公恩，初受勑封太孺人，再受誥封太恭人，卒以弘治甲寅七月三十日。疾革，通政公請所欲言，曰：「吾年九十，何憾？所願汝等始終輯睦，無異今日，吾目瞑矣。」距生洪武乙酉七月十四日。子男二，長珍，成化丙戌進士，歷監察御史、山東按察副使、大理左少卿、都察院右僉都御史改今官；次瑄。女二，長適同里胡玲，次適天津衛百户周俊。孫男七，長汝學，次汝欽、汝問、汝思、汝器、汝諧、汝辯，皆業儒。孫女三，長適府學生馬驄，餘未行。曾孫男九，女四。通政公將以十月七日奉太恭人葬于滄州東南五里家園之西南。惟敏政晚生，不及拜太恭人于堂，而獲友通政公，聞其德善孔悉，故序其事已而系之銘。銘曰：

孰躋耄耋，兼此康寧。仁哉恭人，享幾百齡。慈誨有徵，忠孝無滓。懿哉恭人，顯有令子。貴不以爵，富不以貲。禄養榮封，惟德之宜。古渤之郊，新壠是卜。惟後之昌，過者其肅。

# 義官高君墓誌銘

君諱爵，字汝修，姓高氏，贈刑部員外郎敬之中子，故浙江按察僉事舉之弟，今通政參議禄之兄。其上世，見故大學士商文毅公所爲君父誌。

君生而聰闓愿慤，得父兄意。少長，受春秋于新安汪雲先生，日事佔畢弗懈。時出其所爲文與士角，裦然不越繩榘。而員外公已老，命綜其家務，遂棄鉛槧去從事貿易，走川陸餘三十年，操舍畸贏，節縮浮費，百需具足，家用有成。由是僉憲得畢力于公家，參議得一心儒業，皆君之功。君事父母伈伈承志，恒懼失其歡，飲食非滫瀡不以進，執喪孔哀，賵窆如禮，時祀必蠲潔豆登，屏伏葴事，若聞謦欬。君主家，握泉布，出内一以公，不自殖，視兄弟之子與己子，煦育恒均。與人交，訿而不競，若語涉臧否，亦未始婞婟以爲賢。惠窮振阨，惓惓如有弗及。嘗西入關，遇歲侵，有勸分之令，君與出粟濟饑者，受冠帶而歸。然居恒泊如也，取號半舫，以寓簡遠自適之意。

君松江上海人，中世徙京師，占籍順天宛平。君生正統癸亥三月二十有二日，卒弘治甲寅六月四日，得年五十有二。配江寧曾氏，今武定州判廷宣之從子，内行肅雝，姻黨稱之。子男一人，曰釪，順天府儒學生。女一人，曰淑柔，適都督李公之子瑾，先君卒。孫男二人，曰海、曰淵。孫女一人，曰善簡。釪將以卒之年七月某日奉柩祔于先塋，而參議茹泣自爲狀來謁銘。惟君所存，幾于銅鞮、伯華之行，而所膺比于簪裹、公乘之爵，法宜有銘以白于後，且君所從汪雲先生，又予鄉好也，是烏可辭？銘曰：

惟燕高氏，發原于淞。慶瀦而弘，業殖而豐。粤汝修君，兄弟繼顯。退然中居，篤棐于善。學而弗施，亦政于家。命之不辰，義聲孔嘉。先兆協從，有綿百禩。有克嗣興，永妥于是。

## 貞靖先生秦君墓誌銘

弘治七年冬十一月十有六日，無錫修敬秦君景暘父壽八十五，終于里第之正寢，自守令而下寓公姻戚來弔哭無虚日。友人李舜明輩倡曰：「君嘗用子貴，受封承德郎兵部主事中憲大夫武昌知府，命再加而益崇，然君不自侈，人亦相號曰修敬，以德而不以爵。今兹告終，宜合鄉評、考古義，以清白守節、寬樂令終二法，私謚君曰貞靖先生，何如？」衆皆曰然。又曰：「不銘無以詔後人。」乃致狀京師請銘而猥及予。噫！予與君相識幾二十年，惡可辭銘哉！

君之先居高郵，出宋國史編修觀，觀子湛〔一〕，紹興中通判常州〔二〕，卒官，家焉。至君五世祖瑞五，又自常州定居無錫之富安鄉，曾祖仲益，祖彦和，考季昇，皆以行義高里中。母惠氏，生君，諱旭，景暘父其字也。五歲失恃，知哀慕。及長，甚莊重警敏，讀書彊記過人。族長老異之，曰：「是可干禄矣。」君以單子，請終養，不肯治舉業。正統中長區賦，久之，亦不屑爲，退益究心問學，不事章句。嘗讀魯論「至修己以敬」，慢然曰：「此君子自治之萬金良藥也。」取「修敬」二字顔所居室，凡行己接物，一以是爲準。家庭内外斬斬，僮僕各職，無敢譁者。父疾，夜稽顙北辰，求代死，髮爲之變白。及卒，哀毁過制。事繼母而盡禮，教育其孤弟，終身一甘味亦必割餉之乃已。時祀豫戒，雖老彌謹。迪子孫以禮義，不得事豪侈。

君年既高，行益成，里有爲不善者，相戒勿令秦翁知。人有急，隨分濟之不恡。或貸金商于外而被溺，懼無以償，欲自縊。君召慰曰：「免葬魚腹中，幸矣，尚顧其他邪？」還其券。晚尤謙抑不出，邑大夫歲行鄉射禮，請正賓席，亦不赴。獨喜佳山水，約斯文老人，即幽絶處結碧山吟社，月一會，會即觴詠爲樂，而君詩恒擅場。君初學詩鄉先生余同文，時出語驚坐，侍御成始終號能詩〔三〕，且自負，獨愛君作，曰：「是後必詩鳴。」君詩醲郁峻整，諸體咸備，有集若干卷。

君卒之夕，端坐不廢巾櫛，子孫進問所欲言，曰：「吾得于世，多矣，奚言？」其達生委命如此。配殷氏，先卒，贈恭人，賢明之行，誦法媚黨。子男三人：長夔，天順庚辰進士，歷官江西右布政使，清恪有文，未老以疾自免，士論惜之；次旦；次奭，號雙孝，有司奏旌其門。孫男四：長鏜〔四〕，次銓，次銳，俱儒學生；次鉉。女十，適某某。曾孫男三，俱幼。惟先尚書襄毅公守南都日，夔在部屬，先公器之，予獲與之友。每道錫山，必進謁君，相與講道論詩，竊意君非今之人而幸其不我棄也。惟平生宜有紀述，以見世講，而況夔千里相託之重哉。君墓在邑龍山，與殷恭人合兆，葬以某年某月某日。銘曰：

相昔靖節，遯世弗施。亦有貞曜，克昌厥詩。中窺古人，懿彼修敬。蓋棺自今，鄉論有定。

## 大中大夫資治少尹南京太僕卿張公神道碑銘

南京太僕卿張公以弘治六年八月十四日卒于官，其子瓊以訃聞，事下禮部，得旨遣官祭其家，命有司營葬，悉如令。瓊以是歲九月十七日奉柩葬青苑留村先塋，以公位九卿、秩三品，法得樹碑神道，爰奉狀以請銘。予與公同年友也，義不忍辭，序而銘之。序曰：

公諱謙，字益之，世居定州，爲大族，至姓其地曰東張村。五世思敬祖始遷保定清苑，遂爲其邑人。高祖福榮，曾祖材興，祖旺，三世皆不仕，以積善聞里中。考綱，始仕上林苑監典簿。以公貴，贈祖、考皆亞中大夫南京太僕卿，祖妣王氏贈淑人，妣王氏贈太淑人。

公生魁梧，不類凡子，典簿公愛之，俾從塾師。聰悟日甚，遂爲儒學生，能力學弗懈，志必亢其宗，舉成化丙戌進士，時年廿五。戊子，授禮部給事，即偘偘自將，封駁之際，不以人言爲前却。辛卯歲侵，民流亡相屬，詔糶京儲米數十萬賑之，公在中，所全活者甚衆。三載，受勑階徵仕郎。會都御史韓雍總兩廣軍事，與中貴人交惡，命公往勘之。公咨詢鈎考，持以至公，盡得其狀，還奏稱旨。甲午，陞左給事中。乙未，陞都給事中。值今上在東宫加冠，有白金彩幣之賜。公長諫垣，遇災變及時政闕失，每每進説，多有裨于治體。其止度僧道幾萬言，尤切直。六科奏對，音吐嗚咽。憲廟識其人，特陞鴻臚左少卿，一歲中再轉尚寶卿。凡誥勑符璽牌號及諸禁衛番直莅事之際，敬慎彌至。甲辰郊享，有金織彩幣之賜。三載，受誥進奉政大夫。乙巳，用吏部薦，陞南京太僕寺卿，一以正率下，剗除積弊，禁革貪污，歲省費甚鉅。尋奏馬政便民四事，多見施行。丁未，上太皇徽號，凡親在者得賜誥，而公母夫人在堂無恙，命下，乃以壽終，又獲祭葬之典，人以爲榮。庚戌，服闋復任，以三載上京，遇皇太子誕生，有金織彩幣之賜，進階大中大夫資治少尹，許一子入國學。還任，值加恩南京諸司，復被文綺之賜。未幾而疾作，得年五十有二。配同邑龍氏，賢明之行，稱于婣黨，封淑人。子男二，長瓊，次瑶，皆國子生。孫男二，長繼祖，次續祖。女五，皆聘良族。

公天性鯁樸，所居官務求盡職，論事可否不苟同，雖以此取憎忌，不恤。事母夫人極意奉養，得其歡心。與三弟謹、誠、讓相友睦，讓忽先逝，公哭之慟，遂以捐館。平生樂善好施，鄉里有婚喪不能舉者，多助之奩賻。嘗退朝，見寠甚，惻然召至家，易其衣履遣去，不問姓氏，所存如此。予同榜士三百五十人，其間材局之閎、練核之久若張公，蓋不多得也。人方傒其有顯擢、受隆委，以大其設施于盛時，而止于是，惜哉！銘曰：

鎮定之間，風土厚厖。鉅夫魁人，率生其邦。碩哉張公，奮身科甲。如鵬之騫，而力不乏。長貳諫垣，帝謂公堪。相古九卿，公歷其三。外乘使軺，内補袞職。謂公弗施，屢奏成績。文繡之貴，鸞誥之華。謂公弗顯，恩亦孔嘉。胡履方亨，而壽不逮。賚志未償，聞者興嘅。留村故里，賜兆相望。孰如張氏，赫赫維桑。有礱翠珉，天禄在首。銘以貞之，永昭厥後。

## 迪功郎陝西狄道縣丞周君墓碣銘

我外舅周君自陝歸洛四十年，高潔之行、清雋之才，洛人往往能道之。而末學小子，不克拜牀下、聽緒言。成化中，猥蒙一詩，詞意渾成，惠教諄復，宛然古風人之義也。不佞因和一章爲壽，且繼此將請益，而君不可作矣。君之子瑀致狀京師，託今太常少卿李璋及其弟錦衣千户玠請走銘。璋、玠與走之妻，皆故大學士文達公之子，君之甥也。故走不敢以謭劣辭。

按狀：君諱端儀，字士瞻，一字廷表，世爲洛人。其先具見君之考監察御史安慶知府諱濟之銘。君生秀穎過人，甫成童，即侍父官江南，所至友其地之賢者，學日以成。尤負遠識，一蜀倅過洛，以白金彩幣貽君，君斥之曰：「吾父按蜀而予受賂于家，理乎？」倅大慚去。安慶公卒于官，府僚闢後門以俟發引，君佯諾之，丙夜集輿夫、布儀物，篝燈鳴鼓，奉柩自正門出，府僚嗟異。抵洛，居喪盡禮，不用浮屠法。服除，益從郡名儒講授諸經史及理性之説，得其肯綮，不樂事舉業。久之，有司奉詔，舉君文學才行至京師，送試内閣，中優等，吏部銓授陝西臨洮府狄道縣丞。

始至，吏疑君儒者，未更事，君舉錯應酧，犂然有緒，案牘不能煩。部餉河州有麥若干石未納，而主者誤與實收，納户驚喜，告君。君曰：「是豈可幸其誤而陷之罪哉？」亟令送完。部使者委修學宫，知縣難之，君笑曰：「是在我。」乃先汰夫之老穉且病者，里役三百人，爲三番，番役十日，令召擕薪禾，休者人出穀一斗〔五〕，積穀數百石，物料所需咸足，迨落成而有贏餘焉。嘗出見巡卒一婦一女負禾一束于背，云是盜者。君疑焉，即立訊而釋之。蓋盜棄禾于婦門，誤捕之者。一童子牧羊，怨家以己羊雜其間，夥之，而誣其盜。君詰之曰：「羊大人穉，惡乎盜？」怨家驚伏。一婦人持帕愬有男子强覆其首者，君曰：「爾不出拜乎，則安得此帕？」果已許嫁而終欲改適者，卒不聽之易。其明決果斷類此。歲飢多盜，鄉落皆然薪達旦，君密緝之，得劇盜四十人，盜爲衰息。北虜入邊，邊吏令民一丁運粟五斗以濟師，君蹙然曰：「民有貧富，而概令之輸，非法意，請富者輸、貧者免，有事吾自當之。」民大驩，擁送曰：「周侯真我父母。」君在官，將九載，春秋未六十，語諸子曰：「吾少嘗夢人書『碧雲深處』四字遺我〔六〕，是教之退處也，吾豈有所牟利而僕僕于此哉？」即日稱疾請致政而歸。

君生永樂甲午十月二十五日，卒弘治乙卯三月二十日，享壽八十有一歲。配某氏，與君聯德，鄉黨稱之。子男二，長曰魯，爲鄉塾師；次曰瑀，被選承伊府郡主，授中奉大夫宗人府儀賓。孫男一，曰鼎，洛陽縣學生。孫女三。

君性孝友，母孺人封氏有疾，每夜分籲禱，求以身代。時仲春，母思櫻桃不得，君終身不食櫻桃。君姊妹各一，姊即文達公夫人；妹早孤，在室，君許府學生王讓，壻之時，讓家貧甚，人不知其賢也，後仕洛國學録，夫婦偕老，人謂君知人。君居官廉介自守，不屈於物。

文達公在銓部，君以薦至，未嘗事干謁，一語不合即請去，文達爲之遜謝。其教子弟極嚴，內外之間，靳靳如也。退休日，足不至官府，營別墅于上宮，至必命酌，賦詩盡歡，名園勝蹟，吟賞殆遍，而於天時物理、人情世態，一寓于詩，號其稿曰歸田録，凡數千篇。銘曰：

惟古洛社，號多喆人。流風所漸，百代如新。偘偘周君，亦洛之秀。膺薦而陞，惠政孔茂。宦途聿振，未老而休。白首朱顏，婆娑林丘。抗塵之懷，展也非晉。詩以適情，匪唐之狥。有壽踰耋，有子克承。惟君所登，德善之徵。一窾隆然，洛川之滋。我刻文兮，愧彼名世。

## 大同中屯衛百户徐君墓誌銘

大同中屯衛百户徐君卒，葬河間郡城東之八里莊，今二十有四年矣，未有銘。其子昂將奉其繼母韓氏以祔，而自爲狀請予銘，追納壙中。惟先少保襄毅公實善君，而予又獲與昂友，誼不可辭，則諾而書之曰：

君諱貴，字汝良，世居永平之撫寧，爲鉅家。宋、元以來，率有顯者，其塋次之封碑猶屹然存。自君大父以上，其世牒行履，多燬于兵燹，莫可考。君父諱才，始仗劍從文廟靖內難渡江，以功授隆慶左衛百户。母魯氏女。

君生而沉毅，寡言笑，身長八尺有畸，廣顙脩髯，見者知爲將種。然君不以騎射自足，日從師講學，尤攻于書、數。時大母楚夫人年八十餘，尚無恙，而隆慶公數從幸，家用恒弗給，君傭書以養二母。會文廟定都北京，凡征討諸臣家在南京者，皆召還，君乃奉魯夫人北來。久之，隆慶公改大同中屯衛，治河間，以目疾不任事，言于朝，請以君代。時軍政草創，自衛官以下多不事事，凡格律條章，悉君贊之。由是屬吏有所持循，而軍士受約束，無敢譁者，戎務一新，衛官禮君若先生長者。正統己巳北征之蹶，君亦在行，得生還，而傔從兩人不知君所在，先以其名馬及白金數錠歸其家，無敢私。蓋君平素能以恩義結下如此。景泰初，四方多警，太監王公敏受命鎮易州，察公名，欲置之幕府，君避不往見。王公請于上，許之。然公實以謹畏聞〔七〕，君悉心右左，凡事弗便者，規正再三，公不爲忤。既而移鎮陝西，守備南京，皆挾君與俱。而王公南京最久，英廟嘗謂執政曰：「王敏之所行恒鮮戾者，以有徐百户輔之。」蓋英廟在位，於方鎮事無巨細必先知故也。天順甲申，君引年乞歸，王公固留之，不獲。尚書蕭文昭公、侍郎廖恭敏公皆稱其安恬，非流輩可及，以詩贈之。

君還河間，雖老矣，猶手不釋卷，語後進，必惓惓以善行相勉。端居之暇，結郡中諸老爲耆年會以自適。聲色之嬉，一無所好。嘗謂諸子曰：「我每欲立功邊陲、没身王事，而志弗遂，天也。汝曹宜識之。」其卒成化辛卯六月壬寅，距生永樂丁亥七月丁卯，享年六十有五。配文氏，有賢行，先君二十五年卒。繼韓氏，側室潘氏。子男四人：長昇，嗣百户；次某；次昂，太學生，文出；次暹，潘出。女三人：長玉，適百户劉浩；次金，適千户葉蓁；次寶，適衛鎮撫韓鳳。孫男十二人：長自新，今嗣百户；次自勉、自勤、自習、自學、自信、自修、自誠、自恂、自謙、自讓、自仁。孫女六人，長宏，適指揮劉涇；次安，適指揮李景暘；次寧，在室；次宸，許適指揮從子温棠；次宜，適指揮子董翔鳳；次容，許適千户子李某；次憲、次宥，俱在室。曾孫男三人：長公顯，次公輔、公從。嗚呼！若君之所藴、所立，亦可謂武弁之表表者矣。然位不稱德，識者憾之。顧有子若昂，雖屢屈有司而學益勵、行益修，所以爲君之光于異時者，固在于斯乎！銘曰：

猗嗟徐君，材武且文。克贊戎機，不愧前勳。猗嗟徐君，幕府有聞。名徹帝聰，遠業方殷。猗嗟徐君，忽捐世氛。膴膴瀛東，聿妥高墳。猗嗟徐君，一子空群。嗣有耿光，載揚其芬。

## 義官岑君墓表

君諱瓊，字廷玉，姓岑氏。其先閩人，曰元輔者，當宋季仕瓊州日，卜築城南渡之東岸，家焉。曾大父召福，大父孟清，父志能，三世皆有行義聞其鄉。而志能號朴翁，娶劉氏，生君。

君甫七歲喪父，八歲知讀書，一日有感于王裒事，泫然曰：「是無惑乎古之人也。」每朴翁忌日，輒悲泣不食，衣不純采，終其身。奉母劉益孝謹，飲食非旨甘、服用之具非周且善不以進，劉安之，曰：「是善事我。」君器局峻整，有心計，自以早孤，思所以亢其宗者，勤生業，廣樹藝，不遺餘力，家日豐。然性高雅，樂施予，略不以其有自得。去舊居三舍許，擇别墅之勝者，曰藤竹墩、曰豐里，鑿池闢囿，建亭屋，聚圖籍其中，藏修游息，行益飭，名益美。景泰中歲大侵，君出粟二千石助有司賑饑，用恩例授義官。天順中，雷廉州兵荒益甚，復出粟如往歲，有詔旌其門。匠營度費甚鉅，君不忍，曰：「吾本以濟民，今困之，不可。」固辭乃已。人以是更賢之。郡學大成殿敝，君首出錢二百千佐繕理，釋、老氏有以祝釐來告，者君亦應之，捐田至百畝不悋，曰：「吾所以有今日獲安老太平者，皆上賜也。」立小學，延名儒教鄉之子弟孤寒者，爲供其學資。里之娶無奩、喪無櫬與貸不能償者，多候君，君一一料理之，俾不失所。君年四十未有子，至五十餘，得丈夫子五人，人以爲力善之應。

君卒以成化丙午四月九日，享年七十有九，距生永樂辛卯十二月二十有三日。娶李氏，郡文昌著姓真之女，孝敬嚴淑，協君起家，姻黨師其賢。卒以成化乙巳十一月十有一日，享年六十有一，距生洪熙乙巳十二月二十有五日。五男者：長英，爲郡學生；次蘭、次芳，餘尚幼。女三人：長適林宏，次適國學生吴琇，次適李孟芳。

英等以歲丁未正月一日奉君夫婦合葬文昌之白至原，郡守李公和誌其壙，而未有表。英之室，今大學士丘公女也，因省公京師，以狀來請。予辱公知愛，且嘗聞君之詳，則誦其狀而嘆曰：「嗚呼！若君者，起海上一孤童子，能振其家、蕃其先人之胤系而與有活民、裕國之勞，顯受命服，表其宅里，置身于古公士上造之列而不愧焉，豈非一鄉之傑出者哉！矧英之才得親炙耆俊，以大成其器業于異時，求所以爲顯揚者，可卜也。」是宜書之，爲世勸。

## 劉氏二親墓表

此廬陵東堂劉君觀孚及其配王孺人之墓，劉在安福號巨家，其居邑荆山者，一析居廬陵水口，再析居江背東堂，爲兩族。君則東堂之彦也。其先曰如初，值元季紅巾兵燹，倡義保所居之玉成山，爲寇所乘，獨遺其幼子以安生奇節。以安既長，有材局，復其家，又建讀書樓訓子孫，麟原王公爲記。以安奇節生不器，而業益振，且喜爲義舉，嘗出白金十斤修郡學，予官不受，又踵前志，葺樓以貯圖籍，而劉文安公記之，君之考也。

君生碩敏，寡言笑，慎作爲。奉親甚孝，與二弟觀民、觀正相友善。二弟亦爲義舉和其兄，置義莊里中，儲穀數千斛，歲饑，輒發之助有司以賑，並用恩例爲義官。君不自多也，又作凝秀樓、具慶堂，與讀書樓相峙，諸君子多予其有堂構之功者。然君産日拓，貲日豐，而尚儉素，奉賓、供祀外，澹然無所嗜。曰：「習侈無以示子孫。」樂施予，趨人之急，恒恐弗逮。病涉者建橋，貧死者予槥，鄉之人事不集、競不平者，必求白于君。君不爲勢詘，不爲弱亢，一裁之以公，爲人鮮或訾之者。年六十有七，弘治己酉十月二十日無疾卒。

王出廬陵汶源，亦名宗，其先有梅邊先生者，宋末奇士也。孺人性慧淑，歸劉氏，内外尊幼，咸宜之。而奉親友弟、振困周乏、持己接人諸美事，孺人相成之力居多。不幸年四十有一，卒于天順甲申九月二十三日。子男三：長禎兆，爲儒學生，早世；次禎宣、次禎獻。女三，適良族。禎宣以君卒之明年，奉葬里之梅花郭寨傍花嶺凹，合于王孺人之兆，間來京師，託其鄉先達春坊諭德少司成劉君道亨，求予表其墓，曰：「地雖吉而幽闃，懼先德之弗彰也。」

予觀史之論人，非奇男烈婦，不在表異之列，而平世常德，無所動人之聽聞者，恒泯泯焉。是豈孔子從先進而思有恒之意哉？若劉君嗣其先業益光大之，而又得王孺人爲之配，不以文顯，不以爵貴，可不謂一鄉之有常德者哉？矧劉之先所積，遠矣，一厄仆元季，仆而再興，及今百餘年，將不有出而振于時以爲君夫婦榮者，用以昭天之定爲善慶之可取必而弗舛焉者乎？是宜最行勒石，告諸來者，而因以勖其後之人焉。

## 孺人宋氏墓誌銘

弘治甲寅秋，尚寶司丞鄭宗仁上疏言：「臣母孺人宋，不幸老有疾，在故鄉，不得朝夕省視奉湯藥，敢昧死請告。」詔許之。抵家之明年春，孺人疾瘳，語宗仁曰：「忠、孝，一也，爾宜亟歸，事天子，不得以我故久在告，貽親憂。」宗仁頓首受命，還朝之三月，孺人疾作，竟弗起，乙卯夏六月三日也。君子以是嘉孺人之賢與宗仁之孝。宗仁既得請解官持服，乃奉禮科左給事中孫君孺之狀來乞銘。予於宗仁同鄉，竊聞孺人之淑德甚久，按狀而銘之。

孺人諱瑗果，河間任丘人，曾大父而上多隱不仕。大父昱，父鳳，俱以善行聞。孺人生有容德，寡言笑，樂女紅，聽講小學、列女傳諸書，往往通其大義。母苗氏鍾愛之，曰：「吾女非名士弗許。」同里鄭氏有子綱，甚賢，鳳及苗心重之，乃聽其委禽，而以孺人歸焉。

孺人事舅姑，時其起居，候其謦欬，躬事飲膳，浣濯弗勌。舅姑安之，曰：「鄭氏有婦哉！」鄭素以産高其鄉，孺人恒以義勉其夫君曰：「積而弗散，是撲滿也。」由是其夫君遇歲侵，即大發廩以賑饑者，又以餘力周其族鄰，不能婚者助奩，不能葬者予槥，力田服賈，以兼并壟斷爲耻。孺人贊其夫君教子尤力，故宗仁起進士甲科，成名瑣闥間，受勑命封父徵仕郎户科給事中，封母孺人，里中莫不以爲榮。

孺人生永樂庚子八月十二日，享壽六十有六。子男二，長即宗仁；次宗義，亦以入粟補官。女三，長適巡檢馬弘，次適謝恩，次適史文信，皆儒學生。孫男五，長沂，次濂，次溥，次流，次澍。女二，皆許聘名族。曾孫男一，女三。宗仁歸奉襄事，而濂以儒學生上京師就試秋闈，因使來速銘，曰卜以是歲八月二十二日將奉窆孺人于某鄉某原。銘曰：

有美令儀，惟宋之媛。相攸德門，惟鄭之彦。於顯慈訓，卓彼嗣人。近侍有聲，慶原其親。錫命輝煌，宜耄而壯。孰遽逝兮，捐此禄養。故丘隱隱，吉壤載占。玄室勒銘，用昭其潛。

# 順德府儒學教授黄先生墓誌銘

閩之莆士治尚書極精，其講授皆有師承，其出就試一藩，在選恒居他經十五，上禮部，天下士莫敢齒焉。若精是經又兼治他經而行檢可方古人如我黄先生者，亦可一二見。然位弗稱德，抱道以終，固其命之不淑哉？

先生諱綸，字廷經，本唐侍御史滔之裔，世居莆之烏門。曾祖憲成，祖孟珍，皆以行義重鄉井。父韶，始以尚書舉進士，爲户部主事。母詹氏，亦名宗。先生生有美質，早失所恃，以童子居喪，悉合禮度。主事君在京師，聞而奇之，俾授尚書于季父廣元教諭蒧，遂以興化學生，中景泰丙子鄉試。明年會試，中乙榜，授汜水教諭。汜水自開學，士無與科名者，先生教數年，立條約，嚴課試，士習一變，而館下多成名。時提學副使劉昌慎許可，獨記其新學曰：「黄某博學甚文，誠實端慤，諸生既樂得師，而民亦樂於學之有教。」其言如此。滿九載，汜水人上狀，願得黄教諭知縣事。李曹州在吏部，將從之，而侍郎崔公順德人，遂言其郡學之弛，乃以先生爲順德教授。久之，順德士翕然化服，往往取進士、躋顯位，視汜水益盛。滿六載，聞主事公之喪，哀毁踰禮，遂致疾，没于順德學舍，時成化甲午四月望日也。得年若干。

先生負學識，精于鑒采，天順壬午同考順天府鄉試，閲尚書卷，取今禮部尚書倪岳、侍郎兼學士李東陽、太常卿兼學士程敏政。乙酉同考應天府鄉試，閲詩卷，取故詹事兼學士陸簡。嘗一主考湖廣，收士亦多。先生自釋褐，歷教二庠，所得俸金，悉寄上主事公，自奉極約，而處之裕如。聞訃日，至不能自存，見者憫惻。處庶弟，恩義周悉，與同出無異。配戴氏，廣東按察司照磨鼎之女弟，肅雝之行，著稱一族，與先生恭儉相老，尤人所難，先一歲卒，得年若干。子男一，曰堂。三女，適林居潔、蔡子濂、鄭華璋，皆故家子。孫男二，遂宗、元宗。先生以成化己亥葬邑天馬山之麓，戴氏祔焉。未有銘其墓者，今二十一年矣。堂以書告其季父今户部主事顒一，以其同宗翰林庶吉士瀾之狀來屬銘。

憶壬午之歲，敏政獲得雋于秋試，時先生嘗力言于主考，請寘首選，主考者銜先生位下，而專一寘第二〔八〕，先生每以爲不慊。而敏政無似，其何足以當君子之獎進出於尋常若此哉？追惟平昔，報德無期，而堂千里以書見託，不敢以鄙樸辭也。序而銘之。銘曰：

守儒一官，閲歲十八。教嚴考公，孰遺弗達。哀毁没世，斯孝之純。猗嗟若人，其生弗辰。惟古賢喆，志在爲己。人不我知，害愠害喜。青山之原，有寧一丘。孰銘之幽，孰揚其休。

## 贈文林郎監察御史吴君孺人汪氏合葬墓誌銘

君諱綱，字廷振，世居歙西澄潭，徙莘墟，故贈職方郎諱仕仁之孫，兵部侍郎諱寧之子，今監察御史瀚之父。其先世具大學士商文毅公所爲銘。侍郎公起進士、歷三朝，爲時名臣。有五男，君，其長也，次曰縉，曰興國知州紳，曰順天府通判紋，曰綺，皆克家。而君尤恢穎，少治尚書，業舉子垂成，值正統末侍郎公以憂勤違和，得請歸治疾，君遂里居不復出，且曰：「士不見于世則施之家，不足以及人，猶可善其子弟，患不爲爾。」蓋君侍公三十年，左右就養，務樂其心志。率佃傭，女織男耕，咸職其職，無敢懈棄，家用大充。歲時奉奠饋、禮賓戚、備婚喪，百務井然，一毫不以相撓。公安之，恒稱其孝，壽八十餘乃終。君與諸弟雖異出，而相友愛。紳、紋及女弟之子汪正，資遣從師遠外，三人者果前後薦于鄉，正遂舉進士，歷官知辰州府。

君凡四娶，其先芝黄程氏，繼兩汪氏，一出歙潛川，一出休寧舊市，而陳氏晚繼，並肅雝相成，壺内無鰲言。己所有田，不自殖，捐以入公，費弗恡。尤樂施予、振窮乏。汪富、陳振皆君内之兄子，孱而家圮，君以屋處之，又衣食之，久不衰。吴，歙名宗，至侍郎公益顯，君嗣之不矜，家法益備，鄉人無少長，悉重君，一時公卿家子孫，良自以爲弗及。君偉瀚而教之力，曰：「是必亢吾宗，然德業之成，自内始。」爲擇配休寧坑口孫氏，又擇繼歙南方氏，果賢。孫出處士愼樞，方出光禄署丞員。蓋君保家裕後，有遠識類此。瀚舉進士，明年歸省，而君卒。授御史之三年，獲勑命贈君文林郎如其官，休寧汪氏贈孺人，陳氏封孺人。

新安諸汪，在歙、休寧特盛，孺人爲舊市隱君志道女，有至性。歸吴，甚宜，然不逮其姑汪宜人，益謹事公，以勤儉相夫，而倡其家人，娣姒咸讓。蓋方歸寧，遽以疾告，弗起。君卒成化丙午六月二日，享年六十有五。汪孺人卒天順壬午三月六日，僅年三十有二。子男一，即瀚也。女三，長適槐充胡以盛，次適潛川汪惟潤，次許聘潛川汪某。孫男四人，長楫，次材，次相，次幼。

弘治乙卯，侍御受命出按浙江，前期奉辰州君之狀以告曰：「瀚十歲而喪先孺人，不克襄事；先君捐館，亦未之卜，恒惕然弗自安。兹獲兆于歙西某山之原，將用某年某月某日奉以合葬，先君位中，先孺人位左，而虚其右，幸執事畀之銘。」予晚生，嘗一拜侍郎公于堂，及見君而去，侍御講通家之好甚厚，誼不敢辭。銘曰：

相昔范公，有賢伯器。弗顯于時，就其諸季。桓桓司馬，懷范之憂。懿哉封君，純佑與儔。良配弗年，鍾美一嗣。繩武在廷，孰尚其志。奉揚褒典，載卜新阡。紀行琢辭，百世之傳。

## 默齋先生鄭君墓誌銘

永豐有君子曰默齋先生鄭君，諱賢，字顯才，其爲人純敏簡厚，喜問學，蓋親其貌、耳其言，宛就古人也。少治尚書，業可舉進士，而阨于疾，不獲出自見。天順初，有以經明行修薦者，辭不起。鄉射禮行，有司必致聘爲賓僎，而君亦以齒德弗逮辭。退處一室，左圖右書，謂聖賢之學非在言説，以「默」題其齋。其教子弟極嚴詰，朝則令就家塾親師友，夜則給燈火課勤怠，正襟危坐，且訓且讀，刻燭計時，大約盡二鼓乃已。

君孝友天至，雖奩貲亦不敢私蓄，出内一聽父母。時祀預潔粢盛、習儀節，齋心秉誠，率家人就位拜跪奠獻，無敢譁者。與諸兄同學相愛，無間言。從子軾年十二而孤，訓育如己子，軾果舉進士，爲御史有聲。君交朋友不欺，是是非非，一折之以道義。性善飲〔九〕，醉而益恭。以多病學醫，遂深究素、難及諸家要訣，間推以活人，人德而謝之，弗受。治家則先之以儉勤，惟市古圖籍、振窮乏不恡。佃人客户，有所輸而羨者，還其粟，貧死而不能償者，燔其券。君長子軏嘗輸馬于邊，請冠帶爲君榮。君得文書，叱曰：「若安得以是束我？」玉山令莆人陳孟寬素重君，聞即相語曰〔一〇〕：「此朝廷著令，烏可輕也？」君乃不復言。君爲文典雅，尤長于古律詩，字法率更，屏去媚好。所著有默齋集若干卷。

君之先出宋忠臣同州守威愍之後，元末避地，自玉山徙永豐之石梯，又徙東里，子姓日蕃。君祖大德，父應麟，皆儒者。母某氏。君生宣德戊申九月一日，卒弘治乙卯正月二十日，享年六十有八。娶江山胡氏，與君聯德，媚黨稱其賢。子男三，長即軏，舉進士，今吏部文選主事；次軨，克家，早世；次軸，儒學生。女一，適邑之排山周禎。孫男七，長濂，儒學生；次洛，次汶，次漳，次洙，次泗，次源。孫女三。軏將以某年某月某日葬君某鄉某山之原，以兵科給事中周君序之狀來請銘。序於君爲外姪，稱君之碩節高誼，可質諸鬼神無愧，其言殆有徵也。噫！古之所爲篤行君子若鄭君者，非其人與？銘曰：

惟古之人，君子是則。世方譊譊，我獨以默。君非不言，思力於行。學以默識，行以默成。通德之門，威愍之系。君將紹之，展也無盭。矧復有子，宰屬攸司。引爾世烈，庶其在茲。紀述諷吟，亦復有稿。傳豈在文，驗厥深造。玉山勝地，埋玉其中。貞石勒銘，君子之終。

## 承事郎譚君墓誌銘

君諱瑛，字彦華，譚姓，滁之清流人。爲武略將軍護衛千户追封崇安侯勝之曾孫，贈奉天靖難推誠宣力武臣特進榮禄大夫柱國崇安壯節侯之孫，新寧伯忠之子，今太保兼太子太傅嗣新寧伯祐之叔父。

君生貴家，性淳樸，不事紈綺之習，恒以壯節侯父子開國靖難，並有功著于盟府，思以忠勇自奮，不果，則又曰：「奚必爲是哉？施於有家，亦足以見志矣。」遂身任家政，事父母，蚤夜不少懈。君本岳夫人子，而奉嫡母朱夫人如生己。御僮僕，治田宅，弛張間悉有規緒。親賓還往，慶弔以時，而豐約惟所當。兄璟嗣爵，當正統末出守浙江，卒于鎮。長子裕亦不禄，而次子方在髫齔，今太保公也。君既茹苦襄事，即擇師教之，曰：「此子不凡，當大吾家。」時以先烈語之，太保公奉訓惟謹，受知列聖，命，莅前府總神機兵兼督十二營軍事，進陪廟謨，忠恪靖慎，蓋君左右之力居多。每旬休，太保公率父子上壽，君爲之盡歡曰：「先壯節不死矣，予復何憾。」成化中，淮揚饑，詔官賑之。君遣人輸之粟以助，恩例授承事郎，秩視七品。然君亦不自侈，愛居山莊，課家人樹藝爲樂，因號玉泉居士，京師名流多禮重其爲人。君素苦痰疾，忽甚，太保公憂之，數迎醫，躬視湯藥、候起居如父，君安之。至屬纊，無他繫慮，惟勉太保公盡心國事，人兩賢之。時弘治八年三月一日也，距生宣德七年七月六日，享年六十有二。

配錢氏，先三十年卒。繼趙氏。生子男二，長禄，次禮。女二，長適虎賁左衛指揮使張宗，次在室。孫男一，尚幼。太保公卜以是年四月八日奉君葬石徑山祖塋之右，以錢夫人祔焉，前期手狀其行，請予銘。予承乏史氏，親見壯節侯佐文廟渡江時事，未嘗不偉其忠，意其後之人必多賢者，以衍其弓裘之業于無窮，若君，亦可謂稱其家者歟！銘曰：

有偉前烈，孰嗣而方。有後賢人，孰啓而昌。嗣又啓之，惟譚仲父。孝友在躬，其容俁俁。謂君弗顯，亦有冠鞶。家政孔修，榮不以官。劍履世藏，君妥其右。玄堂刻銘，永示厥後。

## 孺人馮氏墓誌銘

孺人馮姓，世爲吴人而籍京師，故廣東按察副使定之女，今通政參議趙公昂之婦，光禄少卿竑之妻。年三十有九而卒。卒之日，予往弔之，參議公泣謂予曰：「吾與憲副同學，交莫逆，通家還往。新婦生七歲，即聰穎如成人，憲副及張夫人亦見竑子不凡，恒語我夫婦曰：『必以是女妻若子。』夫婦大喜。既入門，事我及其姑潘夫人極孝敬。吾喜賓客，新婦率家人治具，必精腆，愜吾意。歲時奉祀及有所慶弔于親故、里巷，相其姑以行，舉不失節。吾老矣，而喪賢婦，天乎？奈何！」少卿亦泣謂予曰：「孺人之來歸也，吾尚家食，恒日夜勸予曰：『二父皆以經術顯名，子必刻意問學，用光吾舅，我先公亦瞑目地下矣。』予感其言，以有今日。且予自舉進士，爲刑科給事中，歷左右都給事中，皆以言爲職，恒懼以論事獲罪，孺人必勉之，曰：『吾見吾父爲御史，亦每每論事，曰國爾忘家，子宜識之。』予年壯未有子，孺人亟爲娶陳氏，曰：『繼續事重，烏少緩邪？』既而陳氏果生男，孺人亦繼有男，相保愛如一。不幸得孱疾，踰歲不起，而其所得男先以病夭。嗚呼！天胡使人至此極，而予以中歲失此良配也？惟先生不鄙而賜之銘乎，幸矣。」既而少卿諸弟亦皆哽咽相語曰：「自有吾嫂，我兄弟益相友敬，蓋飲食衣服器用，一無所偏嗜，而辭氣温淳，恒恐咈人，故爲娣姒者，一相讓如兄弟無後言。若吾嫂之賢，何可得也？」

先少保襄毅公與參議公相友善，故參議公以女妻予季弟敏行，亦不幸早世，而於孺人之賢，則得之稔矣。矧重以少卿之請而可以辭銘哉？孺人生天順癸丑九月二十四日，卒弘治乙卯三月二十七日。生男女各一人，今所存者，女爾。以少卿貴，受勑命封孺人，有「柔儀淑行，著範閨闈」之言。考行陳詞，誠有如聖製之所褒焉者矣。少卿擇歲之四月十七日，以孺人祔葬長慶壩祖塋之次。銘曰：

不妒而有嘉出，於己子。不壽而獲顯封，爲不死。嗚呼孺人，尚妥于此！

## 歙黄處士徐孺人合葬墓誌銘

嗚呼！此歙黄處士徐孺人之墓，其子爲今兵部職方主事華，其地爲鳳凰村律充原萬羅山，其向子午。蓋處士之葬也不及誌，追樹表焉。後十有二年，華將奉孺人以祔，乃泣爲狀請敏政并書之。惟處士歙者舊，孺人佐之，成其子而殖有家，用顯黄氏，法不可以不銘。

君早歲喪母汪，十歲而喪父興壽，君兄弟中最穉弱，能自飭服儉勤。至長老，業日以興，念非子種學終不足以光世，乃送華入郡庠，又遣受尚書于閣老商文毅公。久之，薦于鄉，鄉人大驩，謂君夫婦之善居子也。華五上禮部，弗利，勖之益勤，曰：「命也，勿戚。」華果舉進士，令撫之金谿。過里日，置酒上壽，媦黨畢集，處士喜甚，曰：「是雖榮，必努力公家以不負今日，吾乃安爾。」華受訓唯謹。又一歲，以入覲獲再省焉。抵任而處士終，蓋年七十有六矣。華改令岳之平江也，孺人誨之諄諄，如其父。以是華政美有文，用部使者薦，召入朝，復過里，鄉人益觀慕，以爲榮。其官職方也，念母不置，會陝有戎事，請行，計歸日可取道省母，未行而得訃，於是孺人年八十有九矣。

處士諱禎祥，字仲述，所居歙黄屯，徙潭渡，出唐孝子芮之後。惟和易不苟，喜周窮困。奉繼母程如生己，事三兄甚友。其教華，不獨事舉業，又勉之繼述，俾倡立祠、享孝子、合族人爲黄氏譜傳焉。晚結茅黄山下，種樹佚老，甫成而不起。孺人居歙朱方，亦早失其父處士恩及母胡氏，内行甚肅，喜儉樸。晚率其家婦程、介婦汪治女紅如壯時。蓋凡勤家恤祀、逮下裕後之懿，與處士媲德而無嫌。處士卒成化甲辰八月九日，孺人卒弘治甲寅十二月二十七日。子男二，雄、華。雄先卒，華即職方君也。女一，適方塘胡禧。孫男四，瓊、珙、琭、珂。女一，適鄭村鄭楷。曾孫男一，鉞。女一，尚幼。

惟處士夫婦刻喜教子，而躋遠壽、睹其成，蓋天之報施善人，弗爽也。恩被貤封，澤其漏泉，以昭其令名于一鄉也有日。予與君同郡，且重華請，乃最群行而於教子事特詳焉，又系之銘。銘曰：

惟歙黄君，孝子之裔。有聯德兮，厥聲孔懿。力哉庭訓，續我世風。爰目其成，並壽考終。於帝降祥，一視所積。鸞封嗣來，光此窀穸。鳳村協兆，山峙川澄。貽後有銘，錫類之徵。

## 百歲程君墓表

貴三公，富萬石，文章功業，名一時者，人皆可致之，惟壽則有不可强焉者，況壽而至于百有餘歲者哉？非上有建極錫福之君，而斯人之得于天者獨厚且完，烏足致此？若吾宗以道君之壽，豈直一家之盛哉？固海内之所鮮也。

君與予同出梁將軍程忠壯公之後，所居汊川，其族以宋端明殿學士洺水先生益顯。曾祖煥、祖連、父安，皆力善不仕。安娶于吴，生君，諱實，字以道，一諱詩。其爲人淳樸，涉獵書史，少客江湖。間嘗以木易粟，至姑蘇貸人，值歲侵，悉棄不取而歸。歸，更事畎畝，不復出，力勤孔時，所入恒倍。家居率晨起，呼子弟，督佃傭，各職其職，無侈以肆，夜即課諸孫鳴琴讀書，抵夜分乃寢。客至，張燕雄談，雖老不倦。既老，取貲産立券，不與子而與孫，曰：「如此，庶幾可均也。」君處己待人，若易直，然皆不失矩度。一門百口，馴馴怡怡，號詩禮者或不能及。君狀貌頎，然兩目如漆，耳幾垂肩，中有毫長二寸許。齒髮變矣，而白者黑、脱者生。年九十五歲，以恩例授冠帶，每鄉飲必禮爲大賓，君多辭不至。年百有一歲乃終。終時盛服，呼諸孫語之曰：「我將與汝等永訣。」言訖而蜕。君生無疾疢，未嘗延醫請禱，步履如飛，終其身不杖，殆異人也。

君生洪武乙亥閏九月十七日，終於弘治乙卯三月十九日。前後三娶，初姚，次黄，次吴，舉和順不盭，族黨稱之。子男三人，德龍、德思、德良，皆先君卒。女三人，皆有歸。孫男九人。孫女三人。曾孫男九人。曾孫女六人。玄孫男一人。予又聞君壯歲在吴下，遇雨，渡而溺，自念非除衣韠無以獲生，即伏水中褫衣去韠，一躍而起。江行遇盗，衆潛伏莫敢動，君曰：「如此，示弱，舉將不免矣。」奮出直前搏之，盗披靡散去。然則君所禀之厚且完，而加以伉健若此，宜其壽之過人也。因并書之，貽其孫，俾刻諸墓上之石。

嗚呼！我列聖休養涵煦之澤被海内，久矣，而有人瑞焉，乃出于新安之程氏，得不謹著之以昭其盛于無窮也哉？

## 一樂汪君墓表銘

新安大姓無慮十數，而汪爲最。汪之先率祖唐越國公，子孫分布列邑，而歙潛口爲著。潛口之汪在宋多顯人，聚族以居，不下萬指，而一樂君在近時爲稱首。一樂，蓋人以慶君而因以自名者也。

君諱順童，字永德，其爲人有志操，簡默自守，人或莫知其何如。至其發言勵行，卒不倍于道，名讀書者或弗能及。然君又未始不好學自勖也，其所學，不事佔畢。事其大父彦實、父士賢兩翁及母張孺人、繼母羅孺人最孝，生養死葬如禮，不伍于流俗。與其兄永仁、永奇，弟永義甚友。永仁、永義皆不禄，遺其孤曰以誠、以聰，方幼稚。凡家政悉君綜之，家益裕，而撫教其遺孤，皆有立。稍長，見以聰之子正也慧，曰：「是足亢吾宗者。」遣爲學諸生。正果以明經舉進士，歷南京户部郎中，知辰州府事，族益華。而君爲善益力，濬智井，成廢梁，葺舊衢，以利居人之飲食來往，雖鉅費不吝。周窮恤匱，不責其償，甚至于焚券，鄉人德之。有小忿，或相戒勿令一樂汪君知。或競入有司，不可解，得君言即解去。年益高，行益尊，每歲時或生旦，親戚子弟上堂稱壽，歡動閭里。里人兵部侍郎吴公與君生同歲，一顯于朝，一隱于鄉，有姻婭之好，時人謂可比漢王霸及令狐子伯兩人。

君以成化丙午十月廿四日卒，卒時無他語，惟以不墜先訓爲言，享年八十有八，距生洪武己卯八月十一日。配洪氏，出宋少師中孚之後，早卒，無子。繼詹氏，鄉進士熙之女兄，皆名族，有婦道。子男三人，長以輔，次以受，次以澤。女二人，長適張思浩，次適洪永殷，亦皆名族子。孫男七人，柳、桓、橚、栻、楨、植、彬。孫女七人。曾孫男十人。以輔等卜弘治戊申正月朔，合洪氏、詹氏葬中鵠鄉大吉灘之原，前期以正所具狀，使人來京師，請表君之墓。

予往歲家居，嘗過瀝口，雖不及拜君，然及見以聰君及汪之諸彦，顧其山水秀環，閥閲鱗次，竊意其有享德壽而名一鄉者當出其間，乃今得考叙一樂君之遺行，刻之貞珉以詔後來，則豈非所樂聞而足以慰其夙心也哉。表之而繼以銘，曰：

嗚呼！是爲一樂汪君之墓。有三子以承，有兩配以祔。孰云淑人，失我鄉度。尚有遺芳，以篤其祜。以衍其祚，而啓後人之永慕也。

## 校勘記

〔一〕觀子湛　「觀」，原作「二」，係省略符而訛，據五峰遺稿卷十八先君貞靖先生行實改。

〔二〕紹興中通判常州　「興」，原漶漫，據五峰遺稿補。

〔三〕侍御成始終號能詩　「侍御」，原作「侍德」，據五峰遺稿「時侍御成公始終名能爲詩，一時無當其意者，獨愛先君之作」改。

〔四〕長鎧　「鎧」，原係墨釘，據五峰遺稿補。

〔五〕令召攜薪禾休者人出穀一斗　「禾」，四庫本作「米」；「休」上原有一墨釘，四庫本作「願」。

〔六〕自本篇「語諸子曰吾少嘗夢人書碧雲深處四字遺我」至本卷大同中屯衛百户徐君墓誌銘「亦可謂武弁之表表者矣」，底本原闕，即原卷四十七第九、十頁，據臺博本補。

〔七〕然公實以謹畏聞　「聞」，原作「問」，據四庫本改。

〔八〕而專一寘第二　「一」，四庫本作「抑」。

〔九〕性善飲　「飲」，原作「願」，據四庫本改。

〔一〇〕聞即相語曰　「聞」，原作「問」，據四庫本改。

# 篁墩程先生文集卷四十八

## 碑誌表碣

### 中奉大夫江西等處承宣布政使司右布政使致仕秦公神道碑銘

弘治乙卯冬十二月十有二日，江西布政司右布政使致仕秦公卒于家，敏政方抱病倚廬，不及聞也。公子鋭函書遣使來新安，請書其墓上之碑，始克聞之。既啓書，進使問狀，知公居其先中憲之喪，哀毁踰節，杖莫能興，期歲而不起。爲之悼嘆，曰：「孝哉秦公。」諾銘焉，而未成也。敏政入朝，道錫山，諏公尚在殯，艤舟入吊，又知其卜地在惠山聽松庵之南，復往視其兆域，鋭使人尾舟言「葬期迫矣，敢速銘」，乃克叙之曰：

公諱夔，字廷韶，其先自淮海遷錫山。曾祖彦和，祖季昇。父旭，封承德郎兵部主事，進中憲大夫武昌知府，里人私謚貞靖先生。凡世德之詳，具見其碑。公生而俊穎不凡，中憲奇愛之，俾從鄉先達游，力學不勌，以天順己卯舉于鄉，庚辰舉進士。壬午授南京兵部武庫主事，職思其憂，上疏請革冗隸以律貪饕，識者策其通大。進遷職方員外郎，再遷武庫郎中〔一〕，一以公勤自勵。先尚書襄毅公器之，每有推薦，輒留以自輔。成化壬辰，始進擢武昌知府。武昌，楚封國〔二〕，而中外重臣及三司治所，咸在焉。地大事殷，守多以愞罷。公上承下御，動中肯綮，郡政犁然，而均徭法畫一，尤善，巡撫都御史爲下之列郡。嘗夜出祀神，遇縶婦于江滸，訊知爲商妾柳氏被劫不污者，力捕誅盜而歸之。以公務過長沙，出良家子睦氏于娼籍，人稱于神明。部使者交章上其治爲湖南第一，詔予誥晉階，將有除命而公丁母恭人殷氏憂。先是，郡百需取辦于市，緩其償，人多怨咨。公出官帑銀給之，而籍封其餘乃歸，廉聲流聞，民攀送不忍釋。有「役均訟平」之謡。服除，改南昌，江右民故譁于訟，公鋤奸植良，人大慴服。廣昌令疑何甲將訐己，唉某乙誣首之，坐辟。公察其冤，詰之，乙吐實，甲得不死。吉安彭、伍二大姓訟累歲，株連百餘人，公承勘，俾離立以次陳，不得相耳語，事不旬日而決。由是他郡獄難讞者，亦多委公。乙巳，遷福建右參政，忽遘疾，視事僅十有八日。丁未，還公江西，進右布政使，遂以疾致仕。聞者無不惜其用之弗究云。

公里居，疾少間，與二弟旦、奭友于，奉中憲備至，凡佳辰勝地，必致老人所好者，操几杖侍行。中憲樂之，曰：「是善事我。」公疾革，無他言，惟呼筆作書，以弗克襄事爲恨。公風采秀出，襟宇清灑，若不可以塵事浼之者。然曹叢務委，剖決無滯。遇公議，侃侃直言，無媕婀之態。宦轍所至，必表章先哲，風厲其士人。在武昌新張乖厓祠，建昌復李泰伯、曾南豐二祠，其志向可考而見也。中憲以淮海後人，力紹其詩，公自幼齡即工賦詠，清麗豐蔚，由二秦以趨盛唐，不名一家。至其博覽群籍，發爲文章，亦條鬯雅贍，可誦而傳也。所著中齋集若干卷。

公壽六十有三。配沈氏，封恭人。子男一，曰鋭，儒學生。女五，適錢稷、陸含章、過轅，在室者許聘楊泰、華天恩。孫男一。始中憲之没也，公不遠千里請予銘，不二年銘公。公壻陸含章，詹事簡之子也，詹事與公交莫逆，而父子亦相繼不禄。噫！何冥冥者於善類摧折若此？歲華遄邁，老淚相傾，誠不忍執筆。而通家契分，非一日也，銘可得辭乎？矧公以孝終而可以無書乎？銘曰：

謂公弗顯，公位方伯。謂公顯矣，疾疢中厄。緊顯弗顯，公亦何心。篚屬司馬，奉我官箴。二牧所臨，民孔懷矣。嘅彼兩藩，弗播予指。政典則有，詩宗亦昌。音與政通，厥聲肆揚。不毁在經，乃伏苫塊。孰識公心，不亡者在。惠山之陽，有石有泉。公營其間，式歸其全。太史勒銘，一語非簡。孝哉秦公，孰與其顯。

## 贈文林郎監察御史于公封太孺人孫氏墓表

登之寧海有逸庵處士于公，既卒之七年，爲弘治甲寅，以其子侍御考績恩，授敕贈文林郎監察御史，配孫氏封太孺人。踰年而太孺人卒于家，侍御方奉命出按畿北四郡之地，告訃于朝，詔别遣御史一人代還，得解官持服東歸。前期奉二狀詣予，請書其墓上之石，將刻而傳焉。

按狀：公諱興，字永昌，其先在寧海多聞人，譜逸莫可考。至公大父通，父讓，並隱居不仕，以行義重其鄉。鄉人爲之語曰：「于氏其有後乎！」公生而聰悟明爽，在襁褓如成人。稍長，喜書史，從師講授，能通其大義。與客論古今上下人物，臧否政治得失，亹亹忘倦。客或難之，必語之故，曰：是當出某書，是當爲某人語。客相顧嘆服。訹之仕，則曰：「幹父之蠱，猶懼不能，況欲有所爲于禄仕哉？」自是窮旦夕，竭心力，出其所長以釐家政、督僮奴，某蠶某耕，各職其職，慶吊還往，悉有規緒，百務井然，無敢舛且譁者。父母大樂，曰：「吾有子矣。」公於父母生致養、没致哀，喪祭無違禮。於族人貧不能立者，隨其力濟之，俾不失所。外姻李氏子幼失怙恃，公收養之，爲擇配，還其宗，鄉人翕然稱之曰：「于翁，孝義人也，吾属有事不叶、訟不終者，宜請决之。」蓋得公一言即解。州大夫舉鄉飲，必禮致公，公以齒德弗逮，力辭，因自號曰逸庵。公兩子，教之極嚴，曰：「孟也治生業以嗣我，仲也力學以爲我先人之光，無怠。」故侍御奉訓惟謹，遂舉成化甲辰進士第，爲行人，以選授雲南道監察御史〔三〕。

太孺人家同邑處士安之女，有淑質，能閑姆教，涉獵小學、列女傳諸書，而於縫紉瀚濯中饋之事，皆習爲之精。年十八歸于氏，上承下御，以肅以雝，家人宜之。時親紡績以佐公之勤儉，蓋公奉親教子、恤貧逮下之美，太孺人相成之力居多，而公亦敬之若賓。太孺人嘗病目失明，幾三載，諸藥弗效，公齋禱于神，不數日復明，人以爲聯德獲祐之驗。公卒于弘治戊申十二月十三日，享年六十有二。太孺人卒于乙卯五月二十二日，享年六十有四。子男二人，長盛；次茂，即侍御君。女若干人，適某某。孫男若干人。孫女若干人〔四〕。公墓在其邑西山解莊之原，侍御將以某月某日奉太孺人之柩祔焉。

惟天報施於人，不於其身必於其子孫，此不易之理也。若于之先所積甚遠，逮處士公益謹禮好義，迓承遺澤，而又得孺人爲之配，聿興有家，訓成厥子，爲憲臣于盛世，才行風裁，衣然一時巨擘，而勳名所底，未艾也。然則顯揚之業、致澤之功，亦何必身享之爲得、已出之爲快哉？予以是最其群行與褒典之隆，用表著之，使鄉人道而讀之者，爲嘉嘆曰：「此于侍御二親之墓，其可景慕也夫！其可興起也夫！」

## 宜人潘氏墓誌銘

宜人潘姓，鎮江人，適馬氏，今封奉直大夫刑部署郎中讓之妻，故昭勇將軍金吾左衛指揮使俊之婦也。以子懋貴，受誥封宜人〔五〕，享禄養者十五年。年六十有五，以弘治乙卯四月二十日卒。卒之前一日，力疾諭懋曰：「我夫婦訓汝以有今日，汝宜勤恪廉靖以報上恩，不貽慼爾父，吾瞑目矣。」又逾日不起。嗚呼！是亦可謂之賢矣乎！

潘氏世儒素，至宜人之父處士君與其配王孺人尤以儉樸相尚，故宜人得于内訓，習禮容，肅而不妒，睦而不争，人稱之曰令女。既歸馬氏，恒以不及事舅金吾公與其姑爲憾，歲時奉祀，必竭誠以享，如事生者。當是時，奉直君之兄良事英廟，同知前軍都督府事，被寵眷甚隆，食指甚衆，宜人佐夫君綜理家務，悉有規緒。處娣姒，極愛敬，無間言，内外媚黨多勳舊貴戚，而宜人恬然其間，不矜以侈。勤女紅，至老不勌，家人止之，不從，曰：「吾所樂在是。」人又稱之曰淑妻。宜人見懋之少穎也，間語奉直君曰：「我家雖以武顯，宜濟之文，庶先業之益振乎。」奉直君是之，亟延名師儒訓懋，懋果力學致用如其言。而宜人於少子諸孫，皆迪之以經術；於諸女，警戒尤切，無豢養之習。人以是又稱之曰智母。嗚呼！是誠可謂之賢也已。

宜人生子男二人，長即懋，舉成化戊戌進士〔六〕，授行人歷官刑部江西司郎中；次悳。女二人，長適金吾右衛指揮使吴瑄，次適羽林前衛指揮使張文。孫男三人，長存道、次存仁、次存義。孫女四人，尚幼。懋將以卒之年某月某日，奉葬順義縣孫侯里祖塋之次，而以其同官員外郎周君瑾之狀來請銘。初，南京太常卿翟君瑛以女妻懋，人謂得佳倩，而翟君，予同年友也〔七〕，故因得其母之賢如此，不可以辭銘。銘曰：

隐君之女，嬪于貴家。既肅而雝，壼職無譁。訓子以文，用叶祖武。揚芬履亨，智哉斯母。牲鼎備養，珠翟在躬。不改素風，嗟孰與同。維桑居南，食兆于北。貞石勒銘，昭此令德。

## 吴氏親塋表

休寧著姓凡六七，商山吴氏其一焉。自商山而散居不一，有諱育源者，始徙縣東市，卒葬二都亭子山，餘二十年矣。其子齊旺恐來者日益遠而莫悉其先之所自出，乃奉其世譜，請走文，勒石墓上，以告其後之人。

吴氏相傳出泰伯之苗裔，以國氏，而新安，故吴境也。至番君，子孫又散居江東西，歷漢、晉以來，世有顯人。逮唐，而監察御史少微始見于史。少微之子中書舍人鞏，居休寧，有石舌山蓮池之勝，當時榮。其再世以文顯，至以鳳凰名山，池跡迨今存。鞏七世孫琇，生五子，分居金竹、梢雲、吴田諸處，而少子犨始别居縣南上山，生子明。明七世生舜選，當宋崇寧初，以高年賜爵奉議郎。生二子，長俯，舉乾道一年進士，止大學録，號棣華；次儆，舉紹興二十七年進士，歷官廣南西路安撫，謚文肅，號竹洲，竹洲從學南軒，受知考亭、東萊，爲時碩儒。俯生四子，長垕，私淑考亭，雖黨事起，篤好不輟〔八〕，所著曰自勝齋集。垕生錫疇，以孝友聞，從學程勿齋，用薦爲白鹿洞書院堂長，不赴，所著曰蘭臯集。錫疇生三子，其仲曰浩，世其學，號直軒，所著曰大學口義，蓋國録之後，可見者如此。儆生四子，長載，仕爲高郵軍判，生迪功郎鉉。鉉生國史編校資深，嘗上竹洲集于朝，宋亡高遁，自卜葬所，築其傍，曰全歸庵，至元初起爲南軒書院山長，力辭不出，所著曰友梅集。資深生五子，其少曰枳。枳生七子，其少曰同，當國朝洪武初，益自植以拓其家。同生四子，其仲曰牛；牛生一子，天童；天童生一子，積善：皆以謹厚聞。積善生三子，其季曰育源，則今始遷東市者也。育源字德生，少倜儻負大志，以祖基湫隘，思有以廓之，乃卜居邑中，買田築室，爲久計，業漸以宏。又出遊四方，納交其名士，聞見益廣，德益充，縣令丞舉以司一鄉之政，鄉人翕然敬服，争訟者多取决焉。卒以成化戊子八月十九日，得年五十有四。娶王氏，有賢明之行，生子四人，長即齊旺，次齊興、齊歡、齊悦，皆能守父之訓。而齊旺又續其譜，佐其叔校竹洲集，刻梓行世，則吴氏之後，謹禮淑身，思以昭其先烈而弗墜其文獻之傳，固將與上山之族相望而益隆也哉！

予嘗考文肅公與吾宗會里尚書文簡公同遊，其諸子又從學文簡公之從子樞密正惠公。若汉口端明，則於文肅爲甥孫；而友梅，則又槐塘丞相文清公之所亟稱也。走之先十世祖奉議諱仔府君，從遊文肅，文肅爲記其所謂相公橋者，其文尚存。每一奉誦，愯然如接風儀、聆誨教，思執鞭不可得。而緬懷一時師友淵源之懿，與其通家契分之深，雖百世，一日也。故本齊旺之意，備書之，使過而式之者，知其爲大賢君子之後，且示夫歲時展禮于松櫝之間者，得因以自勖焉。

## 賓山劉君墓誌銘

嗚呼！此杭詩人賓山劉君之墓。君諱英，字邦彦，汴宋海昌侯之裔也。有諱滿者，從母爲劉姓，以材武顯于元。三傳入我朝，始居錢塘北郭之夾城里。曾大父君美，大父善，父琮，世居藥，有名。母傅氏。

君生極秀穎，少從學大理夏季爵先生，自經、史而下曁諸子、集、録，罔不涉獵，含英咀華，一於詩發之。其詩精妥流鬯，兼備衆體。三吴、兩浙之言詩者，必曰邦彦。由是邦彦之名聞四方，四方士道杭者，有所臨觀，非君與俱無以饜客意。聶大年者，江右詩人也，教授于杭，奇君，以爲忘年友。吴興張太守靖之自以詞學高東南，亦雅重君作，曰：「邦彦，非今人也。」

君性孝友，無故不敢去親側，有美服食，親未御，不敢先。景泰、天順中，藩臬郡邑欲以明經起君，君以母老固辭。親没，喪、祭盡禮。二弟曰華、莊，不禄，贍其孀，撫嫁其孤。與人交，不獨以文字切劘，而周恤箴警甚至。别業在甘泉里，多竹，榜其室曰竹東，晚更號賓山，皆終隱之意也。雖不善酒，樂與人群，時放適于絲竹。顧其中確有意見，是是非非，不苟爲偃仰，有古英豪風致。弘治戊申，感一疾，猶不廢詩。閲九載，乃不起，丁巳五月十有二日也。壽七十有二歲。所著賓山集、蕉雪稿、竹東小稿、湖山詠録及手編兩浙歌風、讀書纂要若干卷。

配仁和鄭氏，南京刑部郎中厚之女，太常少卿環之女弟，克相君，先十七年卒。子男二，演、淮，皆學詩，世其業。女一，早世。孫男二，彭、彩。演等將以戊午三月六日葬君南山慈雲嶺之原，以鄭祔。予辱友君二十年，嘗評君孝友似黄山谷，高蹈似魏清逸，曠達似楊鐵崖，庶幾爲實録者。今兹被召至杭，君已前逝，不及見也。既哭吊君，而演以治命，奉應天尹于公景瞻之狀來乞銘，景瞻於君尤厚善。銘曰：

緊詩瀍唐，中涸而蹷。孰濬孰培，俾茂而發。居杭氏劉，爰奮以揭。咄彼哇淫，秀出靡竭。其氣崷屼，其韻馝馞。茂發者存，孰謂其没。

## 朴庵陳君墓誌銘

朴庵陳君之終于家也，子珀方以御史受詔考牧南畿，中道而得訃，即以聞，請奔喪如制。會予亦有召命北上，得聯舟焉，間奉編修黄瀾所述狀以請銘。予發狀而嘆曰：「嗚呼！若陳君，亦可謂篤行君子者與！」

君諱應，字順元，世爲莆田舊族。大父乾，初居城南。父祈，遷方壺，號實齋，生君一子，見其質秀穎，愛奇之，俾從良師遊，爲舉子業，垂成矣，而實齋老，以家政付君。君能敦孝敬，副其志，而於奉先、禮客、御佃傭，悉有規緒。與人交，誠慤不欺，未嘗有一之交惡者，鄉譽甚美。實齋嘗遘疾，醫不奏功，君夜焚香籲天，刲股和湯藥以進食之，良愈。早喪偶，一老媵侍，不再娶。有勸之，則曰：「吾見繼室多不利前子以戮家者，故弗樂耳。」實齋病，莫能動履，朝夕扶掖，至親操溺器不少懈。其卒也，哭踴幾絶，喪葬盡禮。君篤意教子，勖之成，而珀亦奉訓惟謹〔九〕，庚子舉于鄉，授山東堂邑學教諭。還養五六年，堂邑人化其慈孝。庚戌舉進士，爲監察御史。君時里居，益韜晦不輕出，與親朋輩結社自娱，恒馳書諭珀以守官行己之要。故大司寇彭公韶慎許可，獨稱君之福履。其卒弘治丁巳七月八日。疾革不亂，召諸子點檢喪具，豐約得宜，翼日正衣冠而逝。君爲學務躬行，不事葩藻，因號朴庵以見志。然考其生平爲孝子、爲義夫、爲賢父、爲達生知命之逸老，則古所謂篤行者，君豈多讓哉？距生宣德癸丑十一月十四日，享年六十有六。

配黄氏，諱淑真，延興東埭處士謙甫之女，年十七歸君，三十而卒。其治家肅，奉姑孝，勤生樂施，賢明人也，而不究其内助之業，姻黨惜之。其生宣德乙卯三月七日，卒天順甲申八月十六日。子男四人，珀，即御史君也，與瑚皆黄出；璵、璠則媵出。女一人，適德義吴某。孫男一人，萬全。孫女四人，俱未行。珀將奉君葬其鄉木蘭陂之原，以黄祔。

狀言君少時祈夢于邑之九鯉湖，見白衣人示曰：「白馬如伏驄，前程可見。」釋者謂當爲臺官，而君卒以布衣老。既屬疾，得京師之報珀爲御史，乃憮言曰：「吾不起矣，此其驗。」誠異。然予有進于是者，御史君立朝以淑慎自將，功名伊始，推恩之典，計日可得，則君之名著于鸞書、銜題于廟主，其所驗，不亦大乎？銘曰：

莆有君子，厥氏惟陳。制行之篤，可方古人。其德孔潛，焯彼賢嗣。虎榜豸冠，卒其先志。竚有褒典，叶夢之祥。履善獲報，孰掩其光。木蘭之原，合以佳偶。刻銘玄堂，百世不朽。

## 河間衛正千户贈明威將軍僉指揮使司事張公墓碑銘

河間衛正千户張公卒，葬郡城東十里之哺子村，二十有四年矣。其配曹氏卒，子清將以弘治戊午秋八月甲申奉祔焉，而致書不佞曰：「先君以清故，獲賜誥贈明威將軍僉指揮使司事，秩四品，法得立碑墓道以侈上恩、昭潛德，敢具狀以請。」惟河間衛三鼎峙郡中，予先仲父明威公與公分莅戎務，實相聞，不可以辭，序而銘之。序曰：

公諱祥，字廷禎，世居小興州汝河川。曾大父而上，皆務本力穡，不干仕。至諱榮者，洪武初以尺籍隸燕山，其長子文皇帝靖内難戰有功，爲燕山右衛百户，卒于軍。其後效未録也，嗣以其弟玉，而進其官爲武略將軍副千户，調山西太原。宣德中，再調河間，莅左所事，君之考也。母韓氏，繼章氏，皆宜人。

公生而壯偉，挽弓數百斤，英閩周慎，無貴游之習。武略公之老也，代之，事上撫下有道，而於戎事，舉錯條緒井井，領軍分番上京營，遂以材武知名。正統己巳，從北征，還值虜大入犯都城，復從大將軍敗虜西值門，升正千户。公長負氣節，間語其子，慨然有破賊雪耻之意，而厄于遠下，不獲伸，乃遣清游郡學，勖其成曰：「無忘而父之志。」成化甲午夏五月八日，以疾卒，得年五十有四而已。公事親孝，奉繼母無少盭者，繼母視公如己出，人兩賢之。居常儉素若寒士，而祀先禮客及慶吊之節，亦未始不備也。與人交恂恂，至有過，即折之，人亦亮其公，不爲忤。

配韓氏，贈恭人；繼李氏。俱先公卒。曹氏封太恭人，千户丙之從女也，端恪靜淑，有遠識，父昱奇愛之，慎所歸，得張公以嫁，内外宜之。其佐公理家，或有所弛張，即愜舅姑意，居舅姑及夫喪，哀毁踰節。清之領父衆也，恒半歲居京師，太恭人雖老，綜内政不勌，且勉清以王事曰：「無念家也。」性不好貨，而喜施予，衣寒食飢，雖罄不恤。故清居官以廉名。太恭人享年七十有一，卒以弘治戊午七月六日。一丈夫子，清也，嗣正千户，以禦虜遠威朔州功，升指揮僉事，總練士振威營十七年，用薦還領衛事。一女，適指揮朱暉。一孫子，宗岱。三孫女，長適千户子卞瑩，次許適指揮子王楫，次許適百户子王景成。

公以門功起家，能自效，長千人，又訓成其子，得貤恩進萬户。勞著于生前，寵加于身後，非武弁之難得者乎？清復能録公之行烈，刻貞石詔仍昆，尤可謂賢矣。銘曰：

惟張世業，汝河之川。發跡櫜鞬，以開厥先。桓桓嗣公，材武弘力。克邁父兄，遂領左翼。壯志吞虜，弗究以終。有偉一男，拓其戎功。金紫之封，惟上嘉賚。噫公雖亡，不亡者在。有媲一人，其德惟恭。弗偕以老，哀榮則同。劍佩所藏，瀛東之里。太史勒銘，令聞不已。

## 敬恕處士程君墓誌銘

富溪有隱君子曰敬恕處士，既卒之四年，其子抑昏手持其族弟正思所爲狀謁於予，泣而請曰：「先君子德足以自立，才足以適用，而弗施于當時。惟是葬且久，而石未有文，恐終無以見于世，孤之罪也，幸爲銘之。」予哀其志，乃閲狀，跡其所列，如抑昏言，且正思端謹，從予游頗久，其言爲可徵，而予與處士復同出篁墩後，竟諾之。然亦奉詔北上，未暇也。而抑昏復迭致書，以伸其請，辭甚懇切，慢然序而銘之。

處士諱緣德，字永和，世以詩書簪紱望于他宗。曾祖一鳳，祖彌壽，父貴安，皆守道不仕。處士生而秀異，涉獵書史。既長，益進于善，事父及母汪孺人，具得其懽心。與兄永寧居極友愛，仲兄永隆蚤世，撫其孤甚篤，教諸子必以義方。宅心平恕，而操行嚴整，凡酬物酢事，一遵古道，不波隨其俗。家素饒裕，益課童植杉力穡，以爲儲蓄。而自奉泊如也，獨于修復先業、惠利鄉里不靳。嘗贊其父作睦族堂以叙歲時之會，與其兄刻本宗譜以謹支系之傳。遇匱乏者，輒隨力賑之；紛争者，輒善詞開釋之；煢獨者，輒梏之；道梁圮毁者，輒新之。晚尤修德慎行，平居一言一動，必求合於禮，有施於人，必反求於己。鄉先生江君永清因以敬恕名其軒，處士遂以自號，人亦以是稱之。生永樂乙未六月廿四日，壽七十有九。前後凡三娶，初徐，次吴，次汪，皆和順不盭；少室江。卒以弘治癸丑八月十日〔一〇〕，瀕卒，家人問以後事，無他言，惟曰：「事在抑昏。」子男三，長即抑昏也，予有更名詩，汪出；次亦實、亦友，江出。女一，吴出，適竹林汪鎮隆。孫男七，曰慶一、慶二、慶三、慶四、慶吉、慶珪、慶榮。孫女四。曾孫男一，達象。以是年冬九月廿八日遵治命，葬于嵯峨山之東。銘曰：

有德其臧，有才其良。胡閼其逢，而不獲展。其長維外之見，維中之藏。雖不用於世，而亦惠利於其鄉。天鑒不遠，身報未昌。孫麟曾鳳，而將於是乎發祥。封哉若堂，千載其光。

# 義官方君墓誌銘

君諱旻，字仲高，姓方氏，世居歙之靈山。其先自睦徙，爲著姓。祖漢洛陽令贈尚書令黟侯儲。儲二子，曰將軍觀、侍中覯。覯五世内史昺，建安末起義捍州于難。昺再世爲晉上虞公操。操八世爲梁休寧令仲由，生上柱國惠整，隋末復起義捍難，州人賴之。惠整子叔賢，入唐爲清流令。三世曰玄英先生雄飛，居桐江；曰處士傑興，靈山祖也。

歙方氏散處不一，在宋有博士恬、運判有開、總管回，皆通譜。而傑興九世孫全，君曾大考也。大考諱正，爲一鄉善士，號虛庵，洪武中坐累謫大寧，文皇時預有靖難功，賜銀幣，隸尺籍錦衣而卒，故太師建安楊文敏公實銘之。考諱成，永樂中以扈從居京師。母葛氏。

君生而通穎，有志局。事親甚孝，營滫瀡以養，務得其歡心。其卒也，奉襄事無違禮。自以其先世履厄境，躬勤茹苦，節浮費，立恒産。凡酬酢媚里、昏嫁弟妹及奉祀禮賓，悉有條緒。與人交以直，不苟徇。樂施予，外家姥朱乏養，迎奉如母，而終殯之。方氏譜，鄉先生石泉周原誠所編也，保視惟謹。靈山先墓不克省，遣子英代行，俾無失所。蓋起孤子乘家難之餘，而能有所立以不墜若君，亦可謂卓然者與！

弘治中歲侵，君應詔輸粟以濟饑，得授義官，比命士，而以疾卒，弘治戊午四月八日也，享年六十，距生正統己未二月十七日。配祝氏，通州人，諱淑慶，宦家女，惠恪慈儉，佐君起家，以弘治癸丑十月五日先君卒，距生正統丙寅九月十四日，得年四十有八。繼陳氏。子男一，曰英祝，出治舉子業，弗偶，以通譯得官翰林。女二，皆賢淑，憲廟選其長者入宮隸女史，今少師宜興徐公禮致其少者于室以佐理閫政。孫男一，曰靈山。孫女二，尚幼。英將以卒之年七月二十七日，奉君葬都城東南魏村社東皋村，以祝祔，前期奉狀來乞銘。

予與君同出新安，聞其賢也久，乃不辭而書之。詳其世以告其後人，使知其先所積甚遠，有嗣顯者，於是焉徵之，庶不昧其所自云爾。銘曰：

緊方碩宗，自睦徙歙。惟君敬先，謹其先業。一家中起，蔚爲都人。惟君履善，聿顯其親。有榮厥身，有子亦肖。君胡弗辰，識者相吊。東皋膴膴，式歸其全。太史之銘，吉人之阡。

# 明故奉訓大夫工部屯田員外郎高君墓誌銘

弘治戊午冬十一月朝朔既，有傳工部屯田員外郎高君楫之捐館者，衆相顧愕眙，以爲是當遠到，何遽不禄？而予於君尤厚善，涕下涔涔，不能已。既而君之子拱以狀來乞銘。嗚呼！是尚忍執筆以銘楫之也哉？

高之先自安慶徙江都，世以醫鳴。君諱濟，其字楫之，故封大理左評事亨之孫，贈工部虞衡主事欽之子，今都察院右副都御史銓之從子也。君少喪母劉安人，雖童稚中，警敏淵慤，有鉅人志。都憲公奇愛之，挈與俱，口授之經。而君英發日甚，自科業外，兼通諸經史百家，爲文章，語皆天出，服其長老。歸入江都學，爲諸生，赴秋試，三不利。君益務爲躬行，曰：「士豈必仕而後見志哉？」奉虞衡公生盡養、没盡哀，事繼母張安人如生己。訓育其四弟及諸妹，婚嫁以時。凡處邑井媚黨，悉有規緒。而學益邃，文益宏，肆力追古作者。成化丙午，舉南畿鄉試第二，上南宫，又再不利，祭酒三山林公試六館第一。弘治癸丑舉進士，授工部虞衡主事，即奉命簡閲邊實、給軍需，自京師抵甘肅，八閲月而事竣。尚書延平劉公慎許可，亟才君，委修内府十庫、督九廠，皆有成蹟，受賜賚。復奉命涖兩浙抽分木植事，取足公家而不事朘削以賢，閲歲得代還京師。滿考三載，得賜敕推恩二親及其配，升屯田員外郎。才一月，遽不起，年僅四十有四。配任氏，封安人。子男一，拱也，方治進士業。女一，適邑庠生劉驊。

君屢困場屋，所教士多登名，若給事中徐昂，其顯者，其狀君行，核而文。君自號小愚，所注述多未詮次。拱將載柩歸葬，而都憲公巡撫畿北，書來速銘。憶予主南畿秋試，得君爲易魁，號知己。今歲自家艱受徵入朝，遇君錢唐，見其才氣恢宏，方以得士自愜，而孰意其至此哉？悲夫！爲銘之曰：

驥踣于馳，蘭瘁于滋。天胡生才，而弗大之。弗竟其施，弗豐其遺。其後必昌，尚妥于斯。

## 項孺人墓碣銘

程處士道昭之配項孺人以弘治己酉十月二十三日卒，道昭使其子杲、昇來請文。值予抱病，諾之不及爲也。又三年壬子十月之吉，卜葬孺人于閔口舊居之側。又五年丁巳，來致處士之言曰：「銘不果矣，願書其碣以成夫子之宿諾。」予愧謝不敏，曰：「當亟爲之。」既而有召命北行，昇使人尾舟以俟，抵吴門，始克序之曰：

孺人諱綺，徽之休寧人。考福慶，官河南之懷慶通判，與處士之考應祥友厚善，故孺人才四齡即許歸程氏。既許，不一二年連失其父母，叔考富實鞠之成。又十一年而嫁，時應祥夫婦已老，將委家事于弟應初。應初辭曰：「有道昭在，且新婦賢，宜可托。」應祥許之。

由是道昭治外，孺人治内，男僮女僕，各理其業，不三十年而耕有積、賈有羨，凡供祀奉親、睦鄰收族，悉有規緒，產益拓，而里第益日新。應祥夫婦樂之，曰：「吾無憾矣。」應祥遘疾危甚，道昭與孺人恒露禱願減己算以益親，疾果愈。卒以壽終。孺人嘗請于姑曰：「綺非季父母不克有今日，季父亡矣，幸季母在，願迎致之，庶綺之不背德也。」姑曰：「善。」孺人晨夕事二母，飲食必俱，生盡養，没盡哀，人兩賢之。歲凶，孺人贊道昭活幼瘞死，傾橐不悋。教育諸子，悉使知學務本，以侈靡爲戒。嗚呼！若項孺人，亦可謂賢明者與。

孺人卒年六十。子男三，孟昶，仲即昇，季旻。女二，婿吴傳興、戴世美。孫男三，孟鍾珪，仲鍾琇，季鍾珏。女二，亦皆有歸矣。新安諸程氏皆出梁將軍忠壯公之後，閔口其一焉，故道昭以銘見屬，而予不獲終遜。銘曰：

以孤則良，以婦則孝。有閫之儀，有母之教。貞珉載樹，刻此銘言。碩人之墓，閔川之原。

## 恬退老人畢君墓表

予北上道淮，故人畢君舜修過舟中，袖一紙以請曰：「此學士西涯李公爲玉誌墓者也，敢匄一言表之。」予驚閲之，則君年七十預作塚壙于城西鉢池山之原，自西涯誌後，五年矣，而加健，亮哉君之爲達也！

玉，君名，舜修，其字，出宋司農卿世長之後，有諱公叔者，與東坡友善，其所遺帖尚在云，子孫由河東遷當塗。其由當塗遷淮，自君高大父諱震始，鄉人號友義處士諱文德者，君父也。君少魁爽，踰冠，補山陽儒學生，學易，不自慊，之吴，從給事祝顥先生游，爲提學御史孫鼎先生所賞識。景泰癸酉，中應天府鄉試，上禮部，中乙科，不就。志益勇，遂舉天順丁丑進士，觀政工部，一奉使浙東，能自律，迄竣事不擾。還朝，授山西曲陽知縣。到官，首黜宿隸之骩法者，勸出粟賑饑招流亡，俾復業。會有國需賦，民車甚衆，而專下曲陽。公持曰：「役不可不均也。」言上官，不獲，即徑達之朝，乃均諸縣，民以不困。學宫弊，一新之。見訓導馬軒，與語，曰：「才也，可用薦試之。」果然擢知縣雩都。久之，念親老無他昆弟，乞終養，不得請，適以例入覲，竟辭疾歸，時年四十三爾。築室東湖上，奉親樂甚，親安之，數歲乃終，凡所爲卜兆、銘遠之計甚備。

君性尚樸，無所好，好聚古法書、名畫，評玩以自適。士夫過淮者，必延致，觴詠終日。或目之爲恬退老人，因習稱焉。其所詠積久成帙，曰侗庵稿、恬退稿。吴詩人徐庸編湖海耆英集，亦有取于君作。君産素封，喜施予，坐此稍損，亦不屑意也。題其堂曰思補，以志不忘君之意。手校王氏脉經，梓行惠人，蓋古之志于用者，非相即醫，君豈爲是邪？君生洪熙乙巳閏七月二十四日，居林下三十年，今壽七十四矣。配睦氏，繼沃氏、張氏，皆賢而先卒。子男三，曰永，曰享，曰廣。女一，適國子生吴鑑。

予觀世之人於死生之際，或遺其君父而幸生，或求神仙之説以覬不死，其生可愧，其死反速者，非悖即惑也。君之委順若此，其賢于人，遠矣！且其先司農，睢陽五老之一也，君殆壽種，未可量，而况其所立，亦有可以不亡者哉？是爲表。

## 贈中憲大夫河間知府謝公墓表

公没之十年，朝廷以其子文官風憲考最，敕贈公文林郎江西道監察御史。又十年，復以文守郡被旌異，誥贈公中憲大夫河間知府。鸞書錫命，寵及漏泉，燎黄之日，罔不羡慕曰：「訓子之功、顯親之孝若此，鄉之人亦可以示勸矣。」

公諱宏，字仲寬，姓謝氏。其先居浙之嘉興。曾祖某，仕元爲山東轉運司提舉。祖奎，入國朝以武功至景陵衛千户所鎮撫，調陝西金州，終鎮海衛鎮撫。子孫留居金州，因占籍焉。父誠，抱德弗仕。公生而秀穎，雖出將家，兼儒業，選補州學生，劬書攻文，志將取科第以亢其宗者。會二親繼逝，前母兄主家政，析産以居，而公煢然無與佐經費者。乃嘆曰：「是不可有爲矣。」遂引去，力耕以自給，然猶手一編不輟。州守王君瑄賢其人，辟以自輔，更六年，凡泉穀訴牒、繕作文告之事，半出公手。王君或思弗逮、疑弗決者，公一贊之，率中肯綮，上官愜志而下民受澤，公之力居多。上京師，得從事工部，旦夕在公，伈伈以債事爲懼。部長貳以公素儒者，亦善遇之。更三年，入優等，授冠帶以歸。公每以不得卒業學宮爲歉，見文有美質，曰：「成吾志者，必此子也。」親督教之，而文果成名，公不及見也。

公慎操履，寡言笑。冠婚喪祭，動輒以禮。鄉戚之貧者，隨力周之不恡。競者多求直于公，一言即解，無後言。其卒以成化乙未正月二十一日，距生永樂甲辰二月十五日，得年五十二。時文以舉子治喪，悉本公志，不用浮屠法，人稱其孝。公配某氏，有賢明之行，封孺人，加封恭人。子男二，長即文，舉成化戊戌進士，改翰林庶吉士，歷御史、知府，進山東布政司右參政；次武。女二，孫男一，俱幼。

初憲副陰君子淑守金州，交公父子間，知之深，故狀公之行甚核，而又奉以請予表。予家中世有宦籍在河間，且詞林之舊，不可辭也。乃書其事曰：「嗚呼！窮經矣，而弗究其學；入官矣，而弗試其政。此非志士之所深悲者哉？然有子若參政公大發于身後，所以報公者，位益崇，名益彰，則世之類公者亦鮮矣，而又何憾于九京也哉！」

## 淑人周氏墓表

弘治丙辰歲，順天府通判吴君紋上其三載之績，獲賜誥贈其父兵部侍郎寧爲正議大夫資治尹，嫡母汪氏、母周氏俱淑人。越己未，君奉狀請文表周淑人墓，蓋侍郎公以乞休早，不及請誥，得周淑人之子而并給之。君子謂斯舉也，於母爲能賢〔一一〕，於子爲能孝，宜書也。況綸命有「閫儀克慎，家教肅明」之褒〔一二〕，又惡得無書以昭厥潛，而爲有子者之勸哉？

孺人諱慧秀，周姓，祖居台之寧海〔一三〕，自祖而上素以積行聞。父通，洪武中歷戰功，官昭信校尉武清衛百户〔一四〕。淑人生甫四十日，即喪母，撫于王氏。迨長，知自立，勤女紅，莊淑聰，解占者以爲不凡。正統辛酉，公在職方，聞淑人賢，致之室。淑人能以勤儉相之，使公得力公家，至佐六卿，無内顧憂，凡九年。公以疾得請，還歙之莘墟里第，淑人挈二子與俱。時汪淑人已謝世，淑人嗣其政十有六年。其始歸也，食指甚衆。淑人督童奴，治生産，旦莫不自休。居無何，而堂室土田益拓以閎。奉先祠、禮賓客、遇宗戚，品式酬應，周悉備至。視諸子，愛養惟均。又以其餘力濟寒餒、助昏喪，無間遠邇。吴世詩禮家，至侍郎公益顯。公闢塾延師以教子孫，躬涖課之，科第相踵，淑人贊成之力居多。淑人性簡約，雖貴富而自奉甚薄，中歲却肉食茹蔬素，以成化乙酉二月七日一疾不起，距生永樂甲午五月二十八日，年僅五十有二。公自爲奠文，謂將以身後之事屬之，乃遽先逝，詞極酸楚。若周淑人，殆傳記之所謂賢明者歟！

子男五，長綱，以子瀚貴贈監察御史，出汪淑人；次縉；次紳，景泰丙子鄉進士，歷官福建鹽運司同知，出呂淑人；次紋，成化辛卯鄉進士，即通判君；次綺，皆出周淑人。女一，與綱同所出，適汪惠，以子知辰州府正貴，封户部主事。孫男十二，長潾；次瀚，弘治甲辰進士，拜監察御史卒；次濟；次汶；次滄；次源；次澍；次濬；次潭；次潛；次淵；次演。孫女七，皆適良族。曾孫十四，長楫，次楷，次槐，次標，次檳，次楠，次榛，次相，次朴，次棣，次格，次楧，次栻，次某。孺人墓在某鄉某山之原。

噫！古稱婦人之行不踰閾，蓋亦婦道之常爾。當周盛時，諸侯大夫之夫人其懿行徽音著之詩、見之列女傳者，炳然不可掩也。然則中古以來，有足以嗣遺躅而範流俗者，惡可以無傳邪？予與通判君同出新安，侍郎公，蓋先友也，故獲以世講納交君兄弟甚稔。往來家山，必道莘墟，竊聞周淑人之德善久矣。矧君有請以爲其母不朽之託，而予方執筆官太史，誼不可辭。乃首叙褒典，次其群行，俾刻石墓上，以告其後之人焉。

## 明封徵仕郎户科給事中鄭公墓表

公諱綱，字文紀，姓鄭氏。其先居河南祥符，自公高大父亨以同知業州府事，被註誤謫河間任丘，遂爲任丘人。公曾大父寬甫，祖輝，皆晦跡里中。至父鐸，復仕爲大同倉副使。母陳氏，生公一子，寶愛之。

而公亦閎碩達穎，不與凡子伍。年十三四，侍父官湖、湘間，習舉業，業漸以成，顧無他兄弟以養，乃棄去，曰：「事父母致力，亦自是學，豈在佔畢營禄哉？」乃更從事貿易法，操畸贏，節浮費，不數年産拓用饒，業以大興。而副使君方致仕，與陳夫人樂公之養，曰：「禄食弗及也。」公語人曰：「此口體養爾，吾將以志養。」乃尅意延師教其子宗仁。大發廩以濟邑之荒歲。募修城東路之在窊下者，爲裒若干；損貸粟之在券者，爲碩若干。居家遇僮僕有恩，子弟不得以奴詈名之。處鄉鄰有義。夜獲盜，滅燭使去，曰：「速改，毋以污而家。」性慈恕類此。然待物孔嚴，與人言，不苟徇，有過面折之，無匿情，因而改行者不少。其可謂一鄉之善士者歟？成化戊戌，以恩例授冠帶，比命士。弘治壬子，以子貴，受封徵仕郎户科給事中。

公雖以貲雄州鄉，而題其所居曰朴齋，示非其志，所爲汲汲者，在厚其親、仁其族與鄉而佐其子也。弘治戊午六月十九日終于正寢，享年七十有六，距生永樂癸卯八月二十三日。葬任丘縣東高平之原，以太孺人宋氏祔。

子男二，曰宗仁，舉成化丁未進士第，授户科給事中，擢尚寶司丞；曰宗義，本公志，益發粟賑飢，爲義官。女三，其壻曰巡檢馬弘，曰儒學生謝恩、史文信。孫男四，曰沂，曰濂，曰淳，曰瀚；濂亦儒學生。女六，其壻曰進士王希用，曰王遜、邊佶，餘幼。孫男二，曰棠，曰棐。女四，亦幼。初，宋孺人之卒也，予銘之，三年矣。而公謝世，尚寶君復以禮科給事中屈伸之狀，託予表。予與君生同鄉，聞其履行稔矣，不獲識也。然與尚寶君善，乃掇拾而表之曰：

昔周盛時，以鄉三物爲施教賓興之典，其所著六行，蓋不過孝親友弟、睦族婣親、字其友、恤其貧者，而大猷之升□□卞之率基焉〔一五〕。豈若後代所傳，以苦節奇才相高，而駭世之爲貴哉？若鄭公之行，固人所能及，然求其至，則三代之民亦不易是矣。予方爲禮官，且職史氏，故樂書之，刻石墓上，俾以才智自詡而行之不足者，視公之平生，因宜知所警夫，亦將有所勸夫！

## 校勘記

〔一〕再遷武庫郎中　「郎中」上原有一「遷」字，據篁墩程先生文粹卷二十删，五峰遺稿卷二十四秦公神道碑銘作：「還武庫，遷郎中。」

〔二〕武昌楚封國　「楚」上原有一字符，據篁墩程先生文粹卷二十删。

〔三〕以選授雲南道監察御史　「雲南」，諸本皆墨釘，據明孝宗實録卷五十六「（弘治四年十月己未）實授都察院理刑行人于茂爲雲南道監察御史」補。又于茂弘治十一年二月任河南道監察御史（明孝宗實録卷一百三十四），據「爲行人以選授」，知爲其初任監察御史之時。

〔四〕孫女若干人　「人」，原作「女」，據四庫本改。

〔五〕受誥封宜人　「受」，原作「愛」，據四庫本改。

〔六〕舉成化戊戌進士　「戊戌」，原訛爲「丙戌」，據臺圖本、成化十四年進士登科録改。

〔七〕初南京太常卿翟君瑛以女妻懋人謂得佳倩而翟君予同年友也　臺圖本兩「翟」字皆作墨釘，目寓其他六館正德、嘉靖本後一「翟」字作「馬」。據成化十四年進士登科録「（馬懋）娶翟氏」，程敏政同年進士中「翟君」且任「南京太常卿」者爲翟瑛，知墨釘、「馬」皆當爲「翟」，據改。

〔八〕篤好不輟　「輟」，弘治休寧志卷二十九下作「輟」。

〔九〕而珀亦奉訓惟謹　「珀」，原作「伯」，據本文他處皆作「珀」改。

〔一〇〕卒以弘治癸丑八月十日　「癸丑」，原作「癸卯」，弘治無癸卯年，永樂乙未（一四一五）下推七十九年爲弘治癸丑（一四九三），據改。

〔一一〕君子謂斯舉也於母爲能賢　「舉也於」，底本原漶漫，據臺圖本補。

〔一二〕況綸命有闓儀克慎家教肅明之褒　「肅明」，底本原漶漫，據臺圖本補。

〔一三〕祖居台之寧海　「祖居」，底本原漶漫，據臺圖本補。

〔一四〕官昭信校尉武清衛百户　「信」、「武」，底本原漶漫，據臺圖本補。

〔一五〕而大猷之升□□卞之率基焉　「□□」，底本原係墨釘，嘉靖本作「藉壼」，則此句作「而大猷之升藉，壼卞之率基焉」。

# 篁墩程先生文集卷四十九

## 傳

### 湯胤勣傳

湯胤勣字公讓，濠梁人。其曾祖佐高廟取天下，是爲東甌襄武王。胤勣少負才，好使氣，貌類河朔人，兩眸睁然，髭奮起如戟。年十五六，入學爲生徒，日記數萬言。學有舊版文，千餘字，胤勣騎馬過，一目成誦。應天尹下學，傳籌召諸生，胤勣獨後至，當笞。大呼折尹，聲撼庭木。尹愧憤，卒笞之。胤勣攘袂走出學門，題詩府署合扉上，有「從今袖却經綸手，且向江頭理釣絲」之句。遂去學，出遊江湖上，凡吴、越間豪家富室，争延致之。周文襄公轉運江南，聞其名，召之至，曰：「王孫能作啓事否？」胤勣請紙筆，即席具狀，幾萬言，類宿搆者，又切當世務。文襄奇之，上書薦其才有文武，具驛召赴京。時于少保方督諸軍，請試之，立胤勳將臺下，萬卒環視，于公摘古今將略及諸史中事舉以問，胤勳應對如洪鐘，不能屈。左右嘖嘖嘆賞，于公亦撫掌曰：「吾子誠有才。」入對，以爲錦衣衛百户。

正統末，英廟北狩，朝廷遣使通問，已命中書舍人趙榮，擇可副者，衆舉胤勳。詔以千户如虜，虜大酋脱脱不花問中國事云何，榮未及對，胤勳前語之。又時于坐上箕踞岸幘，朗誦其所著平胡論，虜酋色變。既出，謂中國譯者曰：「彼髯何爲哉？恨不殺之耳。」景泰中，詔舉將才，胡忠安公言胤勳才可用，進署指揮僉事。時典兵者多忌胤勳，不令治事，胤勳亦時時嘆息其功名不偶，放浪詩酒間，京師人率以爲狂。所與游最善者，侍講徐有貞、教授馮益、太醫劉溥。英廟復位，有貞入用事，然亦陰嫉其材，不推薦之。胤勳亦不登其門。天順中，校事者甚横，李文達公多裁之。而文達嘗召胤勳與語，胤勳張口論天下事及古今成敗，一坐盡傾。文達愛其才，將薦之，校事者遂捃拾胤勳往年在江南受賕事，下之獄，怒而辱之。胤勳詬罵不絶口，至詆之爲奴。然胤勳寔出息于人而不立券，無以自白，遂謫爲民，荷校出都城。故人有唁之者，胤勳仰天笑曰：「吾子以指揮爲足榮一湯胤勳邪？」掉首行弗顧。

成化初，遇霈恩復官，再用言者言，詔以裨帥出守孤山堡。孤山在延安西，虜歲入之，守者多以軍敗黜。胤勳得詔，曰：「噫！吾死矣。夫孤山無城郭，有他郡之來戍者七百人，戰則爲憤軍，守則爲怯敵，如此，雖諸葛武侯復生，亦難乎免矣！」抵鎮，草封事數千言，大率謂朝廷宜先城孤山、聚糧糗、募死士。又移書當路言狀，遂憤憤吐殷血數升，卧不能起。丁亥虜入寇，主將閉城門不出兵，虜大掠子女而東。胤勳怒髮上指，曰：「死國，分也！」力疾起，戎服跨馬，率麾下百餘人邀虜于境上，力戰數十，衆寡不敵，遂死山下，是年八月也。

胤勳爲人軒豁倜儻，直欲起古豪傑與之友，視世之瑣瑣者，以爲齷齪不足與語。好以氣雄人，不問名位卑顯，有不可意，奮然去不顧。或遂罵之，至其人面赤不少貸。甚有捶之者。江陰知縣弗利于民，將受代，胤勳率少年數人直入縣廳反縛之，狀其罪送上官，上官大駭，并收下獄，凡數歲，會赦乃得釋。夏郎中時正嘗於宴上與之藏鈎，不勝而怒，語侵胤勳，胤勳就坐上捽之下，拳之蹴之，衆客爲之股栗。又嘗過友人家，見道士在坐，與語不合而罵之，道士不知其胤勳也，稍稍有憾色，胤勳捶之幾死。與人言，出入經史子籍中，縱横闔闢，隨意所如。有問古名將者，胤勳以張巡、岳飛爲第一，其人曰：「岳將軍則聞命矣，張睢陽何如人？」胤勳瞋目曰：「子不觀其對令狐潮之語乎，卿未識人倫焉，知天道自唐以下，誰有爲此語者？」其所見如此。詩豪邁奇倔，如風雨晦冥中電光翕焱，使人不敢正視；又如雷斧斷崕石，下墜不測之淵，觀者褫魄。每就人席上操觚立成數十章，有名能詩者多爲其所懾，或不能措一語以遁。平生著述有五雲清唱、風雅遺音、東谷集千餘卷。無子。

史官曰：予少與胤勣游，知其人，使不死爲大將，將數萬兵出陰山，其功名當不在古豪傑下。顧獨膏血草莽中，天也。或者謂胤勣類太史公所謂游俠，乃大不然。胤勣行事雖若任俠，然扣其所得，朱家郭解直奴才耳，烏足以比胤勣哉！

## 慕青餘民傳

慕青餘民者，姓樂氏，名均用，字國寶，世爲山東益都人。生而盎厚，端愿不苟。讀書務明理，斥口耳之學。元中統癸亥，益都守臣强之仕，力辭不受，令徙嶺南橫州。均用即日就道，怡然抵橫，卜居州東衣錦坊，手自結竹以居，題曰竹廬，非其力不食。越數年，橫州路達魯華赤廉其學行，薦爲儒學提舉。均用泣下再拜曰：「某無似，不能爲更化之民，幸得免罪至此，以養殘喘，足矣。今辱以儒官舉，豈其志哉？」事乃已，因號慕青餘民，蓋以益都，古青州也。皇慶壬子六月十一日卒于橫，壽七十有九。妻吴。生良興，良興生敬嚴，敬嚴生士容。士容生章，國朝天順丁丑舉進士，歷官禮部主客郎中，上距均用，二百年矣。當時父老澌盡，無能言其事者。而敬嚴之妻陳，嘗略聞於其姑梁，則舉以告章，曰：「汝謹識之。」章以予職史氏，請補爲之傳。

論曰：元中統壬戌，李璮以三齊歸宋，元使史天澤復陷之，以董文炳經略山東。三齊士民，稍有材藝者，無不樂爲之用，而樂君獨以此時竄身嶺南，其恥于北面事虜，不言可知。自號慕青餘民，可悲矣。而亦因是可以想其風節之孤峻，較諸當時背宋竊富貴者，雖得志一朝，至其子孫或羞道之矣，然則士豈可以夷狄患難而易其所守哉？

## 橘泉翁傳

橘泉翁祝仲寧者，四明人，世爲醫家，至翁，當永樂初被召來京師，及見故太醫院使戴原禮。原禮蓋丹溪朱氏高第弟子，翁未及卒業而原禮去，乃自肆力于丹溪諸遺書及太素、脉訣，又上泝于張、劉、李三氏以達素、難，大有所悟入〔一〕，遂專主濕熱相火之説，而内外傷辨尤精，確守不變。嘗曰：「世不推病于脉而索病于方，此大誤也。」然世醫信局方已久，故凡致翁者，始聽其言心非之，至終驗乃大信。惟一二勳舊文武官市人有疾，一遇翁輒效，而稍名讀書者，謂其用三黄之劑，反惡見翁。

家君尚書南征還，病脚膝痺痛，上命醫來視，且合四方之醫，皆以爲寒濕，率用烏附蛇酒之藥〔二〕，盛暑猶請服綿，蓋如是者三歲。一日家君夢有神人書「祝」字以示者，時孫太傅亦卧病，走往候之，太傅瞿然謂走曰：「予非祝翁，殆矣！」走聞翁姓協于夢，爲之愕眙，急與俱來。翁診視良久，又檢諸醫案，憮然曰：「幸哉！公之免于患也。此濕熱相搏而成，經所謂諸痿生于肺熱者也。」即日褫其綿，盡謝諸醫者，取清燥湯飲之，曰：「此疾已深，又爲熱藥所誤，非百貼不驗。」蓋服三月餘，病良已，自是家人有疾，非翁藥不敢嘗，而士夫間亦始有延致之者。然翁愈人之疾，已即置之，不復挂口。或扣之，亦嗒然不應，曰：「吾厭世之呶呶者。」故走所目擊翁事多不讓古人，而不得其診視之詳，獨志其概云。

孫太傅病，頭面項喉俱腫大，惡寒，醫疑有異瘡。翁曰：「非也，此所謂時毒似傷寒者。丹溪曰：五日不治，殺人。」急和敗毒散加連翹、牛旁子、大黄下之，三日愈。又嘗右脇大痛，腫起如覆盃，手不可近，醫以爲滯冷，投香桂、姜黄推氣之劑，小腹急脹痛益甚。翁曰：「此内有伏熱，瘀血在脾中耳，經所謂有形之腫也，然痛從利消。」與承氣湯加當歸、芍藥、柴胡、黄連、黄蘗下之，得黑瘀血二升，立愈。又嘗有瘍發左耳後，寒熱間作，晝夜呼不可忍，瘍醫欲與十宣散補托之。翁曰：「此有餘之火，無事于補。」與防風通聖散加柴胡、白芷下之，腫消痛止。時太傅年八十餘，翁凡三下之，皆奇。英國公病左癱不語，氣上壅。醫以爲中風，用順氣袪風之劑，弗效。翁曰：「此痰火濕熱所致。」與之清燥化痰，前後飲竹瀝數升，愈。國子監丞彭英〔三〕、義勇衛鎮撫王隆亦病此，翁皆以是起之。新寧伯母夫人病痰喘，遍身腫痛，進諸流氣之劑，弗止；魏國公子年八歲，病孝喘，夜不得寢，喉中作拽鋸聲，醫日用抱龍丸，轉加失音。公皆與瀉火清氣之劑，愈。或者疑，請其說。翁曰：「人雖有老穉，而諸氣賁鬱肺火之發則同，第脉候有衰脆，藥味因之有小增損耳。」忻城伯素有痰疾，嘗出墜馬，舁歸，不復省事。醫用理傷斷續之藥。翁笑曰：「此雖墜馬，寔痰發之故。」與之降火消痰，已而愈。武靖侯夫人病周身百節痛，又胸腹脹，目閉逆冷，手指甲青黑色，醫以傷寒主之，七日而昏沉，皆以爲弗救。翁曰：「此得之大怒，火起於肝，肝主筋，氣盛則爲火矣。又有痰相搏，故指甲青黑色。」與柴胡、枳殼、芍藥、芩連，瀉三焦火，明日而省，久之愈。故太平侯病膻中痛〔四〕，喘嘔吐酸，自云臍上一點氣上至咽喉如冰，每子後申時輒發，醫以爲大寒。翁曰：「此得之大醉及厚味過多，子後申時此際，相火自下騰上，故作痛。」與二陳湯加芩連、山梔、蒼术，數服愈。户部主事吴潤病頭眩，兩耳鳴如屯萬蜂中，甚痛心撓亂，不自持，醫以爲虚寒，下天雄矣。翁曰：「此相火也，而脉帶結是，必服峻劑以劫之。」急與降火升陽補陰之劑，脉復病愈。姚光禄女年十七，病潮熱，醫以爲瘧，治之加寒戰血崩，又以爲虚，將補之。翁曰：「此熱入血室所致。」先與小柴胡湯，再與承氣湯，微下之，去紫黑瘀血數塊，愈。吴檢討子年十八病眩暈狂亂，醫以爲中寒，已而四肢厥冷，欲自投火中。醫曰：「是當用烏附，庶足以回陽。」翁曰：「此心脾火盛，陽明内實，用熱藥則不治。」强以瀉火解毒之劑，三服愈。耿祭酒病頭暈，翕翕發熱，淅淅惡寒，醫以爲感冒，用甘辛發汗之劑，汗出不止，腹滿作渴，讝語發瘢，醫又以爲中暑。翁曰：「此非一時寒暑可致，乃積濕熱在足陽明、太陰經中，故瘮見。」與除濕熱、補脾胃、瀉陰火之劑，愈。南昌知府王詔病筋痿，給事中徐峰病氣痿，皆爲醫所誤，翁一以清燥湯起之。至於飲食勞倦之疾，世醫率以爲外感，而得翁起之者尤衆，不能悉記也。

翁年下孫太傅一歲〔五〕，精健亦略相等，活人之心，日甚一日。每乘款段，從一童子，走東西應都人之請，雖雨雪早暮不自恤。都人日輦金輿幣以謝門下，而翁亦未始以此介意焉。初，楊文貞公家有孫，病痘，寒戰嘔泄，蔣院使用文以爲不治，或薦翁。翁時尚少，診視之曰：「無傷也。」與藥一粒而效。文貞素重蔣者，終閟其事，不以告人。御史錢昕夫人病惡寒，日夜以重裘覆其首，起躍入沸湯中不覺。醫以爲寒甚。翁持之曰：「此痰火上騰，所謂陽極似陰者，非下之火不殺下。」經宿而撤裘，呼水飲之，旬日氣平，乃愈。給事中毛弘病傷寒，汗已不解，醫與之補劑，補旬日病大作，盗汗唇裂，將邀他醫而誤召翁。翁曰：「傷寒無補法，此餘熱不解。」與芩連、山梔、石膏之劑，一服即愈。此三事非目擊，然人有誦之者，故附載之。

論曰：近世有儒名者，立説斥東垣、丹溪之書爲不足觀，曰二家動引素、難，猶儒者動引唐、虞、三代，何益于事。噫！爲此言者，亦悖之甚矣。唐、虞、三代之治術，豈誤人家國者邪？患人不能爲耳。然人雖莫能爲，而猶幸其在口也。若禁之不言，則豈復人理也哉？宜乎橘泉翁之不獲遇也。跡此觀之，世之抱古道而不獲遇者，豈特翁邪？

## 謝節婦傳〔六〕

謝節婦金氏，休寧人，幼慧而貞。父曰尚，邑之名士也，愛賢節婦，不欲以妻庸碌子，年十九，以嫁里人謝德琛。德琛，故賢者，節婦相之，事其舅隱君士祥父、姑孺人朱氏甚孝，舅姑以爲得婦，私相喜曰：「吾屬老無憾矣。」居六年而德琛死，節婦年二十五，一男子，功振，才五歲，一女子，蘊玉，才三歲。節婦痛夫之早世，抱孤子女欲自剸，則又心語口曰：「一死固易易，而舅姑老無畢養者，是吾得夫而忘舅姑也。」遂去塗澤、服布衣，日羞甘旨以奉二老人，至織絍紡績以營滫瀡具，舅姑安之。時節婦母孺人尚無恙，憐其早寡也，將改適節婦，以情啗之。節婦泣且對曰：「妾爲未亡人，所以不即死者，以舅姑老而子女穉。今乃奪其志，豈其意哉？」即引刀斷一指以自誓，流血淋漓。家人相顧失色，里中亦嘖嘖嘆息曰：「烈哉！金氏女。」未幾，舅得風痺疾，姑亦老病，日呻吟于牀，節婦共飲食湯藥唯謹。已而相繼捐館，節婦親負土襄事，引兩孤子女晝哭于墓、夜泣于祠，聞者爲之揮涕不能已。居孀四十三年，節益勵，婚嫁其子女，無失所者。有司以事聞，詔旌其門曰謝節婦。今七十有五歲矣，康强尚未艾，而功振之子恭舉進士，爲刑部主事，有賢稱，人以爲節行之報云。

論曰：歷代之史，紀載君、傳載臣、世家載諸侯，而書與志載事，惟忠義、烈女，表而出之，不以雜諸傳中，蓋以繫家國之不幸而垂大戒也。若謝節婦，豈獨名其一鄉者哉？女之不可更其夫，猶臣之不可二其君也。予承乏太史氏，且於節婦同邑，知其事也詳，故特爲立傳，以警夫世之爲人臣妾者。

## 石鍾傳

石鍾山在湖口縣，詳見東坡記文。縣人武庫郎中王君恕嘗讀書山上僧舍，因裒古今題詠爲集，請予傳之，以備一體。

石鍾字以聲，九江人，其先莫知所從起。或曰唐處士洪、宋處士介皆與同祖，然失其譜牒，不可考矣。鍾爲人其中空洞，人莫測其涯涘。然與人不立崖岸，望之有巖巖氣象，少有聲彭蠡間，每時立湖口，噓然長嘯〔七〕，風起水湧，可以起棲鶻而驚蟄龍。有誚之者，曰：「子不聞典午氏之言乎？夫鐘扣之鳴，鞫訇闐鞈，人不以爲異也。若不扣而自鳴，人孰不以之爲妖邪？子之鳴也，亦將不扣而自鳴者乎？」鐘嗒然不應。人或號爲無言公。

鐘所居在蒼崖絶壁下，其前怒江瀧然，人跡罕至。元豐中，東坡蘇子自齊安將適臨汝，以連山筮之，得艮之渙。其繇曰：「山之下，風起于沍，水漾于渚，有聲洸洸，在脩暨阻。」蘇子投策曰：「今之夕，其將有異聞乎？」夜乘小舟入湖口，聞有聲自西南來，上拂寥廓，下滿林壑，或噌吰然，或窽坎鏜鞳然。心異之，因擊楫大呼曰：「吾聞之，凡物不得其平則鳴。水之無聲，風蕩之鳴。其躍也，或激之；其趨也，或梗之；其沸也，或炙之。斯人也，其殆善鳴者乎？」時月明如晝，鐘方側立江漢間，四顧若無人。蘇子揖而進之曰：「子非石以聲乎？予慕子久矣。」鐘笑曰：「聲聞過情，君子恥之。走不肖，範形于天地之洪鑪而浪跡于此，吾子不鄙而辱臨之，喜過望矣，願爲金石交。」議論風生，各詫相見之晚。明年，蘇子還朝，言于神宗曰：「九江人石鐘者，山澤之臞也。自顧壁立萬仞，使人望之巍然，而下視培塿丘垤，真無足當其意者。然其靜也淵渟，其動也風行，其自守介然而不與易，其處久確乎其不可拔也。陛下誠能封之以鎮一州，則柱石巖廊，可以屹中流之砥柱。矧陛下功德兼隆，方將求鞫訇闐鞈之聲以鳴國家之盛，顧乃使之鳴不平於荒江斷岸之濱，非臣所知也。」

神宗然之，即日下詔，拜侍中昇州節度使，封聞喜郡公，使御史巫士仁持節以往。士仁道淮入泗，泗濱人有符磬者，浮沉洲渚間，人號爲無賴子，然其先世嘗有貢於舜廷及從孔子於衛者。磬失其業，至是來見士仁。士仁羅致之舟中與語，大説，因叩鐘之爲人。磬曰：「鐘體重厚，塊然一武夫耳，是烏足辱召命？磬不佞，先世佐虞夏有功，不幸而流落于此。君如不棄，登磬于庭，磬能波流風靡而不失身，上見磬必喜，磬誓與君同升，願勿外也。」士仁良是之，抗疏以磬語聞，詔載磬與俱歸。至汴入對，上果説，以爲協律郎，日與伶人侍上讌樂，遂罷鐘不復召。鐘聞之嘆曰：「天賦吾以風流之資，乃終老于巖穴而不克致身東序刻勳景，鐘命也。」遂學長生吐納之術以終。

史官曰：古語云，「秋霜肅而豐山之鐘自應」，蓋言君臣相遇之不偶也，豈不誠然乎哉？夫以鐘之才，可謂實厚而聲洪者矣。顧乃抱遺響以長終，而硜硜然隨波逐流如磬者進用，宋之爲宋如此，嗚呼！士仁尚何責哉？

## 滹源先生傳

滹源先生姓韓氏，名士琦，字景璲，世家繁峙滹水上，晚自號滹源耕叟，學者亦因號之。先生早孤，能自立，篤行好學。永樂庚子，以詩領山西鄉貢。累舉進士不第。初上禮部，聞母病，即棄去。同事者譬留之終場。先生不可，曰：「人之爲學，所以求忠與孝耳，忍忘其親尚望其忠邪？」卒去之，終母喪。正統丙辰，始上太學。久之，授刑部主事，出録畿内囚。還，署郎中。景泰庚午，擢陝西按察僉事，監收三邊芻粟。近邊好水川，勝國固原州地也，恒苦虜鈔，先生請而城之，設守禦千户所，兵民至今賴焉。用巡撫都御史耿公九疇薦，升副使。天順丁丑春，分巡關南，有寇號定山者，聚衆萬人，反據洋、泗二縣，僭號建元，四出侵暴，將窺漢中，遣僞使發書約戰。先生斬使焚書，督守將吴都司殄滅之。吴懼不敢出，以無兵辭。先生即出令招募，得敢死士幾千人，馬五百疋以授吴，遂敗其衆，獲定山送京師，釋其脅從，一方帖然。耿公將上其功，先生固辭止之。癸未入覲，力請致仕歸，時年六十八耳。繁峙亦邇西塞，嘗有戎警，或勸他徙者。先生謝曰：「吾仕而與兄弟違，有不得已者。今乃以避患而遠吾兄弟，吾何心哉？」以今天子登極恩，晉階太中大夫。成化丙申，自作壽藏，以書告其壻周太史經，俾狀其平生以求銘。於是先生壽八十二矣，識者皆嘆其達云。子儒，以鄉貢進士知深州，有治跡。

史官曰：人固難知也。予聞之周太史云，先生在陝西十三年，時玉山周銓爲按察使，以氣雄人，先生當其豪辨時，靳不出一語，俟少間，即出一語，銓爲之斂服。或不得間，即終不出一語，待其自悟。休居十五年，手不釋卷，兀坐一室中，雖有大閧，不起問。或遇子弟入見，熟視久之，非可語者，亦竟不問。此其人類乎巽訥無爲者與？及觀其不終試以省母病，城西徼而不避難，平關南劇盜口不言功，年未七十而引謝，篤兄弟之好不他徙以避寇，則又疑其非大勇者不能也。噫！人固真有難知者哉。語曰：「仁者必有勇。」若滹源先生，其近之歟！

## 安東縣簿林君傳

君名璵，字景玉，姓林氏。其先居閩之環珠里大田驛。林本閩巨族，兵燹中失其譜，可知者，君高祖二宣議娶廉氏，曾祖二十三録官娶程氏，祖子隆，洪武中坐事，謫陝之綏德，娶米脂賀氏，永樂初内徙河間，遂爲河間人。父頎，娶山西李氏，生子女各一人，子即君，女即先少保襄毅公夫人，不肖之母也。

君生而俊偉，長身美髯，性通敏，重然諾。幼喪父，獨與母居。稍長，及襄毅公同授書于鄉先生。君家再更轉徙，益落落不偶，乃屈爲河間縣吏，籍禄爲養。君凡事奉公，不苟取予，識者嘉其孝。再隸山東博平，上其績吏部，久之，授淮之安東主簿，時正統己巳也。淮歲大侵，而户部以州縣奏非實，責徵愈急，安東米當二萬，民無所從出，君走府哀告，得申請罷徵十之七，民深德之。曹州李公秉方以户部郎中來督責，聞君言，大悟，始緩其令。巡撫都御史江夏王公每舉以厲屬縣。尚書金榮襄公征南道淮，軍大譟，前途官吏，悉亡走，知府河南丘陵檄君督夫二千人往逆之。或危君，君竣事而反，民不知擾。是歲京城戒嚴，詔分遣給事中起民兵于諸州，君募安東義士三百人，器械悉具，又督造戎衣三千，費大役繁，則語民曰：「汝曹享太平之日久〔八〕，不於此危急出財力以親上，於心安乎？」皆不勞而辦。

景泰改元，自督餫艘入京。既還，都御史耿清惠公來鎮撫兩淮，選於衆，得君，俾招安流移于白洋河及鳳陽諸處，民從而歸者甚衆，君請闢荒田以處之。事下，君借牛具于大家，而官給錢鏄，凡開田三千餘頃。辛未，再督餫艘，還，以安東儒學久弊，募而新之。三載，王公課其績爲淮安屬縣最。時清軍、行河及一切縣事，上官皆以委君，令丞不復預，由是多忌之者。君考績行渡淮，而王公復還君安東。時典史錢唐黄鎮署縣，疑有他，遂構上君不法。郎中姑蘇余侃理刑於淮，置對再三，君竟得白，而鎮以受賕除名。鎮語頗侵侃以及王公，侃懼，乃發君及鎮皆詣京。民走部使者請留君，日數百人。後法司不省，將兩罷之，君曰：「官，外物，不足惜。惜者，名不可污也。」命諸子擊登聞鼓狀，事未決。遇英廟復位恩，釋致仕。

君還河間，葺故田廬于城南小柴村，教諸子，長者耕，少者讀，怡然自得。一鄉之曲直，多請決焉，君是是非非，不苟徇，凡事之合義者，即倡爲之，里人大服，惡少屏跡。君喜讀朱氏禮，尤善灰隔葬法。天順中，朝廷遣使葬先祖尚書公張夫人，君相其役。成化初，先婦翁華蓋殿大學士李文達公葬父，今文淵閣大學士壽光劉公葬母，皆禮君爲之。己亥秋，先襄毅公捐館，不肖解官南奔，時君已得疾，强與之俱。庚子襄事，疾益甚，乃謂不肖曰：「老病殆不可起，願得子文以誌我。」因再拜不敢辭，且先撮其大者爲傳，奉以視之，俾無憾。

君生永樂乙未秋七月十九日，配高堂張氏，處士玉之女，慈淑勤儉，佐君起家。子男五人，長芳，少與不肖同學家塾，既長，亦以急親之養就禄有司，授淮陰驛丞；次茂，早世；次英，河間縣儒學生，累赴秋試弗利；次華；次藁，亦早世；次蕃。女一人，適故東安知縣汝陽侯庸之子邦。孫男六人，九經，九思，九疇，九章，九成，九淵。女三人，俱幼。

不肖聞之晉陶靖節處士、宋蘇文忠公皆拳拳于外家，世稱其厚。雖孟嘉、程仁霸二老者有政績陰功自足名世，然靖節、文忠之文，亦足以發之，故愈久而彌章也。若我舅氏，官不甚顯，適類孟、程，政績陰功，亦無與讓。獨不肖聞見寡陋，不足以盡長者之行，文詞嵬瑣，不足以振長者之名。其視靖節、文忠，可愧也哉！

# 長史程公傳〔九〕

公諱通，字彦亨，其先自歙篁墩遷績溪程里，再遷坊市。祖平，素業儒，洪武初以鹽法坐繫，御史廉其非辜，喻其旁引衆人則可免。平起對曰：「某不幸爲人所誣，而又誣人，欺天矣。寧以身待罪。」御史嗟異，竟謫戍延安。有同謫而旅死者，平遣子負遺骨歸其家，其家以貧故不納，又買地葬之。伯父以忠，洪武庚申用人材舉知潮之程鄉縣，有治跡。父以誠，尤以孝友聞。初，以忠子泰將省父程鄉，以誠與俱，中道聞以忠得罪被逮，且瘴作，偕行者詸泰反走。以誠大罵曰：「汝父坐事，正當捐生赴救，舍之而歸，獨何心乎？」遂徒步直前。既至而冒瘴死，聞者悲之。

公少有至性，又得家庭之教，動必尊禮，嗜學不倦。鄉先生奇之。年十四補縣學生，二十二以貢入太學，時洪武乙丑也。丙寅，聞以誠喪免歸，徒步過嶺，迎柩還葬。葬已，廬墓下三年，哀慟毁形，妻子至不相識。戊辰，復上太學，時平已老，公上書言：「臣壯而無父，祖猶父也；臣祖老而無子，孫猶子也。更相爲命。今邊徼戍卒如林，顧豈少臣祖者？」辭極懇切。書奏，高皇帝憐之，而持其章不下，私命兵部驛召其祖。既至，乃并召公，東西立玉階下，顧公曰：「汝識此人否？」祖孫相持，哽噎不能仰視。高皇帝嘆曰：「孝哉若人。」命兵部除其籍，驛送平還鄉。庚午秋，公以尚書舉應天府鄉試，時遣諸王將兵行邊，以封建策諸貢士於廷，公所對稱旨，親擢第一，授遼王府紀善。辛未，從王閱武臨清。壬申，從之國遼西，時王府未建，以祖喪免歸，復廬墓三年，服闋復任。未幾，高皇帝上賓。庚辰，從王渡海南還。辛巳，進左長史。明年，始從之國荆州。公悉心輔導，王敬禮之，凡一國之事咨焉。府中有衛士紀綱者，用詗事得幸，公每召而笞戒之。會文皇帝舉兵靖難，遣人至荆州，公草上封事數千言。文皇帝既正大統，紀綱者以入賀留侍，歷官錦衣指揮使，被顧問，因乘間及封事，遂有詔械公詣京師，簿録其家。

公既死，家人發戍邊。又下績溪簿録其家，得犓田數十畝，遺書數十百卷，牯皮數張。黄希范洪武末先出知徽州府，雅與公善，至是亦爲衛卒所捕，并籍其家，同赴京師。而績溪程姓最衆，幸使者仁恕，罪止一房，餘獲免焉。初遼王雅重公〔一〇〕，命圖其像，又録其世譜，親爲贊之。後十年，公異母弟彦迪以事至荆州，王召見之，語及舊事，曰：「汝欲見汝兄否？」彦迪頓首不知所對。王出遺像示之，彦迪哭失聲，并請其世譜以歸。永樂中，有仇家欲訟之者，適彦迪他出，家人懼而焚其像，獨遺其世譜云。

公初讀書，即厲志聖賢之學，居常恂恂，如有弗逮，至臨事則毅然莫能奪，故所立如此。

爲詩文不求異而主于理，然辭氣超越，專工者反不能及。有稿百餘卷，悉毁于官。

## 書濟寧王翁事

予過濟寧，同年友按察副使淮人石漢卿爲予言，州人王士能年百有二十歲〔一二〕，近朝廷遣使徵之。因同入城訪焉。所居城東僻處，老木深巷，人跡罕至。士能居敗屋中，闃然終日，鶴髮被領，面如童子、少婦，神完氣和。與客言，率静坐寡欲之説。坐久，瞑目閉息曰：「僕老無能爲，朝廷過聽而召之，僕豈知道者，但習静已久。近乃日與人接，大敗吾事矣。」予問元末國初事，曰：「一身之外，皆非所知也。」時舟行急，不暇盡扣而還。道聞漢卿及舟人言士能海州人，生元至正甲辰，迨今成化癸卯，實年百有二十歲。其寓濟寧，亦六十年矣。

士能少慕養生之學，不授室，不飲酒食肉，走四方求之不獲。乃入蜀、廣，聞雪山有異人，投之，見老人被一氊衣卧深洞中石牀上，長三尺餘，耳目口鼻手足皆類小兒。士能禮之，不答，自爲執役左右。老人不飲食，坐側一袋，所盛類乾麪之狀，饑輒取啖之，渴則手掬飲澗水一二升。士能執役數日，所賫米盡，跪而乞食。老人分袋中物與之，苦澁不能下咽，士能難之，自去拾山果野菜以濟饑。居三年，老人憐其志勤苦，忽曰：「吾語子道，子得之，宜出山，非其人莫輕授也。」士能去雪山，後事不可知。其來濟寧，濟寧人不知其有道也。後稍稍知之，竊俟其所爲，蓋久絶烟火食，惟日啖棗數枚，或菜數莖，飲水少許而已，始以爲異。濟寧衛指揮王宣亦海州人，往扣之，大駭曰：「吾上世有叔祖實名士能，聞先祖言好道出家，不知所終，翁其是乎？」所言家事皆合，自是日往候之。郡人時有所饋，皆拒不受。會宣有同任欲往授其業者，士能望見曰：「爾聲妓滿前，日事妄作，非吾徒也。」謝之。其人大慚，乃上書言狀。朝廷下山東守臣，俾乘安車入京，且令宣侍行。

噫！上古之人，率以百二十歲爲壽之常。世降俗下，人少斲喪其天真，壯馳騖于聲利，而老不知止，死且弗悟，其弗壽，無足怪者。若士能，固今人之所異而古人之所常也。傳曰：「人皆可以爲堯、舜。」又曰：「塗人可以爲禹。」然則今人以爲異、古人以爲常者，又何止養生一事而已邪？

## 兵馬副指揮蔡公傳

公諱誠，字彦實，别號信庵，姓蔡氏。高祖而上居鳳陽之定遠，世以積善聞。曾祖茂，益好善，壽八十有六，人謂之香林居士。祖思中，國朝永樂間徙北京，亦壽八十有六，以高年受束帛之賜。父景瑞，嘗刲股以愈父疾，人謂之孝子，壽七十有五。其配王君，實生公，氣體豐腴，見者知爲福人。其性好善，絶類先世；其事親孝，亦類其父。蓋不爲高節奇行，而持家教子、篤友義、樂施予，名讀書者或有弗逮。

成化丙戌春，長子震選尚淳安長公主爲駙馬都尉，公以恩例，受封東城兵馬副指揮，富貴赫然動一時。而公居之益謙，無異平素，惟時以清慎戒駙馬曰：「祖考之蔭、朝廷之恩，不可忘也。」姚文敏公慎許可，亦稱其不驕不肆、不屈不抑，適乎禮之中。蓋駙馬成禮，時文敏正在禮部，目見公之爲人，故志公之墓，以爲得父道，殆實録云。公年四十二，以辛卯夏四月己未卒，卒時駙馬方持節之四川册封諸王，不及見。既還，號踊幾絶，奉公葬都城東北，其地曰西湖渠，喪祭盡禮，人又稱其孝，曰：「蔡氏其弗匱矣乎！」公配南昌王君，生二子，長駙馬，次昇。女二，長適高鉉，次適寧晉伯劉福。孫男七，長遇，錦衣衛百户；次遠；次還；次遵；次道；次逵；次遜。孫女四，長許聘保國公之孫朱鏜。駙馬既貴，以公主恩，録其子遇，娶成山伯王鏞之女；而昇、鉉暨昇妻劉之父達，皆傾貲助邊爲義官，族益盛。

論曰：自古帝鄉之人多貴顯，謂之從龍恩，蓋地靈使然，不獨繫其人焉。蔡氏居鳳陽甚久，中徙北京，歷高、文兩朝百餘年，未有顯者，雖其先世多壽考，疑不足以盡之。蓄而未發，以集于公，乃得奇男子聯姻帝家以振其宗，與開國靖難公侯子孫等，非其地之靈基之于先而克有是哉？若積善獲報，理有固然，則不待知者見之矣。

## 冰蘗老人傳

老人姓鄭氏，名晉，字孟端，世居歙西貞白里之雙橋，代有聞人，而莫盛于師山先生。老人之曾祖子初，蓋嘗從之學易，傳子暨孫，皆樂義好善。至老人益充大之，所學益有名，而寡言語、薄滋味，一以清儉自持。嘗出遊吴、楚之交，遇名山勝蹟，必登臨舒嘯，友其賢豪，相與歌詠懷古以適其所適。有竊窺之者曰：「豪宕人也。」留寓久之，則幡然曰：「吾將省吾親與吾群從，倡酬于清泉白石間。」重力者挽之，不可。則又有竊窺之者曰：「是豈豪宕人哉！」或曰：「是知其一，不知其二者。吾聞其人嘗以冰蘗自名，冰言其清，蘗言其苦也。世之人，惟不以清苦自勵，故汲汲然自殖以爲富，自逸以爲樂，至于顛頓委躓而莫之返也。若老人者，其知此矣。殆無施不宜，而又何豪宕與否之足云？」

老人有從子，亦敏而文，嘗以唐白樂天、宋王素儗老人者。或聞而疑之。予曰：「不然。樂天累刺大州、位宫傅，乃有『飲冰食蘗』之句，達而清苦者也；素以宰相子典州郡，所至有冰蘗聲，豢而清苦者也。是固疑其不倫也。然達而不以清苦爲事則貪，豢而不以清苦爲事則荒，公論可畏也。老人則何畏之？有非達、非豢而始終以清苦自喻，將孰驅之哉？」夫置之玉壺，則其寒可以鑑人；歸之藥笥，則其味可以愈疾。是二物者雖微，而實有可貴者存焉。老人之志，始出于此。惜其終處嚴穴，不得少試其品藻、利濟之施，而年且七十矣。所著有冰藥稿若干卷。予不及識其人，誦其詩而獨聞其高尚甚稔，則臨風擊節爲之辭曰：

惟冰之清兮，惟蘗之苦兮。樂哉若人，多爾祜兮。

又歌曰：

惟蘗之苦兮，惟冰之清兮。孅哉若人，百斯齡兮。

三歌曰：

孰清且苦兮，惟冰蘗兮。毅哉若人，子孫之則兮。

會有請予言以壽老人者，因撮客語爲之傳。吾聞老人甚康强，才思益不乏，好天良日，攜童子數人，坐雙橋之上，酒酣氣振，以杖扣石，取予詞而歌之，或從而和之，以獲附冰蘗之稿而傳焉，又非幸哉！

# 栖芸先生傳

栖芸先生姓楊氏，隐居鄞之鏡川里，鄞人無少長皆嚴憚，至不敢姓之，第相謂曰栖芸先生。栖芸，蓋其所自號也，名範，字九疇。其父曰頤正先生，亦鄞之耆儒，嘗慧先生曰：「是必世吾學者。」先生性莊毅，豐顙偉髯，望之若神人。雖盛寒暑，衣冠皆有常度。學力所到，自訊不疑。永樂中，有巫稱龍神，遠近争迎致之，官不能禁。先生作文諭之，弗戢，遂親往捽巫首蒲伏于地。時方擁巫拜者百餘人，皆相顧愕眙，散去。楊氏在勝國爲碩宗，中蕩于兵燹，至先生數益奇，乃授徒里中，其徒亦往往尚氣節，不落人下，見而知其爲栖芸弟子也。

初，四明之學宗慈湖，彌久不衰，若司訓洪敬道、舒仲權、徐公義暨國子周程、僉憲黄潤玉，皆表表者。先生少師敬道，長友禮潤玉，而又請益于仲權、公義，其學益振。蓋自六經諸史、百家衆技，無不涉獵，卒歸宿于一心，故所自立如此。洪武初至京師，鄉先達太史傅恕、晉王傅桂彦良慎許可，與之語，奇之曰：「差役中乃有斯人邪？」明守鄭珞、鄞令張鐸歲時率往候其廬，問政得失。晚更號思誠叟，年七十有八而卒，卒前一歲，自爲墓銘。所著述有四書直説、道統言行録、栖芸稿若干卷。

史官曰：栖芸先生負用世之才而卒老死巖穴，豈其本心哉？然先生諸孫若吏部侍郎守陳、應天尹守隨、翰林侍讀守阯、工部主事守隅，曾孫若湖廣憲副茂元、進士茂仁，前後以其遺經顯于時，魁元相望，簪紱競爽，其文行焯焯，類有先生之風，先生亦固自知其有今日哉！古仁人志士不克自見者，必有所託以盡發其平生，不徒終也。若栖芸者，非邪？

## 孝義汪處士傳

汪處士思義，字得宜，所居休寧張公山之東北曰鵬源。其先出汪王弟戴國公之後，自旌城徙石田，又自石田徙鵬源，十七世矣，世以積善聞。至處士有至性，質直剛毅，慕學好古，思亢其宗。於經史能涉獵，務究知其大義。尤篤意堪輿家言，一主考亭、西山，不雜于他技。與人寡言笑，亦無競，至不識公門。然鄉人事不平者，率就決于處士。處士喪父宗玄，哀毁踰禮，廬墓側三年。年四十七喪妻黄氏，不再偶。鄉人益敬嘆曰：「此孝子義夫也。」鵬源在萬山中，居人一以樹藝爲業，鮮知以儒起家者。處士獨遣子浩入郡庠，勖之成。

浩果以春秋得科名，屢上禮部，學益茂行益修，遂入吏部銓，廷授通判永州府。初，安成歐陽君旦知休寧，廉處士之賢，每鄉飲則禮之爲賓，且題其堂曰孝義，將上其事于朝。會召入爲監察御史，不果。處士壽今七十有四矣，走於處士生同鄉，蓋竊聞其德風甚久，且嘗在史氏，故私爲之傳。

論曰：父子夫婦，人之大倫，而孝義，其常也。惟世降俗下，不勝夫悖親、棄婦者之多，故孝義重于天下，而見者慚、聞者駭矣。然則汪處士，豈獨可以名其一鄉哉？表宅以爲政之助，貤封以昭善之積，固天所以報君子于異時者。若汪處士，則何心于是哉！

## 孫處士春殷傳

處士諱春殷，字士和，姓孫氏，世居休寧雷溪，蓋唐金吾上將軍萬登之裔也。曾祖良、祖興、父忠原，皆以行義重其鄉。忠原尤雋爽負材藝，汊川程伯奇氏愛賢之，館于貳室，因家焉。汊川之程，則宋端明殿學士珌之族也。處士爲忠原第二子，忠原既定居汊川，餘子似續多寡弱，獨處士有子八人，有孫十有九人，頎然壯齡，角立參聳，課耕貿易，争先亢宗，而汊川之孫，遂大以蕃。

忠原不偶于仕，構一軒，以泉石自名。業未就緒也，處士竭心力作大第，收腴田，以奉親、處兄弟、燕賓友，列庾貯粟，闢塾訓子，百用所需，咸備無闕。汉川之人咸嘖嘖嘆異曰：「克家之子如士和者，非邪？」處士以其先在宋、元有霽牕及艮山、爽山、芝田諸先生，皆碩儒，注意子弟，俾嗣其業。而弟春陽士輝質美嗜學，一不以家務敓之，士輝果以文學名一時。蓋處士之所立如此。

處士初甚馴謹，持己伈伈，不自爲表襮，遇客謙巽，而内淵慤如閨閣處子。既壯，稍出其長以自見，里有急，爲之解紛，或弗率，則喻之道義，皆服無退言。雖大殖有家，而憂人之憂，扶孱拯困，恒患不及，又類古之賢豪者。里東有岐山，極幽勝，處士晚築室山下，號岐隱，日坐其中，讀易自適，而以家事付諸子，則又若幽人逸士與世相忘者。處士以永樂丁亥二月八日生，壽七十八而終。八子者，存仁、存禮、存智、存信、存英、存心、存讓、存澤，皆遵遺訓，共爨不私蓄，婚喪之費，公衆給之，男婦百口，庭無間言。

史官曰：棠樾鮑先生言，「古之人有借隱以爲高，有終隱以爲潔」。若孫處士，其知所隱而隱者邪？昔者成周之盛，鳳鳴於西岐；今聖人在上，至治邁古，安知無鳳鳴于南岐邪？吾見處士之子若孫，必有文被五采，出而大鳴于清朝者，豈終隱而已邪？鮑先生，不妄人也，其言固有徵于異日哉！

# 唐君傳

唐君明達，字邦達，歙之槐塘人。高祖元，元南軒書院山長，以徽州路學教授致仕，學者稱筠軒先生。曾祖仲寔，南雄路儒學正，入國朝攝紫陽書院山長，學者稱三峰先生。祖子儀，洪武中知興國縣，永樂初改趙府紀善，學者稱梧岡先生。三世皆有著述，而三峰嘗見高廟于軍中，奏對稱旨，事載實録。父永吉翁，亦名士。娶于張，年四十始得君，奇愛之。

稍長，俾就外傅，究知經傳大義，而於史、律之學尤邃。會永吉翁爲人所侵訟被繫，君時年二十六，憤其枉，凡五入愬于朝，不直不已。聞者壯之。永吉翁卒旅中，君復走京師，歸其櫬，渡江，值風作，幾壞舟，伏棺籲天，俄頃獲濟。時嫡祖母鮑、庶祖母張繼殞于家，君煢然舉三喪無違禮，又婚嫁其弟妹三人，還其祖業之被侵者十餘處。君以父没不幸，竭力養母，一錢尺布不敢入私室，下至蔬果魚肉，不先供亦不食也。君於諸弟極友愛，有事資度，必相語至夜分。或不給，分己有畀之，人以爲難。君直而不壬，捷而不露，其居鄉，是是非非，必思與人排難解紛而後已。遠近不平者，或不之官而之君，得一言乃決。或兩不去其心，恒欲使弱者立、枉者伸，使有位于時，其所施者，當益大且遠也。尤篤于教子，思以畢其志。諸子奉訓惟謹。曰佐，領戊子鄉薦，同知寧波府事；曰相，舉乙未進士，擢監察御史，皆有聲一時。君年六十即位大賓于學，七十六受勑封文林郎監察御史，年雖高且貴顯，益秉禮執謙，無上人之心。配汪氏，繼潘氏、鮑氏、陳氏。生子男五，曰佐、曰相，鮑出；曰浩、曰英，潘出；曰臣，陳出。女三，皆適人有甥矣。孫男八，曰誥，儒學生；曰詔，曰訓，皆克家，餘尚幼。君生永樂癸巳正月廿九日，距今弘治壬子，壽八十矣，猶康强無恙。

前史官曰：天之所以與我者，豈獨以全其身而已？然獲行其志與否，則拘于位焉，不可必也。若隨其力之所至而有及物之功，豈非士之願哉？吾觀于漢得兩人焉。陳仲弓在鄉閭平心率物，人有争訟輒求判正，視人猶己而憂人之憂，天下無賢愚聞其風而稱之曰「陳君」；徐孺子以南州高士聘入朝，公卿款門者，問政事皆不對，至問稼穡乃對，知有其身而不與人同憂，天下無賢愚聞其風而稱之曰「徐君」。蓋仲弓之學出伊尹，孺子之學出伯夷，皆可師也。

予嘗見唐君槐塘上，獲友其二子，聞其孝友之行甚稔，其喜爲人排難解紛而使弱者立、枉者伸，其志固在仲弓也。夫所施者厚則所報者侈，其獲恩封、享高壽，樂有賢子孫，皆世之所不可兼者，而備于君之一身，豈偶然者哉？作唐君傳。

# 程貞婦傳

貞婦名淑端，究山汪伯高之仲女，嫁率溪程永得，爲士真甫之介婦。究山汪、率溪程皆休寧名族，貞婦生有至性，異凡女。早喪其母程氏，獨與繼母吴居，極孝謹，恐失其歡。一飲食、一衣服，率身任之，不以勞也。伯高恒嘆曰：「吾有女若是，宜得佳子弟乃許其委禽焉。」久之，得永得乃嫁。永得故業儒而貧，貞婦能安之，日夜事紡績織紝濟其乏。時士真甫已捐館，畢力以事其姑吴氏，處娣姒、御僮僕、奉先禮賓，悉有條緒。坐是永得始出爲里塾師。居無何，而永得暴卒于所館汪氏，時正統丁卯四月十日也。貞婦聞之而哭幾死，已乃復蘇，奉其姑奔赴，手殮之，舁歸，安厝如禮。僅一男，生未週月，人無不憐之，以爲是不能自存，宜有他而後可全活也。時貞婦年二十五，嫁僅五年，壹志不貳，却容飾，服勞茹苦，以養姑。姑病，益市善藥以進，如夫未亡時，甚得姑心。姑年七十六而終，盡賣簪珥以葬，無違禮。男曰祖瑗，親撫教之，俾不墜世業，恒抆淚語之故，祖瑗奉訓唯謹。蓋孀居幾五十年，壽七十，見八孫，益康强無恙，鄉隣無少長共稱之曰：「貞婦，貞婦。」相與上有司。有司以聞，事下覈實，衆復讙然，列狀乞旌其門如令云。

前史官程敏政曰：祖瑗，予族孫也，且從予遊。而士真之女適兖山汪令君，尤慎許可，獨道貞婦事甚核。嗚呼！未嫁而事繼母，已嫁而失壯夫，養煢姑，撫教其孤子以至於成人，是雖奇男智士，有所不堪，而眇焉一女子爲之無難焉。斯固天理民彝不以利害存滅，無亦出於鉅家碩宗，有所漸漬其訓之懿而然邪？彼分符治理，以弼成教化爲責，而於此乎無所表異，風厲其民人，乃僕僕日從事於催科、理訟間爲職業者，獨何心哉？獨何心哉！

## 鄭君傳

鄭君者名恒，字存良，歙之雙橋人也。雙橋，鄭所居，歲久族蕃，故又姓其地曰鄭村。地有令君祠，有貞白里，有師山先生故宅，皆其先之顯者。君曾大父以孝，嘗及從學師山，爲歙學訓導，號西溪漁隱。大父季復，父士賢，世其業。至君，尤軒特，性通敏，士賢爲擇師教之。君亦以亢宗自奮，讀詩書務通其大義，而刻意孝友。既失其父，益竭力養母，滫瀡備至。與其弟循極相愛，每讓其能，曰：「子當力學，以爲先人之光。吾殖産以佐子。」未幾，循舉鄉進士，凡數歲，得通判袁州。而君業益振，産拓用饒，門閥一新，甲于其鄉。鄉人嘖嘖嘆曰：「賢哉鄭君，其孝友如此。」

然君不以有自多，更爲清儉，不異韋布士。寡言語，薄滋味，遇事浮靡者，心惡之，謝不與見。然周貧、睦族與夫濟涉、興俗之事，雖有所捐費，不悋。出息而不能償者，亦不事苛刻。有不相能者，或犯君，君坦然，弗與校，旁觀者至相語曰：「此善人也，奈何怫之？」君早歲倜儻，喜出遊覽觀名勝，納交其賢豪以自廣。晚不復出，構一室自處，曰靜軒，以諷里族之好競者，日以教子爲事。其子四人，曰昌、曰澤、曰禄、曰育，皆克有立，奉訓唯謹。禄進補歙學生，治進士業。君年已六十，甚健。有女，適休寧草市孫昶。昶與予同邑，嘗繪君像，道君之詳，請傳之以爲君壽。

前史官曰：予每過歙西入鄭村，訪諸老故跡，求其遺文而讀之，未始不深嘆鄭之多賢也。若存良君者，亦嘗接其言，率以爲淳樸人爾，烏知其出羣若此哉。夫孝友儉勤、樂義而尚靜，固非有甚高難繼之節，然世之能力於斯者，恒鮮焉。何哉？忽其常而喜蹈其變也。吉人君子，則豈以其常而易其守哉？若存良君之行，蓋近之矣。顯不以文，貴不以爵，壽不以術，坦坦于于終其身以爲鄭之名士，舍今存良君，其誰與歸？

## 校勘記

〔一〕大有所悟入　「悟」，原作「悮」，據篁墩程先生文粹卷二十一改。

〔二〕率用烏附蛇酒之藥　「藥」，原作「醫」，據篁墩程先生文粹卷二十一改。

〔三〕國子監丞彭英　「丞」，原作「承」，據篁墩程先生文粹卷二十一改。

〔四〕故太平侯病膻中痛　「侯」，原作「疾」，據篁墩程先生文粹卷二十一改。

〔五〕翁年下孫太傅一歲　「年」，原作「言」，據篁墩程先生文粹卷二十一改。

〔六〕弘治休寧志卷三十此篇署：「成化癸巳春三月上澣賜進士及第翰林國史編修邑人程敏政撰。」

〔七〕噓然長嘯　「嘯」，原作「笑」，據篁墩程先生文粹卷二十一改。

〔八〕汝曹享太平之日久　「曹」，原作「遭」，據四庫本改。

〔九〕篁墩程先生文粹卷二十一此文末有跋語，云：「公没世既久，其遺事絶無知者，敏政嘗從故老問之，得其槩。又見公從孫上林苑監署丞京于京師，因掇拾爲傳如右。噫！公與方希古、周是修二公同時友善，今希古之文梓行于世，是修又得楊文貞公爲之表章，獨公事堙没而無聞，此遠宗後學所不能自已者歟。」

〔一〇〕初遼王雅重公　「公」，原作「王」，據篁墩程先生文粹卷二十一改。

〔一一〕州人王士能年百有二十歲　「能」，原作「寧」，據本文他處皆作「士能」改。

# 篁墩程先生文集卷五十

## 傳

### 楊文懿公傳

公諱守陳，字維新，姓楊氏，浙江鄞縣人。曾祖浩卿而上，世以仁富聞其鄉。祖範，益好修，爲名儒，學者號栖芸先生，别有傳。父自徵，傳其學，官止泉州倉副使。公之在妊也，母張宜人夢星落懷中，及生，天庭有黑子七，如北斗，見者奇之。五歲即端恪如成人，而才識穎異，栖芸親教之，日記數百言。稍長，學舉業及爲古文辭，夐出流輩，四方多傳其程試之文，以爲式。栖芸恐其溺此，恒誨之曰：「聖賢之學，以精思力踐爲要，博文强記，輔此而已。」公大有所悟入，作致知、力行、持敬三銘以見志。

景泰庚午，舉浙江鄉試第一人。辛未，舉進士，被選改翰林庶吉士。未幾，丁父憂。而祖父母相繼卒，居喪七年，學益邃，識益遠。天順戊寅，服闋，授翰林編，修預修大明一統志。尋被旨授徒内侍監，辭，不許。憲宗即位，以選爲經筵官，預修英宗實録。成化丁亥，以考績升侍講。踰月，實録成，升司經局洗馬。公每進講，必積誠意，傅經訓，冀納忠以感悟上心。一日講武成篇，曰：「魯論稱舜無爲而治，周書稱武王垂拱而天下治。然後世人主，有深拱禁中委政内侍者，召閹樂之禍；有高居無爲惟寵嬖艷者，啓禄山之變。何也？蓋舜、武之所以無爲者，由其舉相去凶，惇信明義，無一不盡。其道皆常憂勞而有爲，乃始佚樂而無爲也。後世人主，則孟子所謂『安其危而利其菑，樂其所以亡』者耳。」左右聽者竦然。至於應制詩文，亦舉筆不忘勸戒。壬辰，選侍講學士，校刊通鑑綱目，遂預修續通鑑綱目。以母喪去。公官五品十六年，所教中人已多貴幸，凡預教者率因之以進，獨公泊然無少藉。有欲出力援之，則謝曰：「我嫠婦也，抱節三十年矣，乃垂老而改志邪？」薦紳往往傳誦其言。今上出閣，公等六七人被選，日侍講讀。文華大訓成，升詹事府少詹事兼翰林侍講學士。大訓篇目多本大學衍義，獨事涉中人者，悉不以書。公曰：「是何以爲訓？」撮其賢否得失之故，分註一條，議者不能奪。公雖晚未遇，而名重一時。吏部嘗擬公國子祭酒，在廷大臣合詞舉公堪吏部侍郎，宜入内閣，皆不果用。

今上登極，加恩宫僚，始擢公吏部右侍郎。初，當道猶擬公南京，上覽疏，取筆塗「南京」二字，其被恩眷如此。詔集議祧廟，禮官請祧懿祖，而以德祖比宋僖祖，百世不遷。公抗言：「禮，天子七廟，祖有功，宗有德，乃孔子之言。故凡號太祖者，即始祖，必事之以配天。若商、周之契、稷，皆以功而非論其本統也。宋之僖祖及我德祖，可比商報乙、周亞圉，非契、稷比。議者徒謂大儒嘗有取于王安石之説，而不從孔子，遂使七廟之間，既有始祖，又有太祖。太祖既以配天，而不正南向之位，名與實乖，豈先王之禮哉？若謂降而合食爲非禮，則王者既立始祖之廟，又推始祖所自出之帝而祀之，固無嫌也。憲宗升祔，請并祧德、懿、熙三祖，自仁祖以下爲七廟，異時祧盡，則以太祖擬商周契稷，而祧主藏于後寢，祫禮于前廟，時享則尊太祖，祫祭則尊德祖，各不失尊，庶無悖禮。」議者不能從，而公執甚堅，蓋有遺恨焉。

弘治戊申，上疏論講學聽政，累數百言。大略謂：陛下御極以來，屏棄珍玩，放遠奇衺，登用正人，聽納忠諫，躬親題奏〔一〕，日勤政務，若此不懈，可幾堯、舜。獨臣之愚，猶有過慮。蓋革故正始，猶易持久，保終實難。若内得弗深，外資弗博，鋭志少懈，欲心漸滋，豈能保其始終如一？乞開經筵，御午朝，聽講之際，凡所未明，輒賜清問，必待聖心洞然明悟而後已。一日之間，居文華殿之時多，處乾清宫之時少，使欲寡而心清，惑少而理明，則得于内者深，而出治之本，立矣。午朝有事者，皆先用略節口奏，而裁決之大政，則召大臣面議。

未當，則許諫官駁正而審行之，俾賢才常集于目前，視聽不偏于左右，則資於外者博，而致治之綱舉矣。若但如近日之聽日講、御午朝以應故事，凡百題奏，皆付内監諸臣調旨批答，臣恐積年之弊未革，而將來之患難測，不但如前所過慮而已。」優詔嘉納，諭禮部以三月御經筵，禮部得請，并午朝如楊某奏。

修憲宗實録，以公兼副總裁。公念更化初，凡吏部有所升黜，人必視其忠邪、易險、愿好爲趨舍，故侃侃持議，雖取嫌忌于同列，弗苟徇也。己酉，再請解部事，專史職，不許。章三上，乞致仕，始命以本官兼詹事府丞供職史館如故。公嘗言：「古人謂國可滅，史不可滅。我太祖既混一，即命儒臣修元史。太宗靖難後，史官不紀建文君事，遂使當時朝政與忠於所事者，皆闕略無傳，及今猶可補輯。景皇帝已復位號，而英宗實録標目猶書郕戾王，是宜改正。」章疏留中者，雖有可傳，例不得書，乞宜付史館。」奏未及上，而公以十月十八日不起。初，太白犯進賢，占者以爲賢人厄，蓋其應云。

公疾革，語其弟守阯、男茂仁曰：「吾學至爲君子〔二〕，仕登三品，年邁六十，斯亦何憾？惟上恩厚未能報，先栖芸先生未及封，汝曹勉圖報稱，以繼吾志。」諸弟暨男茂元不及訣，其以是語之。」語訖不亂，明日端坐而逝。訃聞，上悼惜，賜謚曰文懿，命官諭祭葬事。後二年實録成，詔贈公禮部尚書。又三年以春宫舊恩，許録公孫美璜爲國子生。

公天性孝友，筮仕即遭三喪，竭力襄事，不一舛于禮，奉母極孝養。與丁夫人起家偕老，肅雍相成，未嘗畜女侍奉巾櫛。待諸弟怡怡，自相師友。公暇，子姪環侍，循循雅飭，無毫髮豢養之習。在京師，所居高坡巷，四方來者皆知爲楊先生家，敬愛之風，薰然被于宦族，有弘農之遺範。與人交，必以義相規，而見善如己出。體若不勝衣，言若不出口，至説理論事，則毅然不可屈。自號晉庵，晚更號鏡川。同考禮部會試及主考兩京鄉試，得人最盛。

所著述有三禮、周易、尚書、詩、孝經、大學、中庸、論孟私抄，凡數百卷。皆正其錯簡，更定其章句，詮擇諸家之傳註，而傅以己見。雖大儒之説，不苟同。蓋晚年屢加删定，未始輕出也。於書，謂舜典「象以典刑」一章乃舜命官語，非史臣記事之詞，古者罪人不孥，而漢書引湯誓「孥」作「奴」，蓋或「奴」、或「戮」，隨其罪之輕重施之也；酒誥「明大命于妹邦」，疑「明」字本「封」字之誤，不然則下文「乃穆考文王」，終不可通；大誥「今蠢今翼日」，蔡傳謂「今之明日」也，疑以今蠢今翼爲句，言武庚今無知，如蟲之蠢動，今有輔，如鳥之羽翼，而以「日」字屬下句，猶左傳「日衛不睦」也。於詩，以卷耳爲大夫行役者之作〔三〕，謂陟岡陟砠，馬瘏僕痡，非后妃思慮所及；以柏舟爲非婦人之作，謂其心不可轉，威儀不可選，正孔子所謂「吾於柏舟，見匹夫執志之不可易者也。」至以鄭、衛之詩，非孔子所謂鄭聲，其辨尤詳。大約謂春秋主事，當無不載；詩主辭，當有所擇。朱子修通鑑綱目，於莽、操、呂、武之事，靡不備載；其續楚詞，則神女、季姬皆斷爲禮法之罪人，高唐賦亦視爲倡家之瀆禮。若鄭、衛諸篇，非刺淫而果爲淫者所自作，聖人必不録之矣。其超然獨見，多先儒所未及者。又有五經考證、大易私徵、春秋私比等書，皆未脱稿。雜著詩文，有晉齋稿、鏡川稿、東觀稿、桂坊稿、金坡稿、銓部稿，又數百卷，閎博精醇，兼備衆體，成一家之言，讀其文可知其人。

公弟舉進士者三，曰守隨，廣西按察使；曰守阯，左春坊左諭德；曰守隅，工部員外郎。子二，亦皆舉進士。曰茂元，山東按察副使。曰茂仁，刑部主事。公墓在鄞之玉堂洞山。

論曰：儒者心學之失傳，久矣。其上工訓詁以爲高，其次競辭章以爲奇，又或以天資用事，而能隨世以就功名，斯已矣。四明自慈湖楊氏師象山，東發黄氏師考亭，皆卓然知體立用宏、顯微不二之義，學者尊之，若頹波砥柱。而栖芸實嗣其傳，至公益充大之。蓋其始則抱遺經以求聖人於言表，而不以訓詁辭章爲能故，其持己律家居官接物，視老壯如一日而不少肆。其子弟皆謹禮守法，不屈於不義，而以古人爲可期也。夫學術有得于一心，則尊之而不爲泰，棄之而不爲損。擇之精，守之確，終吾身而不變，此所爲儒。而世往往以迂左目之，皆孟子之所謂失其本心者也。公晚遇明天子，將有柄用之漸而阨于老，不能究其經綸遠大之業，使儒效暴于天，下豈非斯人之不幸哉！

## 僉憲楊君傳

君楊氏，諱太榮，字崇仁，其先居湖廣麻城。至君高大父德言，元季爲統軍萬户，有事于蜀，因家酆都。曾大父繼祖。大父文興。父弘道，仕爲邑之訓術，通諸家，負識鑒。嘗幼異君，曰：「此子當不凡。」遣入學爲生徒而勖之。君果穎出流輩，業精行成，思亢其宗，以天順丁丑舉進士。酆都邑陋僻，國朝舉進士實自君始。

君爲人剛直而宅心恕，每思爲有用之學，故遇事可不可，即勇持之，未始以人言自沮也。筮仕大理評事，所讞獄，必反覆參驗，得其平而後已。時廬陵王恭毅公長大理，慎許可，更官屬十餘人，獨才君可大用。值有詔大臣各舉所知者，公即以君名上，升江西按察僉事。江西民譁訟繁，君治之不勞而辦。嘗行部九江寧縣，盗猝起攻陷郡邑，殺將吏，衆相顧愕眙，計無所從出。君不動，曰：「是惡能爲徐？」授策甲士，躬督之與格，大蹙其衆，禽其首羅萬珪及黨與三十人。未幾，盗復起九江，君馳往掩捕之，禽其首舒原一及黨與七十人。南昌豐城爲萬珪餘孽所苦，君戒指揮王鏞密捕獲之，凡五十二人，由是所部怗然〔四〕，無敢倡亂者。

南昌有權貴人被盜，其壻誣仇家數十人。君察其狀，盡釋之。衆危君，君毅不顧，曰：「某不能以民命附勢也。」久之，真盜出，危者皆愧君。建昌豪民楊洪三武斷鄉曲，以盜誣朱槐等二十八人，死且半。君辨其誣，而寘豪于法。闔邑稱快，九江衛百户田春與巡捕指揮李貴不相能，貴知御史金忠素刻，嗾盜引春，春不勝榜掠，誣伏。君獨疑之，以白御史石玉。玉視案，曰：「成矣。」時多憚金，無敢争者。君即日上其事，事下，立雪春等十七人，聞者壯之。君既以洗冤澤物爲己任，不能復與人婞婳，遂大忤權貴人，以成化甲午致仕去。去之日，吏民數千人乞還君，當道者方謀所以處之，而君有決志不留矣。

君歸蜀，鄉人莫不高其節，然君亦不能恝然忘世。凡鄉人孤弱而爲奸媒、理直而爲暴令所錮者，君必爲言上司，曰：「某也冤，某也横。」其言一出于公，上司亦敬聽之，冤者得不死，而横者斂迹。君事親孝，一第後即有父喪，哀毁盡禮。家饒于貲，而喜施賑窮濟涉，揮所有不吝。君在江西，貴溪高都憲上達嘗贈之文稱曰「偉丈夫」；其歸也，南昌張太史廷祥大書其行卷曰「林下一翁」而序之。兩公亦近世聞人，其言殆可徵也。

論曰：世率謂刑官少仁，故多不利其身與其後者。是大不然。刑所以輔世之治而濟夫仁者，非以示厲也。彼冤者釋，而暴者伏其辜，皆仁之用，而謂刑官少仁，何哉？刑官少仁，固繫其人，而豈先王制刑之意哉？若楊君爲刑官中外十餘年，所全活既衆，而又進退以之，亦求不失其本心而已。然壽終名完，而有子世其業，將充拓而光歟之，利孰甚焉。吾思世之論刑官者怠于仁以爲利而弗之省也，故爲之立傳。君以弘治甲寅八月十六日卒，年七十有三。子六人，孟琦，陝西華陰縣丞；孟瑛，舉進士，爲刑部主事，其言議操履，有父風；孟琳，陰陽學訓術；孟瓊；孟瑶；孟瑜。

## 徐處士傳

處士德賢，字孟明，姓徐氏，蘇州常熟人。其先所居曰邵舍墅，曾祖程，元海道萬户。祖恢祖，又還漁梁，至正末嘗集鄉兵捍閭里，里人賴之，别號春軒，工草書。父舉，生三子，處士其季也。

處士生即秀穎，不與凡子伍。丱角入鄉塾，日誦千言，自經史百氏書，率能通大義，又以餘力通陰陽、醫卜之學。稍長，從三山陳元圭專受春秋，將卒業而天兵下姑蘇，乃挈家避難邑城。事大父母、父母愈力，涉險茹辛，凡數年，大父母、父母相繼去世，亦不敢以客喪廢禮。既而常熟失守，復徙郡城，雖顛沛中，所與遊必一時名士。吴元年，始還漁梁。顧兵燹後，業以中圮，處士恒心語，以亢宗爲志，計日規措，不遺餘力，務使燬者完、逋者復、敝者新，門閥再興，而自處泊如也。時鄉先正思庵吴公猶未有名，處士首禮而友之。文廟靖難初，郡邑洶洶，無錫莫氏黨裔有乘時剽劫者。或謀于處士，處士力沮之，曰：「我輩非有官守，第率子姪保田廬以俟命可也。」其高識遠慮，一時老成人皆莫之及。永樂中，悉以家政付子訥，曰：「吾老，可休矣。」自結廬于所居西偏，榜曰静庵。庵有山石花竹之勝，處士日徜徉其中。客至，瀹茗嘯歌〔五〕，竟日忘倦。歲丙申十二月二十有五日卒，卒之前二日，呼訥曰：「吾平生無過人處，惟肯改過，喜濟人，取予之間，不敢悖義，持是以終吾身，猶懼弗克。汝能體此心，以不忘先訓，上師古人，吾目瞑矣。」言訖，沐浴安寢。明日，又召兄子言保族宜家之道，亹亹不少亂，及晡而逝，享年七十有三。

配鄒氏，有婦德，佐處士起家，媚黨稱之。一子，即訥。一女，適錢慈。有孫八人，慎、愷、悌、懷、忒、懌、悛、恪。忒，正統丁卯鄉進士，歷古田、長寧知縣。恪，成化丙戌進士，歷工科給事中、湖廣左參議、河南右參政、左右布政使，今都察院右副都御史，奉勑巡撫河南。女孫三人，適錢悦者，以節聞，詔旌其門。曾孫二十有一人，綿、純、絖、綬、紀、縉、維、緗、繖、績、緯、縝、組、綖、練、綰、緇、緝、統、絢、縚。綬，成化乙酉鄉進士，歷石首、永城、上杭知縣。玄孫四十有二人，璠、瑞、璹、琨、瑕、瓚、瓔、璣、璨、珙、琥、瑶、瓘、瑚、瑞、玭、環、璪、琢、瑢、琳、瓛、瓌，餘多未名者。自孫以下，用發廩賑飢授義官者五人，爲儒學生者三人。處士墓在南沙鄉敬真里漁梁溪北之源，於是葬七十有六年矣。弘治甲寅，以恪上績恩制，贈處士通議大夫都察院右副都御史，褒寵有加。

論曰：儒先謂「天報善人之後，莫大于賢不肖」，而世乃以貧富、貴賤爲言，舛矣。若徐處士者，以眇然一儒生，經世亂而不棄其身于他業，不狎其身于非友，不污其身于狂僭，可謂有君子之行矣。要之〔六〕，際興運而中起其家，子孫曾玄，積久彌盛，至六七百指。其間出而顯者爲名卿，次者爲良吏，處者爲義士，而女之有歸者爲貞媛，謂非天之報善人而致其後之多賢若此哉？況貤封之峻，廟祀之豐，而富貴兼之者哉？處士子都憲，予同榜進士，嘗竊聞履善之祥，故輒爲立傳。然書處士而不以贈銜繫之者，重其德不以爵，用媲于漢徐君之例云爾。

## 前鄭州守洪公傳

公諱寬，字有約，姓洪氏。世居徽之歙縣之永楊里。其先曰龍圖閣待制贈少師中孚，顯于宋，族大以蕃，人姓其地曰洪源。公曾大父楚善、大父宋顯、父懷徐、母江氏，其德善之詳，並見公所編洪氏世譜。

公生九歲，即選補府學生，治戴記，淳實淵潁，不妄言笑，人咸器之。以景泰庚午領應天府鄉薦，屢試禮部，辭乙榜，卒業太學，遂以成化丙戌入吏部銓，授湖廣桂陽知州。州當洞獠破劫之餘，公爲刱驛堠，作市區，禁侵暴，勸分備荒，民漸復業。桂陽，古府治，有縣附郭，國初以州治縣，以府治爲倉，民弗便。公言于朝，請復州治，經畫規措，不數月告完，而民不擾。方迎父就養，居一年以憂還。

辛卯服闋，改河南鄭州。時刱藩府于汝寧，濬漕河于黑陽山，立會府于開封，徵夫役千六百餘人，使者旁午。公懇言州狹民勞，免其半。癸巳歲大侵，奏免三分，又請發陳麥一萬石，與官粟兼濟，庶危急可拯。巡撫都憲武進楊公亟善之，下其事，諸府民賴全活甚衆。賈魯涇及白叓河歲病民，公築隄捍之，而患息。州城壞不治，公董葺之成，加壯焉。汜水古崤關，議者欲革之，公言：「崤即虎牢，古險塞。時平固無所事守，若卒遇歲飢，盜出不測，其孰禦之？故愚以爲不革便。」卒存崤關。公治鄭久，民感服其惠威，莫敢犯。而鄰境陝、汝諸州，訟不決者，亦請于公。政成下孚〔七〕，迺一新其學宮，刻許文正公大學要略諸書，迪諸生，又新鄭大夫子産之廟以風其鄉人，州民李慶家蠶簇巨繭成衣，襟袖悉具，而民間騊犢多雙生者，人以爲政德致之應。巡撫都憲江浦張公請旌異之，山右原公請以爲鄖陽知府，命未下，而公以疾解組歸矣。

公晚歲益端居，不入城府，合曾祖而下十六支，萃居一門，内外有規，歲序有燕，周卹有等，里人有事，亦相與就質焉。成化丁未十一月二十六日卒，壽六十有二。妻汪氏，先六年卒。子四人，長達，克家不仕。次迪，禮部司務。次遠，成化戊戌進士，歷知莆田、濬、交河三縣有聲，今以監察御史莅事南京。次通，府學生。孫十人，長儒，次偉，次休，次伊，次俸，次儉，次价，次脩，次俶。公墓在清泰里河塘上鳳山之陽。

史官曰：古循良之臣，譽興位隆，若西京之世所書者，蓋甚衆也。洪君治兩州，有惠政，爲聞人，而不克究其志以老，何哉？然有子能世其經、拓其顯揚之業而大之，人以是知天之報施善人，固有在彼不在此者。予故取而傳之，非直以慰公矣，將使夫爲善者無懼焉耳矣。

## 汪節婦傳

汪節婦陳氏名鼎，徽之祁門人。其父曰偉人，與同邑汪仕政皆名士，故節婦在室已能受姆教，爲賢女。年十九，聘爲仕政子軫妻。汪舊族，而仕政又振之，節婦能事之盡禮，嚴奉其條約，舅姑安之，曰：「得婦如此，老復何憂哉？」其佐軫養父母尤力，至於處姻黨、供祭燕、御佃傭，斬斬有緒，人率慶軫，軫亦以自慶。踰年生男，奉以見舅，舅大喜，小字之一孫，定名曰鐸，「吾將望其多似續，以振吾宗也」。再踰年而軫遘疾不起，疾革時，略無一語及節婦。節婦號慟幾殞者數四，有老媪勉之節哀，則泣告曰：「吾夫屬纊之所以不及我者，知妾無他也，吾何用生爲？」聞者亦爲之灑涕。既服闋，節婦始年二十三，舅姑少之，微使人相風，則大哭曰：「我何人家女，爲何人家婦，而敢以此相侮哉？不當，即死以從吾夫于地下爾！」風者乃不敢復言。節婦奉舅姑視夫存時益謹，謝膏沐，勤女紅，日抱其孤兒茹泣曰：「天乎！純鑒此血誠，俾苟存視息，養吾夫不絕如綫之氣，以不墜汪氏，吾願畢矣。」鐸既長，勉之力學，爲之擇配，而得方氏女，亦善事節婦。天順癸未，有司以其節聞，覈實如令旌其門。迨今弘治癸丑，節婦年八十四。有孫五人，曰相，曰樞，曰槤，曰朴，曰楷。樞尤淵穎淳愨，進補儒學生，部使者試士，嘗占首選，然數奇諧寡，每不利于場屋云。

史官曰：先正有言，「天報施于人之子孫，莫大于賢不肖」，而不知者以富貴貧賤寘論，舛矣。吾觀汪節婦陳之履行，殆有烈丈夫之所難者，雖已躋壽年、沾恩典，疑有未盡，則將於其孫樞乎驗之，人亦佳見樞之力學績文〔八〕，當有以爲節婦榮也。然予與樞善，賢其人有志于道，知以程、邵爲師，疑所以榮節婦者，將有大焉，豈獨富貴哉。

# 鄒氏傳

錫山有華、鄒二氏，華祖南齊孝子寶，鄒祖宋寶文閣學士忠公浩，族最盛，各以所居名。其在近世，則鵝湖之華有時茸翁守方，守方生文高，故儒者，所著宋史發揮、東郊集。文高子蒙，實娶于忠公之族，蓋徐塘鄒也。其父珮，承事郎，號撫松。大父宗文，仕知通道縣。兩家雖以産雄其鄉，而維之以禮義，他姓不及焉。

鄒氏者，生有至性，如成人，早喪其母，悲哭不止，惟見父則更爲歡。父訝之，久乃悟曰：「吾女孝，爲恐傷我，故不哭耳。」噫，人家那得有十許歲兒能如此耶？」長，益好女紅及喜聽人説古賢女婦事。歸蒙，即甚得舅姑心，姑以内政畀之。内政悉辦。久之，喪其父與舅，過哀成疾，而治家益勤，至手自緝縑枲以先家人。姑慰止之，則面遜謝，退作如故。其佐蒙之大者，能教養其兩弱弟晉、升，晉、升每語人曰：「我兄弟輯睦，嫂有力焉。」又嘗諫蒙曰：「君家以積德故至此，君宜損己，無多取于人，庶有後。」蒙義其言，行之，人果譽蒙，曰：「華之良也。」然終以舊悲勞致瘁，不可起。卒時，出言謝其姑，且戒蒙而勉其子，累百語不亂。既絶復曰：「我實不能舍姑。」姑亦大慟曰：「老不幸而失賢婦，吾何用生爲？」則語蒙曰：「婦事我十三年，年甫三十有一，有一子兩女，叶成汝家，其葬諸西壽山祖壠之側，葬事固無煩我，我惟欲得名公文字爲婦不朽，庶足以相慰爾。」蒙退請楊儀曹君謙狀其事，遣人來致母命。予素重儀曹，讀其文甚核，是足以不朽矣。謝再三，其所遣人跪曰：「走數千里而來，將何恃以歸報老人？」其言益可悲也，遂序而傳之。

論曰：劉向爲列女傳，凡一言一行皆見録不遺，誠思人喜高節素行而忽婦職之常也。若鄒氏之爲華婦，亦獨能盡其職之常爾。然其姑乃思愛之不置，是必有當其姑之意者。夫能當其姑之意〔九〕，則所以佐其夫，主其家者，必有道焉。嗚呼！是亦可謂賢婦也夫，抑可謂之孝婦也夫。

## 華處士傳

處士姓華氏，諱正，字守正，以字行〔一〇〕。晚號愛菊翁，南齊孝子寶之裔也。其先曰原泉，當宋南渡始居無錫之隆亭，六世孫起濱，再遷堠陽。起濱生璞元，晉冀屯田總管。璞生鉉，功德使司都事，早卒。妻陳氏，以節旌門，至今號旌節里。鉉生幼武，幼武生宗韡，復遷鵝湖。宗韡生興叔，興叔生思濟，處士父也。

處士性孝友，早喪父，每言及，雖籩豆儐爾，即掩懽流涕。事母鄒氏務得其歡心，有疾輒籲天求代，疾亟，走千里禱泰山；且没，又復走兩京，求金石文，圖所以不死者。年七十，喪其兄守方，盛暑哭奠如禮，因中暑暍，醫弗治，歲經暑輒發。以弟守端早世，教育其諸孤若己子。尤厚宗族，置義田，周貧乏。族有譜，多舛，處士據舊藏續修之，而不敢以己意參焉，其慎之也。兄子玭，孤不克自立，育之成，爲築室納配。吕氏孤女出内之弟者，處士收養之，且資裝以嫁。華大族，有瞰處士病而以計敚其田若干畝，處士覺而嘆曰：「先業所在，惡可以弗力？」言於官，十年事白，乃歸。闢逸老園，日徜徉其間，久之，幡然曰：「得無啓後人遊宴之漸乎？」中搆觀稼樓，貯經史，藝桑果，課視爲適。或譏其務逸得勞，則笑曰：「吾志也。」處士喜讀書，尤好胡氏春秋及歷代史，見匿理强辨，即怒勃然，雖親且顯者弗貸。至素所不善，有善可，稱之弗置也。處士與其配吕君伉儷，垂老無間言。篤朋友，死生不相背。華故饒于田畝，十則歲給無息米斛四，佐其鎡基銍艾之費，鄉族效之。歲凶，有券米斛四千聚於庭，乞緩其逋者，處士即裂券罷償，歡聲載道。由是兩子一孫，皆本其志發粟賑饑，爲義官。

處士以弘治七年二月七日卒，壽七十九。子二人，曰祐、德。孫男二人，從智、從仁。孫女多適名族，其適今監察御史陸完封孺人者，德之少女也。曾孫男三人，曰金、石、竹，多克家。

論曰：予與處士還往幾三十年，每見益老，而平直之行、靖慎之容，終始一日也。業之豐、胤之昌，固其先世之所敷遺，然處士善繼述，足以迓承于盛時而充拓之，亦惡可揜哉？

## 藺州同知封翰林修撰錢君傳

君諱中，字用之，松江華亭人。曾祖實，祖復，父昌，皆不仕。而復故儒者，尤好子思子之書，鄉人目爲「錢中庸」，君逮事焉。年十六，爲儒學生，以俊警聞。嘗假同舍生文字，不獲，就目一再過，即背録不失一言，由是學益博，文必務出人上。然三試南畿，輒不利，遂罷去，客荆襄、江淮間。久之，聞陳御史選提學江南，躍然歸，就試，果甄録之。成化戊子，中南畿秋試。七上禮部，又輒不利，乃詣選曹，請改隸南京，便養母，得歷事工部。未滿五日，聞母訃，或請足期而後發喪，君大慟，斥之。服闋，以禄不及養，乞遠郡自效，廷授藺州同知。藺屬麗江府，雲南絶徼也。酋羅姓者，世知州；木姓者，世知府，恃姻爲奸虐，君動以法持之。羅故使督五井鹽課，君正色曰：「我奉命監州，豈專爲鹽吏而已？」羅恚，欲挾木中傷之。君以詩抵木，木反禮君不敢肆，而夷僰悉恃君以安。分巡兩司若林副使俊輩，皆賢君，檄使稽鄧州軍餉，再攝雲南縣，又攝黑鹽井提舉司，往來無虚月。縣邏卒得賂縱盜，以良民充格數歲不決，君辨釋數十人。黑井鹽坐潦虧課，君至，以足告，上官驚嘆曰：「得非連州鍾乳乎？」歲庚戌，委君入賀長至節，值子福舉進士第一，君慨然曰：「是足以成吾志矣。」遂引疾致仕。

君所居後，即晉陸機放鶴灘故地，作樓其上，合林下人結社，號榮壽會，口不及官政，與郡士大夫飲輒盡醉，浩歌自適。或規其放者，君曰：「吾將藉以是全吾真，使涉世故者不吾撓也。吾豈真放哉？」錢之先居嘉興桐鄉，相傳忠懿王後，元季君高祖德名避地華亭城西，贅薄氏，家焉。君既得謝，將往桐鄉合族定宗法，未行而卒，五月望後四日也，得年五十有六。

君生負氣倔倔，必思以自見，而數奇諧寡，終不詘以求合。然居家篤行，早喪父，祖母陳命傳食仲子及君，時仲殷而君困，君不可，曰：「是畜養者之所爲爾。」極力與其妻陸奉陳及母范，咸得其歡。陳之喪，悉力營葬，不以勤仲父，君之子益企君之孝。福爲翰林修撰，三載得推恩封君如其官，忽思君心動，例不得歸省，則移疾冒暑行。至東昌，得君訃。福弟祚，亦舉于鄉。君治命曰：「葬地毋遠我祖父。」福等遂遵故壟襄事，其地曰華陽橋蟠龍塘。

論曰：士之有所立于世者，豈獨以其顯有後之爲侈哉？觀君於仕階未滿五日發喪，事大母雖居貧無違禮，佐遠州不鄙夷其人而寘禍患于度外，非燭理明而逮義勇者，能之乎？人率謂君徒以其子故顯名，而不知君之所自立，亦誠有足書者。故予爲君傳，不示侈焉，明古之君子有所立者，非全恃乎此也，亦將以慰夫人于下地云爾。

## 參政陸公傳

公諱容，字文量，姓陸氏，蘇州崑山人，元盛時號周涇陸家。曰士明者，贩遼東，值兵興，客死。子福，育姻黨徐氏，因冒其姓。福生繼宗。繼宗生裕，贈兵部武庫員外郎，娶陳氏，生公。公妊時，母夢紫衣人以笏擊其首，曰：「當生貴子。」覺而公生，厖厚白晳，見者以爲英物。九歲賦詩，有奇語。十六爲縣學生，大肆力于經史百家，至廢寢食，而凡摴蒲、博奕之戲，一不挂目。葉文莊公亟器之，曰：「范文正公事業，不可不勉也。」舉成化丙戌進士第，除南京吏部驗封主事，始請于朝復姓陸氏。丁父憂，服闋，改兵部職方。會虜入邊，遣將北征，敕公紀功軍中。虜退而還，進武庫員外郎。大臣患京城多盜，請遣給事中、御史部屬官五十人大索，以公總其事。公極陳不可，事果中格。尋進職方郎中，時邊報旁午，封事日或四三上，凡虜情虛實、地里險易、兵力分合，皆犁然中其肯綮。事下三邊，邊人驚服，大抵皆出公手，而於沮征安南及罷勦鹽賊劉通兩事尤偉。有昌佐者，京營都指揮，故降虜也，求參將雲南，一巨璫傳上意，令兵部上其名甚急。公持不可，則召至左順門諭之，公曰：「既出上意，命下即是，焉用舉爲？且金齒、騰衝外控諸夷，要地也，佐材力庸下且夷種，不可用。若今日阿旨，異日壞事，雖禍及身家，何益？」巨璫語塞，事乃已。他如韋瑛之誅，定捕妖言功不得世襲，皆自公發之。

未幾丁母憂，服闋，上疏言太倉兵衛不便者八事，從之，所司復采其尤切要者行天下，爲著令。除武選郎中。值今上初即位，斥戮倖進，庶政一新。而太監李良典御廐，爲都指揮王欽、梁宏乞陞都督，得旨矣。公上疏，極論都督武官極品，體勢甚重，不宜授無功及非人，而良等招權恃恩，當正典刑，仍乞立法，以禁將來。疏兩上，奪其新命，士論壯之。復上疏論八事，曰儲養台輔、曰教導勳戚、曰愛惜人才、曰久任巡撫、曰經理京衛、曰選練禁兵、曰均平鈔法、曰慎重會議，而儲養台輔、愛惜人才二事，尤剴切。時柄臣疑公侵官，且臺諫方爲之排逐異己者，懼公言動上，將陰中之。尚書余公爲言吏部，得出爲浙江右參政，距上疏一月爾。公至任，復條例兩浙不便者八事，多見采納。於潛民陳乙夫婦乞食，夜投宿桐廬山中漁家，被殺瘞之，而婦不死，覺有人蹴其脅曰：「明星至矣，何不走訴？」婦自墓隙出，遇公長號稱冤，盡得其狀，漁者論死，蘭溪章憲僉懋作頌美之。辛亥聖節入賀，復上疏論漕渠利病，不報。癸丑，大朝罷官者若干人，而公亦與焉，聞者大駭。公處之怡然，且賦詩道别。既歸，於所居作成趣庵、獨笑亭，日緇褐野服，著書其間。又改作先祠，落成，已屬疾，猶强起獻拜如禮。以甲寅七月戊申卒，得年五十有九。

公少即有志經濟，如典禮、兵刑、漕運、水利之類，罔不究極其本末利害，手書之册，爲施用之具，識者以爲百不一試也。居家孝友，父爲人所誣，坐謫戍，連者二十四人，公陳書上官，雪之。葬母之日，塚上廬次及城中屋宇烏鳥飛集萬數，鄉人嗟異。公子未蕃，夫人張氏數勸買妾，公曰：「吾祖宗以來，無畜妾者，不可。」所著詩文曰式齋稿、浙藩稿、歸田稿；奏議在朝曰式齋筆記，在浙曰封事録；記事之書曰菽園襍記、式齋邇察、太倉志；别有兵署録、水利集、問官録總若干卷。子一人，曰伸，舉于鄉，嗜問學，有行檢，克紹其業。

論曰：公當弘治初伏闕上疏，時予方以言者去國，道中得其稿，讀而嘆曰：「偉哉！賈、陸之緒論乎。」然亦未始必其終獲遇也。既乃聞其以論薦而出，有微意焉，蓋出未久而罷，且死矣。道喪風靡，士自晦則笑以爲無所取材而擯之；稍露一二，則又恐其得譽望有進用之漸，必誣之使去，則以爲快足，豈獨後世哉？若擯于一時而顯于既没，誣于小人而白于君子，固天定也，士獨求其無愧而已。公雖用不究所學，然有建白在朝廷，有惠澤在民，有著述在學者，足以考見矣。遇不遇，奚病焉？

## 仝景明先生傳

仝先生寅，字景明，山西安邑人。少聰瞽失明，無所事事，乃受易師學，悉究義經畫外之旨〔一二〕，而以京房斷占多奇中。正統間，父清遊雲中，挾景明與俱，三邊吏士有問身休戚及軍利鈍成敗，必就景明決之。由是「仝先生」之名聞四方。己巳秋，虜酋也先大入邊〔一三〕，英廟北狩，陰遣使命鎮守中貴人裴當問景明，景明筮得乾之初九，附奏曰：「庚午歲仲秋，車駕當還，還後七八年，必復辟。」英廟心識之。時忠國公石亨以參將守雲中，賢景明，引爲上賓，動必咨之。暨景帝嗣位，虜益熾，召亨還總京營。亨以請有幹略薦以自輔，景明因侍行。至京，時也先復入寇，京師戒嚴。亨召景明問計，景明筮之，曰：「無能爲也，且彼氣已驕，戰之必克。」虜果敗去。庚午，也先欲奉英廟北還，時率以爲詐，獨武寧伯朱謙上書懇請。朝廷持不敢發，景明力言于亨，曰：「虜人順天舉義，我中國返失迎奉之禮，獨不爲夷狄笑乎？」亨遂與少保于公協議，遣使，虜果奉乘輿來歸，實庚午秋也。

英廟以太上皇居南宫三年，錦衣指揮盧忠上變，外議洶洶。忠一日屏人請筮，景明以大義叱之。曰：「是兆大凶，死不足贖。」忠懼，而佯狂爲風狀，兩宮乃安。忠後伏誅，如景明言。景帝之弗豫也，中外以儲嗣未定爲憂。景明亟言于亨曰：「公國柱石，當委身致命以安宗社。今危疑之際，不早定大計，禍且不測。」亨意遂決。英廟復辟，將官景明，景明固辭。乃命工范金鑄「陰陽神靈」四字爲筮錢十八文，製象牙盒貯之以賜，又賜魚牙金酒盃一，白金彩幣若干。會清以指揮僉事將出莅徐州，上曰：「仝寅得無偕往乎，其授錦衣衛百户，在京居住。」景明復固辭，不允。景明見亨寵位已極，每因筮以持滿之道反覆戒之，弗納，卒及于禍。

景明當景泰、天順間，名公卿大夫無不延接者，然一語不及私事，惟抑邪與正、濟顛扶危可致力，則諄諄不少回避。遇古今圖史及異書，必令人傍誦聽之，至老不倦。又緣名字之義，自號啓陽，今八十有六歲，尚康强無恙。三子，長鑾，以材武自見，官錦衣衛百户；次鑒，治易爲進士業。次鋭，以善書士隸中書舍人。

論曰：昔嚴君平卜筮，與人子言依于孝，與人弟言依于順，與人臣言依于忠，各因勢導之以善，蓋賢而隐于卜肆者也。若仝景明先生，固聞君平之風而有慕焉者歟？其禮于名流，不浼于權貴，壽而有子，老于聖世，非倖也。彼司馬季主不見知于宋忠，賈誼、郭景純不免于王敦之難，其術精矣，而其所得，又景明之所不滿者歟？

# 汪義士傳

汪義士中和，字貴民，唐越國公華之後，休寧西門人。曾祖養晦，自西門遷汊口，祖明德、父亨。

義士爲人頎然，廣顙，性介特，寡言笑。每讀書至古忠孝節義事，即掩卷太息曰：「爲男子而洪泯以度世，亦惡用生爲？」鄉先生聞而異之，曰：「汪氏有子矣！」義士家有尺籍在貴州，適當亨，亨還自軍，道其艱苦，義士未冠也，恒戚戚不樂。宣德丙午，詔簡汰諸路兵，亨弟兄皆以老謝行，義士毅然躡屩往代，鄉人壯之。貴州帥聞其故儒者，率遣子從學，義士因以其暇日爲講説前史名將所爲如何，及近世養兵禦侮之要。邊臣聽之，無不慰愜。或戎務弛張、夷情虚實、山川道里險易通塞，有所咨訪，因而舉錯甚多。義士一再以公務還汊口省其父，群從兄弟悉長健，衆議當番代以均勞者，群從又相持不前。義士恐傷之，復抵戍，則髮漸種種矣。

貴州，古夜郎、越雋地，山水荒寒，中土人非謫配罕至。義士獨往遊其間，歌笑懷古，人莫識也。都匀苗寇作，貴州軍禦之，失利，義士所居堡僅百人，欲散走，義士仗劍叱之，曰：「當此際，不叶力堅守，即國家養我輩何用？況分地不可擅去，有大僇乎！」衆志始定。入夜，備稍解，寇突入，有牽義士急去者。義士慨然曰：「士死義爾！」堅立不動，且詈寇曰：「朝廷何負于爾？敢猖獗若此。」遂被害，正統十四年七月二十四日也，得年五十有九。少子南雲被虜月餘，哀慕動寇，寇不忍殺，釋而歸之。義士二子，長義方，次南雲也。孫男三，觀、成、昕。觀早喪；昕篤志力學，爲里塾師。

史官曰：郎之戰，公叔禺人遇負杖入保者，息而謂之曰：「使之雖病也，任之雖重也，君子不能爲謀，士弗能死，不可也。」與其鄰童汪踦往，皆死焉。孔子稱其能執干戈以衛社稷。嗚呼！若義士之死，固可與踦相望于百世之上矣。而封疆之臣，乃無畫策捐軀若公叔者，不重可嘆哉。

## 鄒佑之傳

鄒佑之，無錫人，宋寶謨閣學士忠公十一世族孫也。所居曰華莊，再遷龍涇，至元季而業中圮。佑之曾大父伯惟、大父洪昭、父以善，歷三世，始漸復舊。以善娶于華，生五子，皆有聞。佑之，其次子也。

性孝友，於二親生盡養、没盡哀。與諸弟甚篤，一弟早死，撫其孤如己子。其讀書知要，嘗誦武侯「静以修身」語，説之，因取静修名室，以自警平生。不急利而家益足，其志在寡取，因或其乏而并捐之，故多不忍負之者。長區賦，取給公上而已。處家有規，與其配華肅雝睦相成，教三子，或力家，或業儒，無敢肆以譁者。闢所居東原，爲新甲第于其里，以時修忠公及上世丘壠，無論疏戚。輯宗譜，助刻縣志，造鰲塔諸橋，浚香渠以利濟鄉人，雖捐重費不悋。所還往若武功伯徐公、太宰思軒王公、憲副椶園劉公，皆一時名卿。遇佳勝處，同載並遊，觀者嘖嘖。佑之晚歲，深以盈滿爲愳，號其堂曰戒得，不欲關世事。作假山堂後，畜古法書、名畫于中，又樓其南曰學閒，終日手一編不置。弘治戊午春，忽遘疾，以四月二十有二日不起，實始生之辰也。君子謂庶幾古所謂全歸者。

佑之每歲出貸米取息，值大歉有調之者，曰：「貨不倍貸乎？」謝曰：「乘時射利，先世所不爲也。」姪婦錢孀而無子，請後以佑之孫。不可，曰：「渠自有同氣在，徇之，是利之也。」錢訴于郡，郡召問故，驚羡不已。此二事，人尤稱之。佑之諱賢，卒年六十有八。嘗以歲飢輸粟例得官，然非其志也。子曰愚，承事郎。曰魯，早世。曰鈍，儒學生。孫五人。

論曰：無錫爲毘陵之望，予恒過之，見其山水秀明，鍾之人宜多賢者。而鄒公先號知名士，或顯或晦，不可縷數。子孫出而嗣其休祉遺烈者，未有極焉。豈其所鍾者獨盛哉？亦有所觀法而然哉。若佑之所樹立，美矣。鄉人爲紀其行，累千數百言，大抵多富好禮者之常。予因節之爲傳，非不詳也，得其大則小者可知也。

## 封監察御史王公傳

公諱宗吉，字天祐，王姓，世居蘇之吴江，爲碩宗。所居邑西附郭梅里，曰壽之者，元季聞天兵將有事于張士誠，計大軍必自太湖登岸道梅里以入，遂避地仙里，而舊業果毀于兵燹。壽之生良輔，良輔生彦徵。彦徵生守仁，勇于義。

守仁生公，未三歲而卒，再期而母吴亦卒，撫于諸母。公雖煢然在疚，而負穎質，性聰穎，鄉先生吴善與守仁交莫逆，間撫公異之曰：「吾無以報亡友，顧孺子可教也。」收誨之。公讀書過目不忘，家故有春秋、左傳、朱子綱目，尤愛玩忘寢食。弱冠學成，即授徒里中，嚴條約，如老師，學徒日衆。公念其先業中微，思所以拓之者，勤儉自樹，不遺餘力，而未嘗取非義之利，家寖以饒，盡復其舊産，以終父志。所居之堂曰樂善，爲石梁七，鑿義井四，貧乏病死者，食粥施衣，予藥給槥，恒恐弗及。成化改元，歲飢，焚逋券數千。辛丑，再飢，出賑米六百斛。巡撫都憲王公承制授七品散官，辭不可。鄉射禮行，郡邑大夫必以賓禮之。有疑政，多就問焉。公處家庭甚肅，分命諸子理家政、治儒業，僮僕各職其職而不敢肆。奉先禮賓及冠婚慶吊式禮，給適中覽。名所居曰遺安、曰百忍樓、曰懷恩。又創月湖蓮陂別墅於松江太湖上，開圃於所居東池，曰涵虛亭、曰可怡橋、曰凌雲谷、曰賓而，時與朋友詠歌其間。弘治丁巳，以子貴，勑封文林郎江西道監察御史。人以爲績學纍善之報。公疾革時，處分家事不亂，且召親友與訣，命遷正寢而終，寔弘治十年十月四日，壽七十三。

先是，公卜壽藏于王山之陽，山擁水環，境甚佳勝。公心安之，督治衣衾棺槨，皆倣古制。至是葬焉。娶于氏，先卒。子男二，皆夭。繼沈氏，子男四，曰賢，義官；曰哲，弘治庚戌進士，授監察御史，嘗奉勑按閩中，又按廣東，皆有聲；曰明，國子生；曰敏。女三，長適郁搢，次適徐質，俱庠生；又次適朱佩。孫男五，曰恩，邑庠生；曰懋，曰京，曰東，曰惠。孫女七。曾孫男一，曰檜。

論曰：吾聞其鄉人，公嘗戒諸子曰：「兒輩處世，勿急急名利，與其過取以賈怨致禍，孰若省費以安己濟人？」見二子不第歸，指壁懸蠶種示曰：「此物非時，一幅紙耳，當春則皆化生，而爲用世之物，蓋各有時也。」論仕宦則曰：「汝輩他日遇時致用，慎勿以刑立威、以偏斷事、以利喪守、以死易節。若不能痛戒，雖弗仕，可也。」又曰：「人之處世，凡百成敗，皆有天命。吾老矣，平生經歷雖小事，未有不由天成，慎勿患得失而喪名檢。」又曰：「吾嘗慕古之豪傑，越千載其名如生，汝輩須立志以古人自期待。」其言皆足補世教，殆非今之士也。傳所稱「逸民」，禮所稱「鄉先生没而祭于社」，若王公，非其人歟！

## 校勘記

〔一〕躬親題奏　「親」，原闕，據篁墩程先生文粹卷二十一補。

〔二〕吾學至爲君子　「至」，四庫本作「志」。

〔三〕以卷耳爲大夫行役者之作　「爲」，原作「於」，據篁墩程先生文粹卷二十一改。

〔四〕由是所部帖然　「由」，原作「首」，據四庫本改。

〔五〕瀹茗嘯歌　「茗」，原作「名」，據四庫本改。

〔六〕要之　「要」，原作「亦」，據四庫本改。

〔七〕政成下孚　「政」，原闕，據本書卷四十五前奉訓大夫鄭州知州洪公墓誌銘作「政成下孚」補。

〔八〕人亦佳見樞之力學績文　「佳」，篁墩程先生文粹卷二十一作「願」。

〔九〕夫能當其姑之意　「姑」，原作「孤」，據上句「是必有當其姑之意者」改。

〔一〇〕以字行　「字」，原作「守」，據四庫本改。

〔一一〕悉究羲經畫外之旨　「外」，四庫本作「卦」。

〔一二〕虜酋也先大入邊　「先」，原作「光」，據篁墩程先生文粹卷二十一改。

# 篁墩程先生文集卷五十一

## 祭告文

### 補漢昭烈皇帝伐孫權告廟文

嗣皇帝臣備敢昭告于太祖高皇帝、世祖光武皇帝、孝愍皇帝七廟神靈：

臣備聞葛伯助桀爲虐，成湯先征之而後放桀；黎君黨紂爲惡，武王先戡之而後伐紂。勢有緩急，動不可以後時；理有經拳，事宜從乎中制。伏以逆臣孫權，乘時多難，竊據江東。尚以世受國恩，同獎王室，首遣使者，作爲盟書，繼進家人，求通戚畹。軺車來往，屢修信睦之儀；疆界分明，薄無彼此之隙。日者，將軍關羽進討國賊，既下襄、樊，爲權者不思掎角之圖，乃作反噬之計，遣賊將吕蒙等，掩襲我荆土，殺戮我戍士。臣羽則委身國事，伏節虜廷。而逆權甘作叛臣，不復尊周是念；顯受僞命，方以吠堯爲功。穹壤不容，人神共憤。臣聞祖宗之法，不道者必誅；春秋之書，無將者罔赦。敢附湯、武之義，先興黎、葛之師，尚賴宗社之靈，天地之祐，庶成大業，克濟中興。臣備將以章武元年九月二日，親率六軍，恭行天罰。以丞相諸葛亮輔皇太子，留守成都。以車騎將軍張飛出閬中，虎牙將軍趙雲出江州，建威將軍黃權出江北〔一〕，侍中馬良出武陵。五溪諸蠻，罔不率俾。將軍向寵等，各率所部，擐甲以從。誓梟叛賊之頭，少示僭王之警。即圖大舉，掃定中原，祗奉寢園，告謝天下。臣備臨師，不勝戰懼之至。

## 祭婦翁大學士李文達公文

維成化三年歲次丁亥正月戊辰朔越八日乙亥，壻翰林院編修程敏政謹以牲醴之儀泣奠于少保尚書大學士贈太師文達公尊丈之靈座前曰：

嗚呼！政生十齡，粗守庭訓。誤蒙召命，遠赴京師。惟時我公，實司帝制。命題試我，喜溢長眉。親教詩、書，正其句讀。動止語默，罔不容心。迨及壯年，遂妻以子。奈何遐棄，失我依歸。屬纊之前，遺書見屬。政愚不肖，此任曷堪。惟當竭心，以還治命。但所恨者，生不能侍藥左右，歿不得執紼塋園。薄奠載陳，有淚如雨。尊魂如在，鑒此哀誠。嗚呼哀哉，尚享！

## 祭妻母夫人周氏文

維成化四年歲次戊子四月庚寅朔越七日丙申，壻翰林院編修程敏政恭備菲儀馳祭于外母封一品夫人周氏之靈曰：

嗚呼！政自髫齔，受知太師。教育兼隆，載妻以子。夫人之意，惟公是同。遽意太師，中道而殞。夫人繼逝，同此玄堂。訃音遠聞，中腸寸裂。二孤未室，孑然誰依？蒼天悠悠，此慟何極！緘辭千里，致我微衷。臨風馳情，靈兮來格。嗚呼哀哉，尚饗！

## 闔院祭大學士彭文憲公文

惟公質清以介，學正而充。魁甲榜于壯年，士服其望；登延閣于嗣歲，世慶其逢。當睿皇復辟之初，再受知于丹扆；暨今上正位之始，首入侍于青宮。有康濟生民之志，有丕振士氣之功，有䫉然不奪之孝，有確乎不易之忠。人方仰勳猷之大著，天胡俾耆俊之遽凶？史垂成而未上，親備養而難終。訃音上徹，愍策加隆。節名二惠，進秩三公。蓋以篤哀榮之令典，重台鼎之儒宗也。某等晚生孤陋，素欽德容。渺塵遊之已遠，悵晉見之無從。尊酒既洌，俎肴既豐。公乎如在，假此敬恭。

## 奉遷五世祖考妣祭告先祠文

維成化十三年歲在丁酉春三月戊辰朔六日癸酉，孝玄孫翰林院侍講敏政敢昭告于顯高祖考耆宿處士府君、顯高祖妣孺人吴氏、顯曾祖考徵士贈兵部尚書兼大理寺卿府君、顯曾祖妣贈夫人汪氏、顯祖考處士贈兵部尚書兼大理寺卿府君、顯祖妣封太淑人贈夫人張氏曰：

仰惟先德，蔭我後人。使皆竊有禄位，以得奉其時祀。顧敏政之父，實維宗子，自乙未之歲，得請還鄉治疾，于兹三年。敏政愚昧，不能以時上告，代供常事，儀文疏略，神不顧享。五世顯祖考妣，非敏政所得祀，歲時瀆僭，徼福不經。考之禮典，亦或爲厲。用是敏政之子六十以今歲二月以來，又自祖父以來，伯叔無後與殤子之當祀者，俱不及侑食之列。始生丹毒，幸已痊可，繼發瘍疹，自面及身，日夜靡寧，醫藥罔效。是實敏政之罪，下逮兒身。兹涓吉辰，謹奉遷五世顯祖考妣，以從每歲立春之祀，以叔祖以下諸無後者暨諸殤子殤女，逐位祔食。惟我先靈，軫此一脉，胤系攸關，異日將有奉祀之責，特垂陰祐，俾遂安全。不勝懇切籲叩之至。恭率新婦，待罪家庭，謹告。

## 奉安顯祖尚書府君遺像告文

維成化十三年歲次丁酉十一月甲子朔二十七日庚寅，孝孫左春坊左諭德敏政敢昭告于顯祖考贈尚書大卿府君曰：

惟藐孫之生未周兩月，不幸府君奄棄于家。迨今三十有一年，娶妻生子，日遠日忘，緬想德容，形諸夢寐。謹令人拜迎遺像至京，涓此吉辰，奉安寓所。仰惟陰靈，時垂陰祐，俾我後人，永有依歸。不勝瞻戀之至。謹告。

## 祭亡弟克寬文

維成化十四年歲次戊戌冬十月己丑朔十五日癸卯，兄克勤、嫂李氏暨姪男、姪女以牲醴之奠祭告于亡弟克寬之靈曰：

嗚呼痛哉！吾弟胡爲而遂至於死邪？使二親不得慈其子，二兄不得友其弟，功名無成，父子何恃？嗚呼痛哉！京居東偏，昔所同處，豈知一別，遽成終古。吾弟之魂，其猶戀戀于此乎？臨風一觴，有淚如雨。嗚呼痛哉！尚享。

## 賜假還河間掃墓告文

維成化十四年歲次戊戌十一月戊午朔二日己酉，孝曾孫左春坊左諭德敏政敢昭告于顯曾祖考贈兵部尚書兼大理寺卿府君、顯曾祖妣贈夫人汪氏、顯祖考贈兵部尚書兼大理寺卿府君、顯祖妣贈夫人張氏、叔祖考處士府君墓下曰：

緊惟藐孫，至愚不肖。承乏講筵，兼輔青宮。館閣迴翔，十有四載。不獲以時，修奉先塋。終歲思之，不遑寧處。茲者蒙恩，給驛而來。敢用牲醴，薦其常事。載惟綸命，式遄其歸。即以明晨，馳還故郡。不遠千里，省慰二親。桑梓在瞻，豈勝依戀。仰冀尊靈，陰相其行。俾我後人，弗至失所。庶圖久大，以光前聞。尚享。

## 南山庵祭亡弟克寬文

維成化十四年歲次戊戌十一月戊午朔二十九日丙戌，兄敏政祭告于亡弟克寬三舍之靈曰：

嗚呼痛哉！汝真死耶？我居京師，離親八年。所恃以奉養者，以有兩弟在。而汝遽忍捐其父兄，遽忍棄其妻子耶？今我蒙恩，給驛南還，以慰二親，以與汝訣。悠悠天地，此恨何窮？臨棺長號，汝尚能知我之來乎否邪？嗚呼痛哉！尚享。

## 祭槐塘族兄克和貳守文

嗚呼程氏，雅有宗盟。麗澤交孚，惟我與兄。二十餘年，始終一誠。弟叨近侍，兄貳專城。方期中道，少遂平生。胡遘茲厲，卒老于行。有賢嗣業，有良政聲。嗚呼我兄，雖死而榮。茲因謁告，來自神京。敢用香幣，敬奠于楹。靈兮不昧，鑒此衷情。

## 卹典命下奠告几筵文

維成化十五年歲次己亥冬十二月壬子朔，孤子左春坊左諭德敏政敢昭告于顯考資德大夫正治上卿南京兵部尚書兼大理寺卿府君：

兹者有司以顯考訃聞，荷蒙皇上卹念舊臣，特贈太子少保，謚曰襄毅，賜祭賜葬，一如典禮。慟惟先烈，有此光榮。祇奉恩綸，不勝摧咽。謹告。

## 吴山陰侯賀公廟告文

維成化十六年歲次庚子三月辛巳朔二十六日丙午，孤子左春坊左諭德程敏政謹遣家人程泉敢昭告于淳安縣勑祀吴新都太守山陰侯賀公廟下曰：

孤不孝罪重，上釁先公，解官而南，夜以繼日。忽遭霪雨，水發灘危。塊坐一舟，臂不能奮。鄉關在目，膏火貯心。惟神遺愛所敷，夙著徽土；一夫失所，匪神之安。幸闡威靈，閔兹煢獨。潛銷陰沴，大啓陽明。俾孤早奉几筵，用伸哀悃。荷神休庇，没齒難忘。瞻望廟廷，血隨涕霣。

## 至家告几筵文

維成化十六年歲次庚子春三月辛巳朔三十日庚戌，孤子左春坊左諭德敏政敢昭告于顯考尚書少保襄毅公府君靈座前曰：

孤不孝之罪，上通于天，不自死亡，釁鍾先考。兹者得請，解官奔喪，以獲祇奉几筵。委頓之餘，攀號無逮。俯伏奠告，伏惟鑒之。

## 奉誌奠章告几筵文

維成化十六年歲次庚子夏四月辛亥朔，孤子左春坊左諭德敏政敢昭告于顯考尚書少保襄毅公府君靈座前曰：

慟惟顯考，訃聞于朝。上自九重，下及多士。追思耆舊，罔不盡傷。除朝廷特勑詞臣撰文，遠遣守臣諭祭，自循彝典，不敢瀆陳；其餘奠章，五府及勳戚大臣太子太傅英國公張懋等一道，内閣及翰林國子儒臣太子太保吏部尚書兼謹身殿大學士萬安等一道，六部及臺寺大臣太子太保兼吏部尚書尹旻等一道，顯考舊同寅太子太保襄城侯李瑾一道，舊將署都督僉事李泉一道，鄉人吏科給事中王瑞等一道，各部司屬刑部郎中過璘等一道，十三道監察御史吴文元等一道，親家通政使司右參議趙昂一道，山東按察司副使李讓一道，致仕指揮同知凌錦一道，孤子之同僚、同年友左春坊左庶子劉健、右春坊右諭德陸簡等一道，并孤原請太子少保户部尚書兼文淵閣大學士劉珝所撰顯考墓誌銘一道。謹奉告于几筵，伏惟尊靈，尚明鑒之。不孝孤，無任摧裂之至。

## 諭祭遷主告文

維成化十六年歲次庚子夏四月辛亥朔初七日丁巳，孤子左春坊左諭德敏政敢昭告于顯考尚書少保襄毅公府君曰：

兹者有司遣吏來言，將以明日奉詔諭祭于家。禮當奉遷靈座于堂中西隅，東向。不孝孤等，無任哀慟之至，謹告。

## 祔葬告亡弟文

維成化十六年歲次庚子七月己卯朔二十三日辛丑，長兄、次兄以清酌蔬果告于亡弟克寬之靈：

惟尔藁葬僧房，歲月滋久。一念至此，寢食不寧。今將以兹月二十四日，奉窆顯考尚書少保襄毅公府君于南山之原，啓爾之殯，祔葬前山。爾魂有知，鑒我哀疚。

## 祔主告亡弟文

慟惟亡弟克寬之喪，倏逾大祥，始克從葬于顯考贈太子少保襄毅公墓下。惟兹神主，理宜祔于顯祖考贈兵部尚書兼大理寺卿府君、顯祖妣贈夫人張氏，以從歲時之祭。謹告。

## 告先世祖忠壯公廟文

維成化十六年歲次庚子八月戊申朔二十六日癸酉，遠孫左春坊左諭德敏政敢昭告于遠祖陳鎮西將軍開府儀同三司忠壯公廟下曰：

惟靈勳德著于前史，陰功被于一方。況在雲仍，悉出蔭下。感恩圖報，其何能忘？向者，敏政宦處京師，於丁酉年十二月十七日寅時獲生次子，書報于家，我先考兵部尚書贈太子少保襄毅公請命先祠，寄名祖保。餘澤所庇，于今四齡。新婦李氏，爲此發心，特製絳紗袍一領，用表孝誠。謹涓吉辰，遵母氏之命，稽顙拜獻，伏惟尊靈，尚歆鑒之。佑我後人，永保終吉。無任緬仰追慕之至。謹告。

## 重作家廟奉安神主告文

維成化十六年歲次庚子九月戊寅朔六日癸未，孤子左春坊左諭德敏政敢昭告于顯考尚書少保襄毅公府君曰：

慟惟顯考捐館之秋，適不幸有回禄之變，治命改作祠堂于正寢之東。惟時不肖遠仕京師，不及預聞。惟弟敏德克承先志，以其年冬撤而新之，用還治命，併作祭器，神用顧歆。邇者敏政賴祖考之靈，不即死亡，獲襄大事，復稽之禮書，更作新主，奠安其中。載念亡弟敏行禫事亦在茲辰，兩小女孫，禮當釋去重服，以從輕服。惟敏政不孝不友，以重茲厲，伏告几筵，無任摧裂。

## 奉安五祀諸神告文

維成化十六年歲次庚子九月戊寅朔五日壬午，奉訓大夫左春坊左諭德程敏政敢昭告于司命之神、司竈之神、司門之神、中霤之神、族厲之神、禖氏之神、漢壽亭侯關壯穆公之神、遠祖梁將軍忠壯公之神、唐歙州總管越國汪公之神、御史中丞贈楊州大都督張公之神曰：

惟我顯考尚書少保襄毅公治命作堂于先祠之東，式遵典禮，以奉五祀。又以義起，爰及衆神。於惟衆神，或孝友專主于胤嗣，或忠義可法乎臣僚，或積功累仁慶延一族，或禦災捍患澤被一鄉，皆我先公平日所尊禮而景慕者。予小子其何敢不嗣敬之？謹涓吉辰，行奉安之禮。伏願明靈，保我安居，佑我家衆，永永無虞，惟神是賴。謹告。

## 小祥告文

維成化十六年歲次庚子九月戊寅朔二十七日甲辰，孤子左春坊左諭德敏政敢昭告于顯考尚書少保襄毅公府君曰：

日月不居，小祥奄及。夙興夜處，哀慕不寧。敢用剛鬣柔毛、粢盛醴齊，薦其常事。介予諸孫，釋衰易練。上遵禮制，弗敢過情。惟敏政不孝，遠仕京師，以奉訃之日爲始斬焉，以俟終其餘日。伏告几筵，不勝感愴之至。

## 祭從祖母曹氏孺人文

維成化十六年歲次庚子冬十一月丁丑朔二十二日戊戌，從孫左春坊左諭德敏政、太學生敏德謹以柔毛剛鬣、清酌庶羞之奠，致祭于從祖母曹氏孺人之靈曰：

惟靈德容莊嚴，性資高介。姆教宜乎室家，頌聲均于內外。敦相夫之義，既克配以無慚；任起家之勞，亦祇勤而不怠。遂能中歲見子女之成，暮年享身名之泰。蓋一家之老者淪謝，惟孺人之爲尊；少者顓蒙，惟孺人之是賴。正宜抱節如晚菊之馨，樂壽比喬松之耐。何未嬰疾疢于三時，早已委世塵于一芥。使聞之者，不覺走問狀而呑聲，入憑棺而永嘅也。敏政等爰當宦學之歸，嘗預起居之拜。雖含飴之未由，亦鍾情之有在。屬茲發引之期，難及音容之再；謹致奠于几筵，猶疑聞乎謦欬。魂兮來歆，攀號莫逮。嗚呼哀哉！尚享。

## 赴京謝恩告文

維成化十六年歲次庚子冬十一月丁丑朔二十四日庚子，孤子左春坊左諭德敏政敢昭告于顯考尚書少保襄毅公府君曰：

惟聖天子不忘舊臣，遣使賜祭者再，凡百葬事，悉從官給。哀榮之典，告厥成功，禮當恭詣闕庭，拜謝聖恩。將以來日就道。惟是天寒歲暮，違遠几筵，尚賴尊慈扶顛持危，俾不孝孤早達京師，成禮而還，無任感愴之至。

## 元日設主告文

維成化十七年歲次辛丑春正月丙子朔，孤子左春坊左諭德敏政敢昭告于顯考尚書少保襄毅公府君曰：

惟不肖孤道出淮陰，守凍于舅氏之館。伏遇歲事更新，不勝感愴，謹用設主告奠，仰惟尊靈，尚鑒享之。

## 過河間告祭先塋文

維成化十七年歲次辛丑三月乙亥朔初六日庚辰，孝曾孫左春坊左諭德敏政敢昭告于顯曾祖考贈兵部尚書兼大理寺卿府君、顯曾祖妣贈夫人汪氏、顯祖考贈兵部尚書兼大理寺卿府君、顯祖妣贈夫人張氏、顯叔祖考處士府君金沙嶺墓下曰：

惟眇孫以顯考贈太子少保襄毅公府君於故鄉南山之原賜葬禮成，謝恩赴闕，道出青縣，泝河而南，瞻望先塋，僅逾百里。謹用登陸，祭告而行。伏惟尊靈，尚垂鑒祐。不勝哀慕之至。謹告。

## 男壎授官告文

維成化十七年歲次辛丑五月乙亥朔十五日己丑，孤子左春坊左諭德敏政敢昭告于顯考尚書少保襄毅公府君曰：

嗚呼！惟我顯考，祗事列聖，幾四十年。出入中外，十有三任。累典征伐，克有茂勳。

口不言功，至于没世。惟不孝孤深懼先烈失墜，無以明示後來，輒以衷情，上塵天聽。荷蒙皇上篤念舊臣，特降綸音，録用長孫壎爲錦衣衛世襲百户，世奉顯考之祀。聖恩覆被，門閥增輝。仰惟君父之德，天高地厚。嗟我小子，其何能堪。一惟訓迪後人，竭忠勉孝，以圖無負聖恩、無玷先烈，庶足慰我顯考于地下。哀慕之至，不知所云。謹告。

## 祭衍聖公太夫人王氏文

維成化十七年歲次辛丑秋七月甲戌朔某日，戚生左春坊左諭德程敏政、尚寶司少卿李璋、錦衣衛百户李玠，謹以牲醴香帛之儀致祭于衍聖太夫人王氏之靈曰：

嗚呼！人孰無歸也？莫難于聖門之婦；人孰無孚也？莫難于聖門之母。蓋必置身禮法之場，從事詩書之府，然後視内則以無慚，於世教兮有補。惟太夫人性資粹温，德容清楚，視聽率異乎人，言動必遵乎古。長作配于孔門，遂揚休于東魯。下鳌督御，既克相于大宗；上奉烝嘗，每來歆于聖祖。中年雖失乎所天，兩器迭承兮有土。懿此一人，允膺多祜。鸞封燦爛，下黄閣之絲綸；鼎食駢蕃，樂高堂之鐘鼓。雖老也而不忘主饋之勤，雖貴也而不厭女工之苦。何感疾于一朝，遽捐養於三釜。然几筵吊祭，恩言特遣乎使臣；兆域經塋，卹典載申于繕部。體將合兮幽宫，神已遊于玄圃。柔嘉之德，深劖隧道之碑；賢喆之名，益重家傳之譜。嗚呼！若太夫人者，其生固能使州閭化懿範于家庭之間；其殁亦將使草木被榮光于洙、泗之滸也邪。敏政等幸叨姻婭之親，無復儀形之覩；望闕里兮涕漣，思託誠于尊俎。遲淑靈兮歸來，薦臨風之蘋杜。嗚呼！尚享。

## 祭林舅文

維成化十七年歲次辛丑秋七月甲戌朔二十八日辛丑，寓新橋驛孤子左春坊左諭德程敏政謹致牲醴之儀，馳奠于故安東縣簿致仕林公先生尊舅之靈曰：

嗚呼！舅氏何遽去予而長逝乎？疇昔之歲，舅方輔予于新安，託幸終其襄事；今兹之春，予復拜舅于淮陰，則已親乎藥餌。冀漸愈于沈痾，將益膺乎壽祉。嗟離合之無常，慨歲月之幾許。期問安於瀛城之南，詎得訃于新橋之涘。嗚呼！舅氏果遂去予而不起也？惟母夫人，最鮮兄弟。其在舅尊，一人而已。早升榮于仕途，晚歸樂于田里。剛介之性，雖不足于庸人；明敏之才，每見稱于先子。奈何官僅止乎一命，壽方登于六紀。豈天定之未然，而福善之難恃乎？然全歸無愧于宗祧，宦業屢延于胤嗣，則天之報施善人，固在彼而不在此。嗚呼！老人之容，無復覩之于目；長者之言，無復接之于耳。身遥繫乎他鄉，淚徒揮于逝水。望故郡之山川，感新秋之風雨。謹緘詞以告哀，惟尊靈兮鑒只。嗚呼！尚享。

## 代瑩姬祭衍聖公夫人文

維成化十七年歲次辛丑秋八月癸卯朔四日丙午，拙姊程氏婦奔舅之喪，舟次臨清，謹以牲醴香帛之儀馳奠于亡妹孔夫人之墓曰：

嗟嗟父母，生子四人。惟女兄弟，尤切情親。妹先有歸，光生閥閲。孰知生離，遽成死别。庭闈繼殞，追痛何言。恨不如妹，相從九原。後予而來，先予而往。遥望先塋，不勝悲愴。瓣香一炷，魯酒一巵。臨風灑涕，靈其鑒之。

## 大祥告文

維成化十七年歲次辛丑九月壬申朔二十七日戊戌，寓姑蘇驛孤子左春坊左諭德敏政敢昭告于顯考尚書少保襄毅公府君曰：

惟顯考棄背，奄及大祥，而孤以謝恩南歸，留滯於此。感愴之至，寢處弗寧。載念賜塋雖完，碑石未具，而石之足以垂久者，莫良於吴產。乃于驛舍，延禮名流，書之刻之，並皆如法。摹搨封褁，多以就工。嗚呼！遷主易服之文，遂獲愆于禮度；昭德傳後之託，幸無憾于私心。謹以潔牲粢盛醴齊，薦其常事，并奉刻完卹典碑文一通、神道碑一通、祠堂記一通上告。伏惟尊靈，尚明鑒之。謹告。

## 謝恩還家告文

維成化十七年歲次辛丑十一月辛未朔，孤子左春坊左諭德敏政敢昭告于顯考尚書少保襄毅公府君曰：

不肖孤謝恩赴京，道途濡滯，以是歲十月二十五日與妻子抵家，適兹大祥，餘日方終。禮當禫服，不勝感愴。載念孤至河間先塋，欽差工部郎中郭經一祭；歸至濟寧，衍聖公孔弘泰一祭；至蘇州，知府劉瑀一祭；至淛江，布政使閻鐸一祭。此皆顯考遺烈在人，久久不忘所致。謹以奠章四通附告，伏惟鑒之。

## 禫祭告文

惟顯考棄背，于今三年。禫制有期，禮當奉薦。載惟不肖，遠仕京師。聞訃稽緩，負不孝之罪，尚有待焉。伏告几筵，不勝感愴。謹告。

## 代母夫人祭兄文

程氏妹敢昭告于兄長縣簿公之靈：

茲者，長男諭德敏政謝恩南歸，得聞兄長於是歲七月十六日考終。承此訃音，不勝驚怛。謹用酒果奠告。嗚呼！痛哉。

## 祭告顯考襄毅公文

維成化十八年歲次壬寅春正月庚午朔越三十日己亥，孤子左春坊左諭德敏政敢昭告于顯考尚書少保襄毅公府君曰：

嗚呼！不肖孤之服，盡今日矣。慟惟顯考將使旨于四方，孤不能效奔走候起居；顯考賜養疾于故鄉，孤不能操几杖侍湯藥。不幸而大故，時方竊禄京師，不能舉棺衾以盡襲殮之禮；既幸而襄大事，又特拘于文法，不能守塋域以供灑掃之役。惟顯考鍾愛于孤最深，孤之不孝于顯考最重。追悔莫逮，負罪難逃。繼是以還，惟當竭心力以養百歲之母，隆友敬以保百口之家，謹身以求歸全，教子以圖繼述。昊天罔極，言止于斯。伏冀尊靈，俯垂昭鑒。不肖孤無任哀慕之至。謹告。

## 修復先塋告文

嗚呼！惟我先世塋域在故鄉者，自曾大考尚書府君北遷以來，八十餘年，守奉弗虔，莫能修復，寢食靡寧。兹者眇孫，過不自量，大會宗譜，得陪郭宗人所收至正五年膳塋録及家藏延祐二年經理保簿，稽對字號，參考姓名，一一相同，如合符節。惟始遷祖唐歙州兵馬先鋒使萬一府君暨祖妣夫人曹氏墓在東臯，陪郭宗人經理無恙；十八世祖文一使府君暨九使府君以下墓在東山；十七世祖二教授府君墓在富琅；十五世祖大教授府君、祖妣安人余氏、十四世祖妣夫人金氏、十三世祖東山居士府君、祖妣孺人劉氏、十二世祖二處士府君、十一世祖二將仕府君、祖妣安人吴氏及萬一上舍府君以下，墓在余頭村程家林；十四世祖大團練府君墓在禾斜碌碡塢；六世祖大提領府君墓在司徒山蘭絞坑者，俱已勘明，悉復其舊。惟十六世祖二迪功府君、祖妣安人劉氏及十一使以下墓在十保東山者，未有次緒。誓當竭心罄力，以圖修奉。凡我先墓，久而復完。非賴祖考之靈，啓迪後人，曷能臻此？其未獲者，尚祈默相，用底於成，庶幾歲時得率子孫少供灑掃之役，以逭不孝之罪。惟尊靈其鑒之。

## 太師徽國文公闕里告文

維成化十八年歲次壬寅二月庚子朔越十日己酉，鄉後學左春坊左諭德程敏政敢昭告于先師宋太師徽國文公先生祠下曰：

伊川道脉，先生之所由傳；環溪女宗，先生之所自出。表復亭之墓而詳其世德，嘗有取於程氏之先；答成甫之書而勉之進修，復有望于程氏之後。惟敏政程氏小子、新安一生。在家庭獲誦于遺書，登仕籍乃塵于講幄。曾無肖似，徒切戰兢。今兹幸進于門墻，始得致恭于桑梓。瓣香在御，旨酒一陳。伏惟明靈，祐此愚昧。嗚呼！泰山喬嶽之容，固常目念之如在；正心誠意之學，願終身誦之弗忘。謹告。

## 祭武進致政郎中金公文諭德廉伯之父。

維成化十九年歲次癸卯四月丁巳朔越三日乙丑，左春坊左諭德侍生新安程敏政北上京師，道出毘陵，謹備牲醴之儀，致祭于故致政郎中金公先生之靈曰：

嗚呼！先生胡寧止于是邪？世經之純，宦業之美，晚節之完，非一世之士邪？況授經儲闈，執筆太史，益昌厥家，有賢嗣邪？然則先生固無憾矣。惜也耆英方事于尋盟，壽母遽聞于不起，此其心將歉于九原而不能自已邪？亦豈非年迫衰暮，禮踰哀毁，庶幾古人得正而斃者邪？如我鯫生，最號無似，同榜聯官，皆後令子。契誼之深，寧可涯涘？憶生之歸省也，先生燕勞而禮之甚喜；暨生之奔喪也，先生賻吊而恤之備至。孰意相違，竟隔生死。人生幾何，歲月如駛。此生所以聞訃失聲，而涕不能止也。渺渺緑蕪，悠悠江水。無從執紼，以助襄士〔二〕。敬潔一觴，奉奠靈几。嗚呼！先生尚知此邪〔三〕？哀哉。尚享。

## 清源祭鄉友查以忠文

嗚呼！查君衣冠之胄，孝義之門，有典雅可愛之行，有醞藉可聽之言。老檜蒼蒼，其色之健。醇醪泛泛，其氣之温。識達古今，與讀書者何異？酬酢事變，雖作官者不論。嗚呼！查君世家徽郡，久客清源。云胡一疾，遽歸其根。曾觴咏之幾許，驚歲月之如奔。訃傳異域，聞者聲吞。嗚呼！查君有子克肖，有族斯蕃。江湖之譽，雖晦而尊。箕裘之業，雖没而存。櫬將歸于逆旅，悲不任兮鄉園。某等賓館夙契，友道恒敦。或學嬉于共案，或誼重于聯昏。好月登樓，空誦玄暉之句；南風倚棹，難招宋玉之魂。敬陳薄奠，有淚瀾翻。

## 滄州祭趙氏妹文

成化十九年歲次癸卯夏五月壬辰朔越二十九日庚申，左春坊左諭德程敏政自新安服闋赴京，舟次滄州，薄具牲醴之儀同合家眷等致祭于亡妹趙家婦程氏貞閑之墓曰：

嗟嗟吾妹，胡至于斯？淑慎之容，莊毅之行，宜膺壽祉，光我門楣。一旦訃聞，舉家悲慟。今過墓下，旅況何堪？薄奠一觴，老稚咸在。流水東逝，落日西傾。靈兮有知，鑒此衷曲。嗚呼！哀哉。尚享。

## 祭崑山陸先生文諭德鼎儀之父。

惟君崑山之英，平原之族。行植孔良，書香是續。韜能弗售，隱終其身。悉是庭訓，成彼嗣人。乃擢巍科，乃官禁近。入輔青宮，名登位進。惟皇覃澤，推孝勸忠。曰子之顯，惟父之功。有赫命恩，元士之服。有美榮養，大夫之禄。光增林壑，慶衍孫曾。宜膺晚福，益介椿齡。云胡遘屯，一疾弗瘳。孔寵擬再班，悲生遽訃。某等夙因令子，館閣同遊。悼此賢父，歲月彌留。肅肅鄉評，善人告瘁。峩峩貞珉，有道何愧？爰潔牲醴，遥盻几筵。臨風三奠，浮世百年。

## 南京使還過河間告先墓文

維成化二十二年歲次丙午冬十月　朔　日，孝曾孫左春坊左諭德敏政敢昭告于顯曾祖考贈兵部尚書兼大理寺卿府君、顯曾祖妣贈夫人汪氏、顯祖考贈兵部尚書兼大理寺卿府君、顯祖妣贈夫人張氏、叔祖考處士府君墓下曰：

辛丑之春，道出瀛洲。銜哀之餘，獲視松楸。俯仰于今，五易寒暑。拜掃弗時，不遑寧處。竭承上命，校文南畿。幸竣公事，乘傳南歸。有便王程，有感霜露。敬止鄉園，遂我衷素。力孱才薄，恒懼弗勝。求逭愆尤，先達是憑。簡書孔嚴，即當就道。攀戀無由，謹此奠告。尚享。

## 祭都督董公文

惟公之少也，有冠軍之勇，有討賊之功；其壯也，有守邊之略，有謀國之忠。天胡不畀以松喬之壽、茅土之封？使十年居于散地，而一日返乎幽宫也！惟先尚書，於公友善，勤王之秋，實相論薦；惟我季父，亦公所賓，通家之好，遂結姻親。疇昔之年，賤子奔訃，公來慰之，不勝哀呼；四更寒暑，賤子還朝，壽公于堂，老氣尤豪。曾幾何時，遽聞不作。傷舊將之淪亡，痛先友之零落。然勅葬有典，賜祭有文，始終恩禮，昭其茂勳。矧克成家，有美諸子。武已世其金緋，文將開于青紫。光前振後，生榮死哀。公雖捐館，亦何憾哉？兹發引之有期，望故山兮遄邁，爰致奠于一觴，渺予中而長嘅。悠悠丹旐，隱隱靈轝。公神不亡，庶其鑒諸。

## 祭禮部侍郎新昌俞公文

惟公東浙舊家，蔚爲時彦。甲科致身，允矣名宦。回翔禮署，敭歷兵曹。南還最績，西伐賢勞。遂貳秩宗，進副司馬。恪恭神人，安攘夷夏。帝心簡在，士論攸歸。云胡遘疾，遽與世違。某等或在交遊，或通家好。忽聞訃音，重爲世悼。靈轝載啓，清酌一陳。惟公來格，有涕沾巾。

## 祭陸職方文量母宜人文

猗嗟宜人，德容靖温。早克閑于姆教，長獲配於儒門。佐夫有起家之力，淑身無越户之言。有美賢嗣，如鳳孤騫。既策名于甲榜，屢進秩于樞垣。宜人無恙，聿荷天恩。祝仙齡於耄耋，享禄養於晨昏。輝輝鳳誥，肅肅魚軒。胡嬰疾于京邸，遽返柩于家園？然福被諸孫，慶源不竭；銘書太史，世勸攸存。嘅人生之獲此，撫修景而奚論。某等友于賢嗣，義託篋塡。黯緇塵于北洗，揚丹旐于南轅。望吴山兮隱隱，渺滄海兮沄沄。有牲升俎，有酒注尊。敢薄侑以哀些，恭致奠于貞魂。竚其鑒止，于歆于殮。嗚呼！哀哉。

## 先祠初作神板告文

敏政薄宦于朝，不能守奉先祠，連歲卜居，祀事苟簡，負不孝之罪，大且久矣。謹於仲春既望，竊取司馬氏神板之文及子朱子「降殺神主」之説，刱作新牌，以備行祠之制。伏惟尊靈，降妥于斯，以永庇我後人。不勝追慕依戀之至。謹告。

## 祭亡弟克儉文

維成化二十三年歲次丁未五月庚子朔二十六日乙丑，長兄暨合家眷等致奠于亡弟克儉之靈曰：

嗚呼！先公四男，伯仲叔季。喜莫如予，最多兄弟。稚殤壯殞，曾幾何年。悲孰似我，無一弟焉。子稟素豐，我病多憊。家事萬千，將子是賴。云胡棄我，驀然委形。號天扣地，忍不予膺。母氏在堂，壽開七袠。不共稱觴，此恨何詰？諸孤子女，纍纍滿前。觸目傷感，有淚如泉。壽否窮通，苦不可闞。命也奈何，願子無憾。將求善地，以崇子封。力訓吾姪，以亢予宗。白日西馳，流水東逝。人生可憐，倏忽如寄。靈車戒曉，暫寓僧房。登堂顧盻，恍如未亡。手酹一巵，中腸寸裂。骨肉在庭，與子永訣。嗚呼！哀哉。尚享。

## 月河寺亡弟啓殯告文

維成化二十三年歲次丁未七月戊戌朔三十日丁卯，劣兄以酒果牲醴奠于亡弟克儉之靈曰：

惟汝之柩，暫厝僧房，不覺四旬矣。天暑漸退，南舟可行。擬於八月一日啓殯上載，特來訣別，酹此一觴。天乎慟哉，汝真往矣。嗚呼！尚享。

## 祭定西侯蔣公文

維成化二十三年歲次丁未秋九月丁酉朔越二十日丙辰，某官某等敬備牲醴之儀致祭于故太保兼太子太傅定西侯追封涼國公謚敏毅蔣公之靈曰：

嗚呼！智足以籌邊，勇足以破賊，猗惟公之材武，爲世勳而出色；力四殫于致主，心屢懷于獻忠，猗惟公之謀謨，與上宰而分功。正宜沐涣恩，享高壽，攘外夷，輔明后。垂偉烈于汗青，騰休光于介胄。云胡美疢，竟殞將星？朝議爲之驚惜，聖衷爲之靡寧。奠遣秩宗，賻出内帑。飾終加新爵之封，勑葬近先公之壤。始卒恩禮，鬱乎爛然。方諸既往，孰與差肩？矧嗣侯之克繼，又何憾于重泉。惟公誼篤斯文，樂親良友。如我輩之疎慵，亦恒期于耐久。追思接席，談笑相忘。倏焉致奠，涕泗悲傷。嘅流光之難挽，喜令名之不亡。筆陣鋒閑，詩壇盟解。盡此一巵，想見風采。嗚呼！尚享。

## 祭太醫院使錢君宗嗣文

惟君世業軒、岐，兼通書史。號稱儒醫，受聘而起。衆中穎出，供奉尚方。九重之眷，一代之良。活人功多，靡憚勞逸。雖罄厥心，竟殫其力。訃聞于上，卹典重申。錫之御奠，官其嗣人。生榮死哀，君亦何怍。惟交游中，孰其砭藥？遥遥京口，隱隱佳城。賢聲不替，有誄有銘。几筵既遷，靈輀載道。爰酹一觴，涕泗相悼。

## 祭襄城侯夫人汪氏文

巍巍戚里，有毓其華。赫赫功臣，有宜厥家。出專師垣，入贊皇略。夫君在公，内顧有託。事親以敬，御下以恩。克相夫君，閫範斯行。孰褒其名，鸞書玉軸。孰賁其身，翟冠象服。維容之懿，維德之貞。備福偕老，庶幾稱情。忽驚訃音，上動宸極。諭奠有儀，賜葬有勑。窀穸揚芳，有嚴刻文。春秋主祀，有美世勳。殁焉盡傷，生也榮豔。猗嗟夫人，亦復何憾。某等夫君末契，屬在同朝。惜兹内助，溘焉早凋。晝翣載陳，丹旐將出。敢酹一觴，幸鑒于室。嗚呼！哀哉。尚享。

## 祭太僕卿韓公世安文

惟公通練之姿，文獻之胄。選試而升，比于論秀。早典秘書，法從周旋。晚司譯文，國威用宣。鴻臚中書，天曹太僕。屢更其銜，亦武其禄〔四〕。謂公弗顯，三品崇階。謂公弗壽，七袠將開。從事詞林，莫如公久。告哀九重，卹典亦厚。賜葬有儀，諭奠有章。始終恩遇，可謂非常。某等與公交游，式相情好。撫公之喪，聿增感悼。觴奕之樂，笑語之温。不可復矣，敬酹一尊。

## 祭都憲東安李公文

嗚呼公乎！人方祝松喬之齡，仰蓍蔡之德。庶一代之老成，爲後進之矜式。忽聞捐館，罔不太息。而況有通家之素，供弟子之職？失所瞻依，可勝痛惻。雖然，正大之學，高明之識。位列卿則世誦其賢勞，居諫垣則史載其遺直。已貴而守儒之常，未老而求去之亟。矧一經之承傳，嘉四子之軒特。諭奠有儀，賜葬有勑。哀榮始終，天固無忒。彼容悦以圖功名，或奔走而矜智力。以彼較此，孰豐孰嗇？嗚呼公乎！其何可得？某幸聆教言，獲奉顔色。操几杖以無從，驚發引之在即。敬酹一觴，有涕沾臆。

## 陞官祭告先祠文

惟眇孫不肖，伏蒙聖天子嗣位，念及宫僚，濫進兩階，改服金紫。仰承遺訓，懼切于衷。

爰自國卹以來，屢奉山陵之役，未伸虔告。歲律將更，謹以潔牲粢盛醴齊，祇薦歲事。俯伏上聞，不勝哀慕。尚享。

## 祭土地文

維成化二十三年歲次丁未十二月丙寅朔三十日乙未，詹事府少詹事兼翰林院侍講學士某昭告于本宅土地之神曰：

惟神奠我有家，爲惠甚大。云胡今歲，人口多虞。疑有不恭，以獲茲戾。比者再新堂室，次第工完。小子何知，乃逢幸會。仰承新命，濫進官階。非藉神休，弗克臻此。感恩謝罪，敬薦微忱。俯冀來歆，永垂庇佑。尚享。

## 祭叔父明威府君文

維弘治元年歲次戊申夏四月甲午朔，姪男詹事府少詹事兼翰林院侍講學士敏政謹具牲醴之儀，馳奠于叔父明威將軍瀋陽中屯衛僉指揮事府君之靈曰：

嗚呼！惟我先公，兄弟二人。競爽起家，如車兩輪。勳立名成，允文允武。以迪後昆，以顯先祖。孰期中道，上舋先公。江北江南，抱恨無窮。一門之中，幸存叔父。恒率家人，以祝多祜。夫何遘疾，奄忽三時。委棄諸孤，遽止于斯。六袠倏齡，未爲不壽。萬户崇階，未爲不偶。叔父何憾，我心則傷。骨肉幾許，相繼淪亡。羈宦于朝，莫由視殯。千里瀛洲，臂不能奮。奉安遺體，幸卜佳城。奉揚偉烈，敬製新盟。遥望几筵，薄陳告祭。叔父有靈，鑒我誠意。嗚呼！哀哉。尚享。

## 南歸過河間告先墓文

維弘治二年歲次己酉三月己未朔初九日丁卯，孝曾孫詹事府少詹事兼翰林院侍講學士敏政祗領孝玄孫錦衣衛百户壎，敢昭告于顯曾祖考贈兵部尚書兼大理寺卿府君、顯曾祖妣贈夫人汪氏、顯祖考贈兵部尚書兼大理寺卿府君、顯祖妣贈夫人張氏、叔祖考處士府君墓下曰：

於惟祖考，垂裕深長。俾我後人，獲霑芘蔭。藐孫無似，竊禄有年。守官弗良，遂隳先訓。仰荷天子，宥罪念功。得放歸田，感恩何極。瀛東之里，冠珮攸藏。謹奠一觴，不勝惶懼。未由戻止，時奉塋園。將返新安，省循朝命。脩身補過，用畢餘生。惟是幼男，暫回寄禄。主承宗祀，責在于斯。願相其成，以光門緒。啓行在即，惟靈鑒之。謹告。

## 告叔父明威府君墓文

嗚呼！丙午之歲，拜叔于堂，喜極呼飲，歌笑洋洋；今兹之來，拜叔于墓，宿草菲菲，酹此清酤。人生幾何？世路孔艱。姪亦老矣，獲歸故山。先公在南，叔父在北。姪雖疎慵，敢自乖隔？舉家登陸，告别而行。惟叔如在，鑒此衷情。

## 祭嬸母恭人劉氏文

嗚呼！叔父捐館，猶未期年。叔母在堂，期臻遐算。何家不造？相繼而終。旅邸訃聞，曷勝哀感。今兹奉母，得還故鄉。謹伏几筵，用伸奠告。子婦咸在，靈其來歆。嗚呼！哀哉。

## 祭錢氏妹文

維某年某月某日，長兄備牲醴之儀令男錦衣衛百户壎拜奠于亡妹錢氏婦恭人貞善之靈曰：嗚呼！女弟之中，惟汝最長。介淑之行，允宜厥家。云胡壯年，遽爾長逝？幸焉有子，可振芳聲。手足之情，悲何能已。靈筵一酹，汝其鑒之。

## 告謝南山后土文

維弘治二年歲在己酉十一月二十四日，某官某敢昭告于南山后土氏之神曰：疇昔之夜，小女月仙病痘夭歿，倉卒瘞于兹山，告祭弗嚴，不勝惶懼。敬以牲醴，用伸謝譴。惟神鑒之。謹告。

## 祭告五祀衆神文

維弘治三年歲次庚戌春二月癸未朔十五日丁酉，具官某敢昭告于司命之神、司竈之神、司門之神、土地之神、司厲之神、遠祖忠壯公之神、周孝友張仙之神、漢壽亭侯關壯穆公之神、唐越國汪公之神、唐睢陽守中丞張公之神曰：

惟我有家，仰托神庇。獲奠斯土，亦既有年。邇者歸田，考閱祀禮。主像雜揉，神不顧歆。況我有先，實惟忠壯。乃無專祀，於義尤乖。謹于中堂，敬安遺像。其諸所奉，位號再新。有嚴斯辰，衆靈是妥。人心既協，神理攸宜。用告其誠，尚希昭格。

## 聞三叔祖處士之訃告文

嗚呼！一宗長幼，惟翁是尊。方冀明年，八衮是慶。相違半載，遽聞訃音。南望故山，曷勝悲悼。敬率婦子，發哀于堂。惟尊靈其鑒之。尚享。

## 校勘記

〔一〕建威將軍黄權出江北　「權」，原作「拳」，據四庫本改。

〔二〕以助襄士　「士」，四庫本作「事」。

〔三〕先生尚知此邪　「知」，原作「如」，據四庫本改。

〔四〕亦武其禄　「武」，四庫本作「賦」。

# 篁墩程先生文集卷五十二

## 祭文

### 南山賜塋填塘告文

維弘治三年歲次庚戌冬十二月戊申朔六日癸丑，孝男詹事府少詹事兼翰林院侍講學士敏政敢昭告于顯考尚書少保襄毅公曰：

塋垣大門之前，舊開有塘一口，近日多聞人言方位非宜，謹擇初七日興工填漲，仍舊作田，以供祀事。惟神鑒之。謹告。

## 代塏姪葬父告先墓文

維弘治三年歲次庚戌冬十二月戊申朔六日癸丑，孤子塏敢昭告于先祖考徵士府君、先祖妣吴氏孺人墓下曰：

先考去世，於今三年。藁殯僧房，未得安厝。兹者得卜于祖塋之東，將以初七日興工開壙。伏冀尊靈，默加陰祐。俾我後嗣，永獲依歸。惟靈鑒之。謹告。

## 亡弟啓殯告先祠文

維弘治三年歲次庚戌冬十二月戊申朔八日辛卯，孝男詹事府少詹事兼翰林院侍講學士敏政敢昭告于顯考尚書少保襄毅公曰：

惟二弟敏德殯于南山祠堂，歲月兹久。近始得卜于水橋干於先塋之東，擇以是月九日啓殯安葬，不勝哀悼之至。伏惟尊靈，尚其鑒之。謹告。

## 祭亡弟文

維弘治三年歲次庚戌冬十二月戊申朔八日辛卯，劣兄令男壎以牲醴之奠致祭于亡弟故詹事府簿判蘄州事克儉之靈曰：

嗟嗟吾弟，藁殯僧房。卜窆三年，未有定所。今兹獻吉，乃近先塋。歲晏時良，爲君安厝。所恨乖蹇，久病家居。未得躬親，撫棺掩土。神傷涕殞，命也奈何？永決一觴，言不能盡。嗚呼！哀哉。尚享。

## 代塏姪啓殯告文

維弘治三年歲次庚戌冬十二月戊申朔八日辛卯，孤子塏敢昭告于顯考詹事府簿判蘄州事府君曰：

慟惟顯考之柩，暫寓南山僧舍，於今三年。每每擇地，佳兆難逢。今者得于水橋干祖塋東畔，向甲負庚。敬禱于神，一占告吉。謹涓是月九日，奉啓殯殨，就彼安厝，以少逭不孝之罪。泣血上請，惟尊靈鑒之。謹告。

## 先祠奉安告文

維弘治三年歲次庚戌冬十二月戊申朔九日丙辰，孝玄孫詹事府少詹事兼翰林院侍講學士敏政敢昭告于顯高祖考耆宿處士府君、顯高祖妣安人吴氏、顯曾祖考贈兵部尚書兼大理寺卿府君、顯曾祖妣贈夫人汪氏、顯祖考贈兵部尚書兼大理寺卿府君、顯祖妣贈夫人張氏、顯考南京參贊機務兵部尚書兼大理寺卿贈太子少保襄毅公曰：

藐孫不肖，獲承有家。守官弗良，有玷先訓。蒙恩寬貸，屏退家居。上奉慈親，下撫孱子。終鮮兄弟，孑然一身。多病相仍，歷時經歲。冥冥衛護，實賴先靈。幸保餘年，以供祀事。載惟門户，爰及家庭。考古定方，多未協吉。徵諸夢寐，衆議攸同。謂啓東門，庶免悔吝。日者上請，厥工告成。重念先祠，逼近喧雜。大懼褻慢，負罪彌深。伏見前堂，高蔽深邃。敬涓吉旦，如式奉安。仰冀尊慈，曲加芘佑。憫兹老稚，繫孫一人。少逭憂虞，俾圖不墜。英爽在上，鑒此瀝誠。尚享。

## 改門告文

維弘治三年歲次庚戌冬十二月戊申朔十三日庚申，詹事府少詹事兼翰林院侍講學士程敏政敢昭告于司門之神曰：

惟兹吉旦，于宅之東。開啓大門，以便出入。牲醴致奠，用告其成。永永無虞，惟神是賴。尚其鑒之。謹告。

## 玄帝告文

維弘治三年歲次庚戌冬十二月戊申朔三十日丁丑，詹事府少詹事兼翰林院侍講學士程敏政敢昭告于玄天上帝之神曰：

於惟上帝，秉司化原。開我生人，功德無量。享郊配帝，厥有故常。惟此陋邦，有嚴勝境。雲巖之上，帝實臨之。實厲而暘，宸尊是賴。家戶户祝，在禮攸宜。蟣虱小臣，遭時乖蹇。仰蒙陰佑，感激難名。兹遇歲除，奉安神御。載陳明薦，用告微誠。

尚享。

## 祭臨塘范處士文

惟靈高平之宗，臨塘之彦。温恭孝友，位重鄉閭。宜享遐齡，益綿晚福。云胡一疾，卧簀經時？訃音相傳，不勝驚怛。顧予不佞，姻好有年。多疾相仍，未由往弔。緘詞致奠，用白其誠。靈兮如存，竚其來格。嗚呼！哀哉。尚享。

## 祭汪孺人文大理寺副堅之母。

惟靈毓秀名族，歸于大家。夫君中殞，肅肅無譁。内外一詞，允賢維配。有子登庸，侃侃廷尉。榮膺鼎食，褒享鸞封。名昭慈節，壽儗喬松。一疾幾時，溘焉弗起。哀音遠聞，傷悼曷已。賢郎奔訃，還自京師。矧在姻眷，執紼攸宜。叢萱萎霜，寒日在户。機杼夜閒，杯棬如故。敬陳薄奠，緬仰令儀。靈兮如在，尚鑒于斯。

## 祭武昌尹汪璽親家文

惟靈望出忠賢，學優庠序。擢秀桂宮，綽有文譽。禮闈弗偶，銓部登榮。出宰花縣，聿騰政聲。豐碩之姿，遠大之器。駿發有期，允顯先系。維兹之歲，屢接手書。吴、楚睽隔，每嘆離居。夏秋之交，忽聞訃告。真贋是疑，曷任悲悼。嗚呼！禍福相倚，天意難諶。吉人淪謝，何善何淫。矧在通家，情好維密。子女聯姻，雅非一日。昔登公堂，酌酒賦詩。今拜公像，白日寒飔。清酤一陳，旅肴載設。英魂何之，幽明永訣。

## 祭常德同守致政李公文太守廷壽之父。

猗嗟李公，去何速邪？人所願于公者，樂子孫之養，享山林之福，振清白之風，勵浮靡之俗。雖百年相期，未爲足也。胡美疢之嬰，遽至不禄？使洛社之老，咸弔影而相悲；專城之子，徒望雲而慟哭也。惟公平生，學苦行淑。律己巖巖，待人穆穆。發奸之明，久爲吏師。惠民之仁，展也良牧。力孔殫於救荒，心恒盡于治獄。其督教也，不速而成；其佐軍也，不令而肅。衆美攸兼，愧彼六六。況恩出于上，則再畀乎絲綸；慶衍于家，則森挺乎蘭玉。公雖溘然捐館，而昭然在人者，百世可録也。有偉專城，繼公芳躅。直諒之行不阿，清介之守彌篤。視此邦民，愛等春育。斥歸之人，禮敬相屬。緬想若翁，音容可掬。宜涕之不能自已，而語之不可以更僕也。惟公之壽，我序以祝。惟公之行，我表以暴。清濟之間，新遷載卜。遥奠一觴，寄我遐矚。渺渺雲山，萋萋松菊。公神不忘，鑒此衷曲。嗚呼！哀哉。尚享。

## 祭先師宫保尚書殿學劉公文

維弘治五年歲次壬子夏四月辛丑朔二十四日甲子，門生詹事府少詹事兼翰林院侍講學士程敏政謹東向頓首告奠于先師宫保尚書殿學古直先生劉公尊靈而言曰：

惟公鍾海岳之英，抱經濟之學。才氣振千古之豪，文章擅一代之作。輔聖德于青宫，贊廟謨于黄閣。有力扶正論之節莫久于鈞衡，有陰翊宗社之功卒困于枘鑿。六旬初届，即返丘園。百年爲期，遽翔寥廓。何君子企公之深，而造物者遇公之薄也？惟先君號金石之交，故賤子有門墻之託。雖學健而行迂，兼志强而才弱。寧以道爲屈伸，敢因時而前却？

嘆我生之不辰，而教言之如昨也。訃音欻聞，驚涕雨落。日月推遷，林野蕭索。謝傅不起于東山，司馬竟終于西洛。此心皦日，亦何損于衆咻。世態浮雲，曾直公之一噱？顧生何知，負恩懷怍。身幸免于竄投，病未離于砭藥。遥瞻几筵，一酹清酌。公神如生，鑒此衷悃。嗚呼！哀哉。尚享。

## 男壎畢姻告先祠文

維弘治五年歲次壬子九月己巳朔二日庚午，孝玄孫詹事府少詹事兼翰林院侍講學士敏政敢昭告于顯高祖考耆宿處士府君、顯高祖妣安人吴氏、顯曾祖考贈兵部尚書兼大理寺卿府君、顯曾祖妣贈夫人汪氏、顯祖考贈兵部尚書兼大理寺卿府君、顯祖妣贈夫人張氏、顯考南京參贊機務兵部尚書兼大理寺卿贈太子少保襄毅公曰：

往者爲長男錦衣衛百户壎結親于婺源汪氏，實惟故春坊司直貞一先生之雲孫，今成都太守公文燦之仲女，以今八月二十七日畢姻。上賴先靈，獲成嘉好。祀事有託，感喜交并。謹以粢盛禮齊潔牲庶品，用伸虔告。尚享。

## 祭甘母夫人文徽州府同知昭之母。

惟靈毓秀高門，長歸著姓。維女之貞，維婦之令。一子登庸，母儀既盛。九袠將開，人瑞斯應。矧是賢郎，名德兼勝。卓犖之才，循良之政。榮養方殷，丕顯家慶。褒封有期，上膺帝命。仙齡不騫，如山之靜。童顔不衰，如松之勁。云胡北堂，嘉辰罔競？訃音相傳，悲悼曷罄。敏政忝在通家，緬思淑行。遠道相望，莫由申敬。萱殞秋深，猿啼夕暝。臨風一觴，用達慈聽。嗚呼！哀哉。尚享。

## 壬子冬餞歲告復官文

不肖賜歸，於兹五載。課耕奉母，循省不違。忽拜綸音，特從公議。昭雪幽枉，俾復舊官。先訓明明，幸兹罔墜。霈恩逾分，益切冰兢。餞歲有儀，敢供厥事。拜伸虔告，惟靈鑒之。尚享。

## 鄧州新建李文達公祠堂時祭文代作。

惟公高文碩學，一代宗儒。重德令猷，兩朝元輔。儀刑雖遠，盛烈如生。乃眷鄉邦，有嚴祀典。仲春吉旦，恭薦常儀。仰止高山，曷勝景慕。尚享。

## 祭魏參將文代妹婿作。

惟公夙負英姿，早膺世爵。歷事元戎，遂閑兵略。征蠻西徼，禦寇中州。民綏盜戢，位進名流。爰奉璽書，佐鎮于蜀。威懾番夷，令行部曲。果敢之志，精悍之才。方期寵命，授鉞登臺。云胡數奇，乃爾一眚。軋之臺柬，還奉朝請。驅馳萬里，有爽節宣。國門告訃，孰叩彼天。惟我先君，識公偉器。有女于歸，百年是計。今骸一旦，虎委熊顛。臨風大慟，撫膺何言？靈轝朝行，神劍夜吼。追想風儀，如左如右。芳殽崇俎，清酹滿巵。公兮不亡，來格於斯。嗚呼！哀哉。尚享。

## 新居祭五祀文

維弘治六年歲次癸丑秋七月癸巳朔二十一日癸丑，詹事府少詹事兼翰林院侍講學士程敏政敢昭告于司命之神、司竈之神、土地之神、司門之神、司厲之神曰：

邇者不佞仰承國恩，復建舊官。爰置新第，肇工興作。自夏及秋，乃底于成，繄神是賴。奉親挈穉，今日來居。上妥明靈，用伸虔告。牲醴在奠，伏惟鑒之。

## 祭親家凌揮使文

故懷遠將軍致政揮使凌公尊親之靈曰：

嗚呼！發身介胄，致位金緋，公之壯歲，屢涉艱危；上慕松喬，遠遊江海，公之晚年，容色未改。金丹有訣，謂可延齡；紫府無階，必俟登名。我歸江南，尚及一訪；我還京師，公已長往。矧公愛子，玉瘁堪憐；復有貳室，繼居九泉。累累三喪，丹旐素冪。行道傷嗟，況于至戚？惟予女弟，實配公男。請誌斯墓，義非所堪。發引有期，東皋託處。古道西風，幽堂殘暑。世傳尸解，公或未亡。竚其来格，受此一觴。

## 祭故叔祖三處士文

曰：嗚呼！崇禮守道，晦跡家庭，處士之德，衆仰儀刑；年開八袠，日飫參苓，處士之壽，方樂康寧。矧有賢子，嗣其德馨；亦有哲孫，繹其世經。正宜遐福，進享修齡。云胡遘疾？大夜難醒。敏政不肖，入仕在廷。忽聞訃報，两涕交零。嗚呼！教言泯矣，孰予箴銘？族尊盡矣，孰予使令？吉壤之下，有美巖扃。遺像之存，有肅丹青。牲進于俎，酒瀉于瓶。尊魂如在，鑒于冥冥。嗚呼！哀哉。尚享。

## 祭宫保尚書昌黎張公文代士敬作。

惟公一代偉人，四朝元老。榮躋八座，名重三孤。早遂歸休，宜膺晚福。況有顯嗣，侍養家庭。美疢俄嬰，遽成永訣。年逾七袠，訃上九重。御奠龍章，官營馬鬣。隆隆恩禮，同輩幾人？壽考令終，公亦何憾？玠以菲薄，幸託姻聯。知愛之深，惠教之厚。銘心有日，報德無從。緬想音容，曷勝悲悼？靈轝將啓，旨酒在陳。公神不忘，鑒此誠意。

## 祭金吾百户李公文

惟公右魁之孫，封君之弟。如篪應塤，克承詩禮。金吾被寵，白社閑居。一咏一觴，時其卷舒。孝奉親闈，均處家政。懿此平生，孰踰高行。矧是猶子，詞林鉅公。事叔如考，由壯及翁。百齡是期，忽以恙告。九原弗興，聞者增悼。銘昭窀穸，禮謹賵含。斯亦無憾，何必多男。瀚等誼在通家，夙懷悃款。方約登堂，遽已捐館。靈輀載駕，薄奠一卮。祝言申敬，公能鑒兹。嗚呼！哀哉。尚享。

## 祭家生子武文

維弘治七年歲次甲寅冬十二月丙辰朔越二十四日己卯，篁翁及壎官人令汝弟戎以庶饈之奠祭于家生子武曰：

惟汝之生，頗有資性。因令就學，遂至成人。草録篇章，繙閲圖典。凡我文字，皆汝職之。家務之餘，亦諳世故。我榮我辱，率能相予。陸走川行，無不在役。親戚故舊，見即汝憐。爲娶良家，誕未彌月。計汝言動，曾未異常。豈期卒然，自殞其命。愚不至此，聞之失驚。數邪祟邪？莫任其咎。我髮種種，恒思故山。從者雖多，孰當予意。感今悼昔，不覺泫然。兹遣汝棺，暫寄僧舍。終歸汝骨，瀛東之岡。晏歲匆匆，賜汝飲食。汝魂未散，尚識予悲。嗚呼！哀哉。尚享。

## 祭刑部周員外妻安人文

惟靈賦性端樸，縈秀之鍾。持身賢淑，緊姆之從。慎不以驕，婦職惟敬；儉不以華，世業彌盛。肅肅姑嫜，名尊位崇，安人奉之，克盡子恭；楚楚夫君，高科早貴，安人相之，恒若賓對。有褒鸞誥，天寵殊常；有賁珠翟，彩衣增光。閫祐方殷，云胡不壽？玉毁于成，蘭悴于茂。某等哀聞蒿里，義重維桑。值兹發引，將還故鄉。庶饈旅陳，清酌三奠。人生可傷，如雷如電。嗚呼！哀哉。尚享。

## 祭宮保尚書大學士丘公文

嗚呼！嶺海儲英，異材間生。公出其間，適遭文明。翰苑紬書，經帷進讀。聖烈宣昭，帝心啓沃。典教國子，迨長宮詹。迪士敬簡，行己安恬。身歷四朝，年開七袠。乃受簡知，入贊宥密。代言輔政，寒暑五更。國溶耆舊，人傒治平。累疏乞休，宸眷彌篤。一卧弗興，天奪奚速。帝念元老，卹典優崇。護喪歸窆，孰與令終。經世之才，希古之學。有偉曲江，相望何怍。某等誼曾僚屬，敬奠一觴。靈車將啓，生容在堂。追思話言，感悼疇昔。公神不亡，竚此來格。

## 祭壽寧侯祖塋文代人作。

猗惟張氏，興濟名家。善積累世，慶澤無涯。鍾美後昆，啓封昌國。際遇非常，恭慎靡忒。篤生聖后，配我今皇。前星炳燿，宗社之光。推本慶原，孰期先逝。存没哀榮，古今鮮儷。况有二子，並立于朝。長侯次伯，位冠弭貂。上世佳城，遠在故土。乞歸掃松，荷天之祐。中宫有祭，爰命近臣。既告竣事，予情未申。尋徽之山，藏公劍履。思惟昔年，予典葬禮。兹焉至止，追悼奚勝。敬陳一奠，用表此情。

## 開壙告文

維弘治九年歲次丙辰春正月庚辰朔初五日甲申，直隸徽州府推官李珍敢昭告于故太子少保程襄毅公曰：

兹承上命，爲夫人林氏開壙，以是月初六日辰時合葬公兆，惟靈鑒之。謹告。」

## 開壙告后土氏文

維弘治九年歲次丙辰春正月庚辰朔初五日甲申，直隸徽州府推官李珍敢昭告于南山后土氏之神曰：

兹承上命，爲故太子少保程襄毅公夫人林氏開壙，以是月初六日辰時合葬公兆，惟神保佑。

## 開壙告先考襄毅公文

維弘治九年歲次丙辰春正月庚辰朔初三日壬午，孤哀子敏政敢昭告于顯考尚書少保襄毅公曰：

慟惟顯妣夫人林氏奄棄，敏政得請于朝，官給葬費，事下本府，委堂上官一員前來開壙。擇以是月初六日辰時奉柩合葬，無任摧裂之至。惟靈鑒之。謹告。

## 開壙告后土氏文

維弘治九年歲次丙辰春正月庚辰朔初三日壬午，太常寺卿兼翰林院侍講學士程敏政敢昭告于南山后土氏之神曰：

茲承上命爲顯妣夫人林氏之喪，遣徽州府堂上官一員前來開壙，以是月初六日辰時合葬於顯考尚書少保襄毅公宅兆。神其保佑，俾無後艱。謹以清酌脯醢，祗薦于神。尚享。

## 祭李處士文

惟靈賦資醇樸，履行温恭。雅志慕丘園之樂，僑居閑俎豆之容。身不伍于流俗，志將亢乎名宗。顯有令子，明時奮庸。考循良之所自，知善慶之攸鍾。況乎九袠之齡，將開壽算；雙鸞之誥，擬下恩封。何旻天之不憖，遽訃音之告凶。使闔郡之氓，思攀轅而莫遂；通家之士，恨執紼以無從。遼山高矗，歙水湫溶。渺東郵之遠道，望故宅之高舂。靈車既駕，孰任哀悰。聊一陳乎薄奠，徒悵隔于塵蹤。

## 伐木告文

維弘治八年歲次乙卯十二月庚戌朔二十八日丁未，孤哀子敏政敢昭告于顯考尚書少保襄毅公曰：

慟惟冠舄之藏，十有七載。賜塋内外，林木過繁。或叢近兆域之旁，或根蟠來脉之上，或三遮兩蔽無以自伸，或縱出横生不能成列。理當去其太甚，庶使疎密得宜。木性各遂其生成，地力不憂于匱乏。墓場有廓清之美，壙周無侵犯之虞。衆議僉同，事非獲已。兹用擇二十九日，召工將事。惟尊靈鑒之。謹告。

## 告爲顯妣樹碑文

維弘治九年歲次丙辰秋七月丙午朔越四日己酉，孤哀子敏政敢昭告于顯考尚書少保襄毅公、顯妣夫人林氏曰：

惟顯妣夫人卹典碑二通刻完，將以是月七日，樹立享堂東西，用垂久遠。先令匠氏築土興工，惟靈鑒之。謹告。

## 祭儒學生汪君承之文

嗚呼！承之而止于斯邪？屈指游從，將十年矣。道義相與，遠大相期，孰意其性之淑而命之畸邪？學博文贍，識遠才通，在衆中豈可多得，而竟無所施邪？驥馳而踣，木秀而摧，徒使志士爲之扼腕，彼冥冥者之造物，亦誠不可窺邪？邇在山堂，晤言甚洽，病中來告，曾幾何時，而遽成永訣之悲邪？發引在即，抱病倚廬，不能一往撫棺致慟，其何以寫予之私邪？師生之情，死生之義，盡此一酹，夫復何言。嗚呼！承之其尚見知也邪？哀哉。尚享。

## 祭侍御吴公文

故侍御吴公之靈曰：

嗚呼！脱穎之資，世經之學。祖武克繩，鳳毛麟角。名登黄甲，官擢烏臺。士論攸屬，遠器良材。初按两川，再巡二浙。威行惠流，大振風節。霜飛白簡，豸繡朱衣。乘軺過里，草木生輝。入朝有期，二豎爲厄。訃音忽傳，聞者駭惜。敏政屬居苫塊，承問諄諄。書猶在几，人已隔塵。遥望新墟，敬陳薄奠。通家之情，有淚如霰。嗚呼！哀哉。尚享。

## 祭祁母太孺人文

維弘治九年歲次丙辰冬十二月甲戌朔越二十一日甲午，太常寺卿兼翰林院侍講學士程敏政謹以牲醴之奠致祭于祁母太孺人黄氏之靈曰：

惟靈賢明之行，淑慎之容。重兹毓秀，出自名宗。敬戒之嚴，柔嘉之懿。允顯來歸，克承閫制。相夫有道，青氈是同。邑贊郡序，無慚古風。教子有成，甲科之儁。烏府黄堂，式彰慈訓。珍饈鼎食，禄養斯隆。珠冠霞帔，恩封聿崇。楚楚諸孫，環侍左右。洩洩高年，踰八望九。貴而能約，五福攸宜。耄而愈健，百歲是期。安問幾時，訃音忽告。惟家之艱，惟善之悼。敏政夙與令子，義獲同朝。逮守弊郡，恒及蒭蕘。美澤未霧，素車已駕。雲黯山陰，江寒歙下。臨風置奠，力疾陳詞。靈兮如在，少鑒其私。嗚呼！哀哉。尚享。

## 誥封恭人叔母劉氏祭文

惟靈賦質明淑，制行端嚴。配我明威，益修閫政。煌煌命服，赫赫恩封。有子世官，存殁奚憾。慟惟堂殯，歲月屢更。往合新阡，乘兹吉旦。載惟孤姪，羈宦于京。發引有期，攀號莫逮。瓣香馳奠，用告其哀。靈兮如生，鑒此誠意。尚享。

## 祭少保于公文代于文遠千兵。

嗚呼！禮莫大于報功，義莫先于繼絶。況天定之勝人，宜恩典之昭晰。猗我伯父，一代人傑。歷官孤卿，上輔睿哲。有巍巍定難之功，有侃侃立朝之節，有孜孜及民之惠，有皦皦律貪之潔。惟許國以忘身，致權奸之污衊。中以深文，濟之讒舌。白日晝冥，愁雲暮結。慨重瞳之屢回，驚天柱之摧折。雖丹書之横罹，曾白玉之可涅？列聖嗣統，當食而輟。追悼動庸，特加昭雪。旌功有祠，述行有碣。嘉繼世之象賢，悵主祀而猶缺。以我小子，同源一轍。擇男允忠，系于孫列。迺具疏請，宸聰上徹。偉公議之翕然，果天顔之開悦。錫世禄以奉祠，士聞風而氣泄。顧竊柄之權奸，已伏辜而烟滅。仰忠勳之流芳，炳日星之長揭。某涓以歲首，自徽到浙。俯伏祠庭，一筵敬設。感殊寵之下臨，與有榮于衰拙。冀衍慶于曾玄，誓孝忠之殫竭。鳳山巃嵸，湖水幽咽。尊靈如生，鑒此惓切。

## 聞士欽李公訃位哭告文

太常少卿李公士欽之訃，設位于南山堂，薄致一奠，哭而言曰：

嗚呼！士欽止於斯邪？致遠之器，凝重之資，明達之見，通核之才，竟已矣而不獲大施邪？春末得書，知有暴疾，甚懼；後連得書，知已漸平，甚喜。孰意其果不起，而使我失聲以悲也？平生健壯，偉幹豐頤。恒切嘆羡，百歲爲期，乃未及半百，而一旦去世邪？嗚呼！有善相勉，有過相規。言議之合，酬酢之咨。在至戚中，惟士欽一人爾。而今而後，其孰輔予以道，而使予悵悵于既老之時邪？念自童稚，受學太師。托姻門下，三十年于兹。升沉離合，不能相一。然此心耿耿，千里可照。曾弗少置于懷思也。嗚呼！士欽其真止于斯邪？山居歲晚，江寒木萎。臨風三酹，有涕漣濡。嗚呼！痛哉。尚享。

## 弘治十年歲除告文

曰：邇者朝廷纂修會典，上勤恩命，召副總裁。方在憂中，疏求終制。仰蒙眷念，特賜矜從。今兹久越禫期，禮當趨赴，擇以明年正月十日就道。敢因餞歲，預告行期。追遠撫時，不勝感愴。尊靈如在，庶其鑒之。尚享。

## 奠故太常少卿李君尊親文

曰：嗚呼！去冬家山，得君之訃。大慟人生，僅如朝露。兹春來京，君柩未行。登堂一奠，恍如在生。通碩之才，遠大之器。孰不期君，可紹先世。玉芝衰謝，寶劍沉淪。一朝千古，此恨何伸。返葬有期，靈車在駕。骨肉至情，言與涕下。今日何日，節近重陽。幽明之訣，盡此一觴。嗚呼！哀哉。尚享。

## 祭太淑人熊母龍氏文

言言舊族，有毓其華；俁俁名流，有宜厥家。歘歷都臺，爲國之儁，人言有子，式彰慈訓；老循内則，懿此德容，人言有母，庶幾女宗。曷褒其名，鸞書錦軸；曷賁其躬，翟冠象服。貴而能約，五福尤宜；耄而愈健，百齡是期。問安孔時，訃音忽告。惟家之艱，惟善之悼。帝頒卹典，用示顯揚。安葬有使，諭奠有章。歿焉蠹傷，死也榮豔。嗟太淑人，亦復何憾？某等忝與令器，誼重同年。升堂之慶，不及生前。遠望靈輀，兆符佳地。執紼之誠，莫獲往致。瓣香一炷，魯酒一卮。臨風三酹，竚其鑒之。尚享。

## 祭張公文

嗚呼！張公迺止于斯？天胡畀之遠器而弗宏其受，降之長才而弗究其施？驚訃音之來告，咸東望而興思。惟公早魁一省，擢第明時。黄門給事，公爾忘私。京尹僕正，慎厥攸司。遂進佐于司馬，爰克整于六師。忽西戎之失御，副主上之疇咨。征馬既秣，兵車載脂。始焉讋之以威武，終也撫之以恩慈。圖振旅希蹤于充國，肯貪功生事于郅支？賞未聊而適罹眚會，環將賜而與世辭。嗚呼！張公真止于斯。緊公雖止，而猷老有正毅可盡之節，有修偉可圖之姿，有匡國可行之疏，有鳴盛可傳之詩。彼得失之萬變，渺塵海之一絲。是亦不朽，何憾于兹？某等名同甲榜，義重連枝。相違兩地，敬奠一卮。悵歌殘于晞露，怳帷動于靈飔。竚英魂之來格，鑒薄意于陳詞。嗚呼！哀哉。尚享。

## 祭從叔處士彦華甫文

曰：嗚呼！相湖之孫，尚書之弟。倜儻不群，號稱遠器。方當壯歲，有志亢宗。云胡暴疾，遽歛塵蹤？上捐老親，下遺穉子。天乎人乎，奚至于此？凄其歲晏，發引在茲。臨風三酹，有涕漣洏。嗚呼！哀哉。尚享。

## 至京轉官告文

某被召三月廿四日至京，廿八日上荷天恩，進副宗伯，仍兼翰長，入侍東宫。自顧非才，曷勝茲選。追惟先訓，慚懼交并。牲醴在陳，用伸虔告。尚享。

# 篁墩程先生文集卷五十三

## 書簡

### 擬酈食其上漢王書

臣聞天下有大義之所在，而舉世莫能知者，請得與大王言之。夫今海内諸侯所以並起而亡秦者，凡以絶六國之祀、戕虐生民而已。然其大罪有天地所不容者，大王固能知之不乎？臣竊料大王不知也。

夫秦之大罪在於滅周。周者，天下之共主，歷年八百，文、武之澤，未泯也。嗣君無大失德聞天下，而秦以强不義取之，是以臣滅君也。以臣滅君，自開闢以來惟浞、羿，與秦三耳。天下之罪，顧豈甚於此哉？項籍手裂土以賞亡秦之役，六國之後皆有分地，乃不求立周後而尊楚懷王孫心爲義帝，此臣之所未解也。夫所以亡秦者，公天下也。今楚人徒以懷王之忿，自帝其主，則是復私怨矣。名之爲義，安所施乎？楚之先王嘗欲滅周東，周公諭止之曰：「裂周之地不足以取國，得周之地不足以勁兵。」然則楚之無君，罪與秦等，心豈可帝乎？

傳曰：「見義不爲，無勇也。」臣願大王明告諸侯，復立周後，相與北面而事之，楚之遺孽，反其故位，則君臣之義一日暴於天下，而强不義者，懼矣。且臣非不知大王楚人，然楚亦周之臣耳。況已析圭而王，王者，動必視義之所在，豈肯顧小嫌誤大計哉？恃此而言，大王固將終聽之矣。周後既立，大王尚與諸侯會盟洛水之上，同獎王室，有弗率者，仗大義而誅之，退守西藩，世爲周輔，臣知大王之名將與九鼎同重於後世，豈不盛哉？捨此不爲，無復可爲者矣。酈食其請立六國後而不及周，予故補此書。

## 擬朱子答王晦叔書

承来喻，以熹承乏講筵，當天子宅憂之時擇日開講爲未合於禮經，足見君子教愛之厚。然於鄙意，亦自不能無可疑者。

夫人君諒陰，三年不言，古之道也。而周之盛時已不然矣。大抵王侯以國爲家，雖先君之喪猶以爲己之私服，其禮與庶人絶異，故孟子以爲未學。如來喻所引記曰：「斬衰，唯而不對；齊衰，對而不言。」是故有難言者矣。天子喪禮雖不得詳，而顧命、康王之誥，實後世之所當法。顧命太史道揚末命曰：「命汝嗣訓，臨君周邦。」王再拜興答曰：「眇眇予末小子，其能而亂四方，以敬忌天威？」則固非唯而不對者矣。來喻又引記曰：「大功言而不議。」曰大功廢業，且云大功尚不可議，況於衰麻之至戚？此尤説之不可通者。中庸曰：「期之喪，達乎大夫。」蓋期以下，諸侯絶、大夫降矣，其可以爲天子不言之證乎？至於本朝典故，來喻以爲未審何似，此則熹之所熟諳者也。當神考升遐，哲宗嗣位，伊川先生首爲侍講，其言行昭昭，見於遺書、史傳。而其大者，則冬至百官表賀，先生上言節序變遷，時思方切，請改賀爲慰，此其明驗也。夫先生承絶學後，言動皆禮之所在，顧熹何人，乃獲嗣守職業，惟勉循其道而已。蒙君子惠然有意於僕，不敢不敬布所悃，惟執事者亮之。晦叔名炎，婺源人，學者稱雙溪先生。嘗通書朱子，問寧宗宅憂開講之禮。朱子集答人書幾二千篇，獨不答此書，故僭擬答之。

## 簡羅修譔明仲論歐公九射格義

明仲先生足下，昨於史館談及歐公九射格義，足下以區區之説爲新意，而謂以説得歐之心。當時未有以應也。歸而思之，於鄙意有未詳者。

區區之説，以謂置侯於此，覆籌於彼，探籌而射於侯上，啓而視之，中者飲，不中者無所罰。足下之説，以謂人各當侯之一物，而後探其籌，值所當者飲，不值者無所罰。蓋鄙意以侯與籌必相須而不相離，足下之意判侯籌於兩途而置侯於無用之地。由此意推之，則人當一物而侯可廢，此足下之説，區區未詳者一也。

歐公此圖題其名曰九射格，格者，局也。而今之爲格與局者，有摴蒱，有彩選，有手談，有象戲。此之所爲格者，猶彩選之格，摴蒱、手談、象戲之局也；此之所謂籌者，猶摴蒱、彩選之骰，手談、象戲之子也。擲骰於格之中，行子於局之間，蓋必然之理。使如足下之説，則是捨格而擲骰，外局而行子也。矧投壺與此格皆祖射之義以立法，探籌以射侯，亦猶引鏃以貫革、操矢以注壺，豈可置侯於無用之地哉？此足下之説，區區未詳者二也。

足下以歐所謂九侯虎居上、熊居中、鹿居下、雁兔魚居左、鵰鳮猿居右者，正射賓相當之次序。此尤不可通者。蓋物必有則，所謂上下左右者，乃造物創始之制云爾，豈射賓相當之次序哉。夫長筵廣席之上，則令從者奉格而前，以就賓之探射；小飲團坐之際，則安此格於席心。而奉之之時，不可傾倒；安之之處，必有定向。則上下左右者，實立法之當爾。此足下之説，區區未詳者三也。

歐所謂「皆置其熊籌」者，蓋懼賓之易酣也，故曰「中則在席皆飲」。苟或用之，則亦有射中與否之時。審如足下之説，盡探其籌而總較其飲，則二十七人在坐，必有三人得熊籌，而在坐者既有射中之飲，又有三中熊之飲，一探之間，飲三爵者皆是，而飲四爵者過半，吾恐古人不如是之酗也。此足下之説，區區未詳者四也。

凡足下以區區之説爲新意者，考之於歐爲頗合，故以書告於執事者。夫格物致知，學者之首務，惟足下舍己從人，以求歸一之論，則他日尚有大於此者就正於有道也。

## 與何憲使廷秀書

僕與閣下相别爲日既久，中間嘗一致問起居，閣下亦蒙以五代史見貺，自是音問觖然，每用耿耿。同年友林亭大來，言閣下在閩手編古文選粹告成。因竊自念處繁劇之地而能不廢鉛槧之功，如僕之不肖承乏詞臣，乃終歲六六奔走黄塵赤日之下，將自墮于暴棄之域，反思故人，驚汗浹背。矧今之號書生者，每乏經世之略；據要津者，或取無術之譏。有如閣下仕優而學者，幾何人哉？此僕所爲茫然自失者也。

僕自去歲抱疾，雖愈而間作，平昔著述之志已灰，但規爲侍親之舉。向相約爲通鑑續編，蓋先師吕文懿公因景泰間所局脩者重加筆削，而勝國時天台徐詵亦有續通鑑要言一書，合而覩之，亦多不能了了。事體重大，又無友朋相與下上其議，用是姑置之耳。病後無以遣日，嘗著史論數篇，又編蘇氏檮杌、皇明文衡、宋遺民録三書，有便容寄上，以求是正。僕，徽人也，而寓于瀛，两邦之先哲遺文，多至散失，故嘗蒐輯爲新安文獻録、瀛賢奏對録两本。亦俟脱稿别呈也。家君自號晴洲釣者，曾求諸公文字詩章，欲得閣下一頌以爲溪山之輝，想賜不拒，其詳載于别紙。維時盛暑，尚謹重眠食以副朋舊之望。

## 寄安福吴學士先生書

奉違風采，轉首數年。緬想林下，道體安和，足慰後進翹企之私。往者婦翁文達李公先生古穰集，荷蒙寵以序文，泉壤增重。手稿藏于生所。方欲鋟梓，不意隣有回禄之變，倉卒搬移，書帙散亂，竟爾亡去，不勝惘然。用是輒敢冒昧，再請録過一本，遇便示及，足見前輩始終相與之意。生與妻弟尚寶君，日夕引領在此，老先生必能諒之。

## 簡太守武邑王公而勉論諭祭禮書

諭祭乃朝廷大禮，當時降有儀注，其迎接贊唱使者及喪主，各有位次，易服止哭，亦有節奏。孤前者出京時，曾於禮部録得一紙，偶爾檢尋不獲。蓋文上有皇帝字與詔勅等。詔勅常下於郡邑，故儀注常存；諭祭惟二三大臣得之，而亦有不得者，以其不常下於郡邑，故儀注少見。伏惟閣下念此大禮，檢閲典故，俾執事者少加講習，庶行事之際，不愆於度，成此盛典，以幸先人，且使窮鄉下邑，得見朝廷優禮舊臣及賢郡侯秉禮將命之美。孤嘗備員儒臣，不敢不以奉告，萬萬加察。

## 寄李尚寶士欽書

一

途中累有書覆，未審俱達左右否？孤已於三月二十八日到家，祇奉几筵，苟存視息。所幸慈顔康寧，不減於昔。姚進士先到十日矣。諸事方在分理，尚未興工。仰賴朝廷恩典，必獲奉襄大事。惟病妻穉子寄食高門，有累仁慈爲不安耳。萬老先生處碑文，不惜頻造一請。葬期決在七月終，緩則誤事，奈何奈何！贈誥必在五月領出，續當另人奉請回還。瑩姫舊恙全可調理，省氣爲佳。銀一兩，寄與汪保、祖保。京中諸親家故舊，不能一一作書，乞便中致意。舍妹及三弟婦俱安好，二姪女尤聰穎異常，他日亦足爲門户之託，何必男子？此意可達凌、趙二親家一知，餘不悉。

## 二

程副使寄來書，知京中消息，所云金姓吏書，尚未之見。但僕自途中抵家，共稍書六紙，來喻並不開到否，豈一時忘之邪？六月三日金侍郎、段御史及兩司遣人送贛州曾守經山人來，始定一穴。哀疚之餘，得此少慰。葬期決在七月終矣。恭諗士敬久屈之志少伸，然猶未滿下懷，不知此時所請遂否？老天必念先文達公，不使遂如此也。瑩姫病既全愈，猶須將息，但與小兒女輩擾溷宅中，日夜不安。來書所喻不知缺何等侍奉，殊非骨肉相愛之意。汪保性難調，且勿拂之，俟少長，方可責禮，恐拂之數數，轉難調護。祖保聞已離乳，未審的否？此兒禀賦弱，我意今冬離乳爲善，不知緣何遂離之早也。姚進士深念閣下分上，用心到十二分地位，言之不盡也。相見，乞代謝一二。

三

八月半後，連得弭貳尹、程訓術寄來二書，知士敬榮拜恩命，出于常典，憂戚中不覺爲之雀躍。此雖士敬才力有以自致青雲，而朝廷垂念舊臣之義與我文達公積慶裕後之德，皆不可忘也。尤當秉禮守法，以敬承之，則名位之來，益不可量。所恨江山脩阻，衰絰在身，無由追逐賀賓，亮能情恕。病妻稺子，擾溷高門，非一言可盡已，先令小僕寧赴京探望。僕少待塋所事完，當有謝恩之行，尚容面既。

## 與陸諭德廉伯書

孤不孝不悌不慈，罪重惡劇，以致酷罰，沛鍾于家。三四年來，連喪兩姪一弟，血淚未乾。上延先考，追思殞滅，越無望生全。匍匐南奔，夜以繼日，幸於今年三月廿八日抵家，獲奉几筵，仰慰慈親，苟存視息。朝廷所遣營葬使臣方議庀材鳩工，窆期尚未有定也。孤臨發京師，過蒙辱念契家，哀集厚賻，再勞鴻筆，紀述先猷。瀕行，又獨追送數十里外，開諭勤惓，義同骨肉。道出毘陵，復蒙老先生冒雨出城，過舟相慰，禮貺兼隆。輒因便人，附此致謝，千萬照察。

## 簡廣東李憲副廷璋

年兄榮擢，適不肖有先公之喪，過蒙累次慰諭，禮情兼隆，至今感感。又蒙指示曾守經山人，果能高出流輩，遂使宅兆停妥、先體獲安，少逭不孝之罪。此年兄惠也，何敢忘！茲因族姪芳入廣之便，寄此上謝。不肖久已從吉，第以家口衆大，一時未能赴京。擬在八月間北行，諸不能盡。

## 答湖廣何方伯廷秀

遠蒙厚意，賻奠踰等，俱不敢當。重以手書，慰諭再三，又不敢却。感今悼昔，大慟而已。先公宅兆，拱俟朱生，久而不至，已得贛之興國曾守經山人與一二鄉術，規畫悉定，襄事在邇。虛辱盛意，情甚不安，謹禮而遣還。諸事倥傯，又不敢以俗禮寄瀆，謹此以申謝忱萬一，惟執事者亮之。

## 與林文美表弟書

挈家南歸，至新橋始得尊舅之訃，爲之大慟，不能已已。計惟吾兄昆仲及老妗夫人遭變摧裂，何以堪處？然尊舅去歲得會老母夫人于江南，今歲又得盡見諸郎，然後告終于故鄉之境，斯亦可以無憾矣。舟行匆匆，秋雨不止，殊使人有死生離合之感，不能自勝。輒抆淚成奠章一道，并祭儀一兩，因便寄附。乞爲上告几筵，少伸孤甥與舅永訣之意。尚冀節哀順變，以襄大事，不具。

## 答衍聖公書

前歲冬不幸先公棄背，已蒙閣下不鄙，親至蝸居慰吊，至今感感。舊歲春奔喪南歸，嘗託臨清驛寄奉先公墓志一紙，少達區區，計徹左右。兹者謝恩北還，何以又辱盛价與禮生賫賜手書及奠章禮幣，此雖出君子過厚之義，然在僕則何以克當？又不敢却，徒增皇恐而已。在家即聞太夫人之訃，嘗附菲儀於士欽尚賓昆仲，同作奠章一通寄三叔憲副先生處，料轉達久矣。昨過臨清，賤累亦有一奠章望祭令嫂夫人之墓，并菲儀復寄三叔處，此必未到也。使回匆匆，無以爲禮，謹附上香四炷，少伸几筵之敬。明春北上，更當專書奉謝，不一。令兄大人前不敢瀆書，同此拜意。

## 簡李武選應禎

寓此四十餘日，荷蒙執事表章先德、慰藉餘生，委曲之情，雖骨肉無以逮此。日昨專造，思欲一拜以盡區區，車從適在范祠，不遂所願。束裝匆匆，不及再候，諒沐情恕也。尊容及張草各已下一轉語，技止乎此，無以仰副雅意，奈何奈何！春雨軒詩、自見集、續三體詩、呆齋存稿共五册遺還，魯齋書疑一册，託吴鳴翰傳鈔，畢日令家僮康送上。中州鼓吹集、唐絶句、學餘録共五册借去，付坐船水夫寄還，餘不一一。

## 與巡撫南畿尚書三原王公書

僕自舊歲春初謝恩赴闕，秋盡方還，承聞台候親屈左顧先塋，不能操几杖、聆謦欬以遂願見之心，爲之不滿者累日。改服以來，又將束裝北上，不能遠趨行臺以謝盛德，徒切耿耿。因便冒昧，瀆此申起居之誠，兼有少稟。徽之爲郡，古稱文獻舊邦，然人徒知朱子出徽之婺源，而不知二程亦出徽之休寧。其事具載舊祠記及程氏譜牒，可以覆驗。今縣學師生欲於原行起企德堂，中奉二程夫子，左右列祀鄉賢。未敢自專，上請台命。倘蒙垂意斯文，使先正之流風遺迹不至無傳，弊鄉之後學小子有所觀法，其於弼教明倫興道善俗之事，或有小補。維時春暮，千萬爲國自愛。

## 與提學婁侍御克讓請立二程夫子祠堂書〔二〕

側聞閣下垂意斯文，許於弊府儒學修復文公祠堂，甚盛心也。僕嘗見文公每歷州縣，諸所未遑，即首訪先代名賢祠墓，汲汲表章，惟恐弗及。誠以風教所繫，不可視爲故常。而近歲以來，巡行使者知有簿書期會而已，能如閣下究心正學、知所先務者，幾何人哉？

寒族在徽郡最蕃，僕之一派號陪郭程氏，於河南最親。蓋河南之程實忠壯公之裔陳末北徙，而伊川先生諸孫又從南渡居池州，再遷休寧，陪郭之程，互相繼絶，譜牒所載，有胡雲峰鄉賢祠記、跋與南宋録用伊川諸孫公移、誥牒之類具存，可覆考也。僕每欲倡鄉人重立一祠而事力弗逮，數用悵然。況兩夫子遊宦謫居之所尚多奉祀，徽之休寧乃其宗祖開先、子孫復業之處，顧無棲神之居，誠爲闕典。倘行部至日，命府公縣宰，申明修復，如文公祠例，豈獨一宗之幸哉？

邇者，府官於弊縣學中起企德堂一所，尚未結束。若稍加大之，中以奉兩夫子，而左右廡以祀本縣名宦及一鄉先達，上廣閣下敷教之地，下啓後學向道之心，所費不多而所益則大矣。僕託同年之誼，事閣下爲兄，偶有所見，輒以上告。若夫行之、已之，在閣下矣。二程夫子遺跡一册，随此奉上，幸徹尊覽。不宣。

## 二

鄭生來，獲奉手教及晦庵詩鈔，如見顏色而聆謦欬，充然自得者累日。兩程先生祠事遂蒙采納，尤見衛道之切、興道之勤，非常情可及。然此豈獨以幸一鄉、華一族而已？廣先正之教言，啓後王之觀法，將於此卜之，而尤不能不仰成于閣下。今儒學有文上申行臺，望早示符移，俾郡邑有所持循而樂爲之，僕亦當倡率鄉人，目覩盛事之有成而後北上也。容當請名筆續紀之，以永示我鄉人，俾勿忘閣下之功。維時暮春，未由會晤，千萬爲道自重以副群望。不宣。

## 與南安張太守汝弼書

奉别以來，不幸有先公之喪，塊處山中，倏踰三載。今雖改服，尚以家累衆大，天氣炎熇，未能北上也。向蒙惠賜晴洲賦，先公僅嘗一讀，口稱奇才，命諸子寶藏之。追念及兹，不覺涕殞。令郎進士公在京，嘗沐過慰，大能篤契家之好，可喜。文學之優，得之家傳者，固不待言也。計年兄在任已久，政聲流聞，或有考績之行，小弟當需次京師，高會可期矣。因族姪芳入廣之便，輒此奉問起居。頑弟敏德性好書札，甚欲得年兄妙翰以爲楷式，倘賜不悋，得備私淑之餘，何幸如之。維時仲夏，尚謹重眠食，以副朋舊之望。

## 與張同年書

遠承惠書，知吾存簡遂至不禄，爲之失聲，不能已已。所幸閣下篤師生之義，經理後事周悉如此，又足以自慰也。志銘本不敢當，念霈生遠來，重以亡友之命，勉强成之。且聞葬期已迫，急欲慫慂其歸，無暇修改，殊不稱意，慚負奈何。所遺禮幣，並用納還。僕已釋服，將北行，未由會晤也。敬此申覆。

## 與太守河汾王公文明論世忠廟産書

休寧諸生程敏政齋沐裁書頓首再拜侍御太守王公執事：僕自府下奉别之後，即與諸族人會譜，以七月一日鋟梓起工，參訂校勘，無一日之暇。迨今已四踰月，次第將完。而譜後文字，尚未刊也。弊族之會者，近則一郡六邑，遠則德興、樂平、浮梁、貴溪、開化共四十四支子孫之見在可以叙昭穆者，踰數千人，皆出晉新安太守元譚公、梁將軍忠壯公後。蓋宋、元以來，家自爲譜，莫能相通。今藉先世之靈，幸而告成，擬奉斯譜躬率諸族人，拜太守公墓，奠忠壯公祠，然後給譜而散。立石祠下，以告後來，俾知我太守、忠壯二公之遺烈不泯，胤嗣蕃昌有如此者。

間因編刻之暇，考及上世之事，乃知太守公墓在向杲，嘗一見侵于元季，得裔孫休寧汊口自得者以金幣復之，又一見侵于國初，得裔孫婺源高安達道、邦寧者以寶鏹復之，具有總管虚谷方公修復之碑及樂平、歙東族人往返之書可證。忠壯公祠在篁墩，當宋之季得裔孫休寧汊口端明公珌、會里樞密公卓、大卿公覃、歙槐塘知録公旂及僕先祖陪郭掌書公璋、將仕公瑜六人買地建廟，捨田供祀，召僧慶如侍奉香火。當元之時，廟田爲醫學提領范天錫所侵，得裔孫歙長翰山副使公思敬告官追復，禁約侵犯，嘗請道士程處訊奉香火，具有宋端平二年申狀及元泰定四年榜文可證。反覆考之，自宋以來，太守之墓、忠壯之祠凡修復者，今方氏無尺寸之功；凡捐舍者，今方氏無尺寸之地。蓋今方氏自洪武初始爲廟祝，依神之居，食神之食，衣神之衣，將近百年，而不思所以報神之德，乃敢冒我程姓，鬻我祭田，又謂太守公之墓是其祖墓，意欲泯故郡之循良，蔑聖朝之祀典，亂常瀆禮，莫甚於斯。所猶幸者，得執事下車之始，即以祀事爲重，以表章忠賢爲心。清明在躬，致神明有感夢之異；抉摘無隱，使小人服如律之辜。遠近傳之，無不稱快。而況前日舍田復墓之人，皆今次統宗會譜之族，一聞其事，莫不驩然思拜謝于執事之前者。邇日以來，復聞方氏再有言于行臺，事或懼于中變，諸族人又莫不戚然思進訴于執事之前者。夫以太守公徽郡循吏第一，事載郡志，其子孫原復墓稅，舊隸世忠廟中。今若使一抔之土屬之異姓而不爲之申理，則與世之傭人佃屋者何異？爲子孫者何以堪之？百世之下，繼綰郡綬者，又何以堪之？忠壯公有功于徽郡尤多，其大者如滅蜃妖以奠民居，禦侯景以全民生，名著史册，没受王封。其子孫原捨祭田，舊立世忠廟户，今若使巫祝妻孥入其户内而不爲之屏除，則與世之餒鬼無嗣者何異？爲子孫者何以堪之？百世之下，有功桑梓者，又何以堪之？夫太守公墓稅不歸于廟，則後日樵採孰能禁？樵採不禁，則其勢不至於盪平不已。蓋税既属之他人，則興廢即繫其手故也。忠壯公廟户不正其籍，則後日私鬻孰能沮？私鬻莫沮，則其勢不至於盡絶不已。蓋人既入于廟中，則事産即其己物故也。噫！以程氏先世體魄之所藏、烝嘗之所奉，廟祝一夫侵之有餘，子孫千人復之不足，仁人扼腕，行道傷嗟。然僕逆知其決不至此極者，以執事在上，既正其始，必成其終。念甘棠而罪其剪伐，覩喬木而矜其雲仍，舉錯一行，人神胥慶，而執事陰隲之厚、禄位之隆、子孫之盛，有不可以言贊者矣。

弊族人雖所居有别州異縣之不同，然雅聞執事以慈詳愷悌之心，布忠厚寬大之政，皆欲一趨府下望顔色、候起居，祝千百歲壽以福吾民，以謝盛德，以徼惠于上世。僕不佞輒敢以書先之。若太守公墓税當入于廟，忠壯公廟田當正其户，此本執事所具知，何待僕之贅言？而中不能不有言者，尊祖敬宗之念，人心所同，天理民彝所繫，非敢有私請計，亦長風化者之所樂聞而不拒者也。干冒威嚴，不勝悚仄之至。

## 簡黟縣江尹

恃愛輒有少瀆。僕近欲編刻二書，其一曰新安文獻録，將萃六縣先賢遺文以傳四方；

其二曰新安程氏統宗世譜，將合六縣程氏宗派以傳子孫。凡先賢及先世之出於五縣者，多已搜訪，惟黟尚多遺闕。考之黟志，先賢有樞密汪公勃與程之先世有顯謨閣學士邁及其從孫少師莊節公叔達，两家必有譜牒、家集之類，其子孫亦必有庠生、儒士之流。惟政事之暇，不惜一問，録其行實、碑誌、家傳遺文之屬見寄，使此二書者，得無遺珠之嘆，用以成區區敬鄉睦族之志，皆盛賜也。程氏統宗世譜擬在七月一日先行鋟梓，早得一人可與言者一來，尤感感也。

## 簡德興方尹汝高

僕自會譜以來，數有書奉瀆，甚以爲愧。然自計之，一皆先世祠墓見侵於人者，不能不求伸于左右爾，又計閣下必亮此心，言雖多而聽之將不厭乎?·德興新建族人出于宋端蒙先生之族，端蒙者，文公門人也，其先世與僕皆共祖忠壯公。忠壯有祠在隆教寺，聞有異縣僧越例來住，且有誣訴在官。惟閣下念先賢之後，崇正道而斥異端，扶善良而抑姦横，實一族之大幸也。遠邇傳播，懲勸攸分，其於風化將亦不爲無補，又不獨爲私慶而已。

## 簡婺源陳簡教諭

玉汝、廷器遠來，承華翰，多感。第行李匆迫，莫由會晤爲歉耳。闕里暨明經書院二記，不敢以尋常應酬之作例視，容舟中爲之寄上。兩處文幣，不敢辭。闕里別有銀伍兩，託二生納上，乞轉付朱貞兄，聊爲修葺祠堂之助。士奇討棣蕚聯輝樓記，正欲舉筆，不意失去請文帖子，竟不能措一詞，望另具一紙來，亦容異日寄上。所借諸書，今一一付還，乞照數給與原主，庶有下落。餘不及悉。

## 簡太守河汾王公

奉別已歷三時，流光迅速，可畏如此。瀕行蒙遠餞，張檢府來，又承惠寄，愛厚踰分，何德可堪？入覲在即，總當面謝。先世廟田，遂得清白，二程先生祠堂，又獲祀典，皆左右作興之力也。公差吏程智族姪孫因其歸便，附此布悃。惟情照。萬萬。

## 寄歐陽大尹子相書

別後熾暑，畏途甚苦，六月十日始達京師，仍舊供職，六六而已。兩夫子祠事已成，早晚命下，當付智領回。邇者貴近、異端、貪刻之流，或竄或殛，或逮或笞，正論以伸，朝政以肅，中外之慶也。邸報之常，不能一一。近始識令弟進士，端謹有學，足稱二難，第冗中未由數數晤語。玆因家人寧歸，輒此奉問起居。候智去，別有修奉。秋涼初至，山縣無警，冀自愛。不具。

## 簡富溪宗人景宗

別後忽得霍亂疾，至今尚未平復。盛族衣冠相承，文獻不乏，自足名世，譜之會不會，固不足計也。若先世文字中，書誥牒用之墓志之類〔二〕，欲取三數篇刻入貽範集，雅意以爲何如？

## 與東門四十七叔五十三叔書

久别無一字見寄，甚切懷思，因程安歸便，附此。更有一事相告，諸兒女輩多已長成，京師貴戚公卿之家，多欲結姻，但僕意在故鄉，遂遲遲至今。望垂意一訪，先衛官之家，次鄉宦之家，又次殷碩之家，或求其女，或擇其婿，務在家門清正、容貌端淑。倘如所願，足見骨肉相與之至情，没齒不忘矣。有可以協力相圖者，更自託一二人，庶幾易成也。

## 與河南宗人博士通譜書

新安劣宗敏政頓首奉書翰林博士先生宗長：僕於閣下，雖未始接風采、聆話言，有一日之雅，然竊自附于同姓之義，故輒以書先于執事者。惟我程氏，自東晉新安太守元譚公以善政爲民請留，始居歙之篁墩，傳十二世爲梁將軍忠壯公靈洗，以全郡之功廟食鄉邦，由是子孫散處，蔓衍支分，積久彌盛。其在新安者，寔居他姓十之七。然自宋以來，各相爲譜，未有會而通之者。緬惟兩夫子一房，實自新安遷中山博野，再遷河南，具有典籍可以佐驗。迨宋之季，伊川先生子孫復從高宗南渡居池州，再遷新安休寧，與陪郭程氏同居，互相擇繼。當時嘗受恩典，又與朱子通書，而伊川子孫復有轉繼明道之後于金陵者，今僕所刻貽範集具載之，不待贅也。劣宗實出陪郭，不佞竊有志于譜書，又以先世嘗獲通于兩夫子之裔，水木本源之思，誠不能忘此。因祁門族姪御史宏、族孫布政泰適當宦走中州，輒請貴族支系以歸，而職務倥偬，事體重大，未能執筆者久之。

曩歲居家之艱，屏處山中，遂發書於遠近之族，告以會譜之故。凡本郡歙休寧、祁門、婺源、績溪暨江淛樂平、浮梁、德興、貴溪、開化、淳安，來會者四十四房。參考訂證，踰數閱月始克成編。而貴派適當首房，乃知兩夫子之生，雖天命真儒以續聖傳、啓來學，事出非偶，然太守、忠壯兩公，實一時循吏忠臣，有大惠烈于鄉邦，食報未盡者，或於是乎大發之，光遠有耀，豈無自乎？諸族家以數千百年之譜、數千百人之族，傳寫以藏，不無謬誤。相與鳩金刻梓，號曰程氏統宗世譜，告于忠壯之賜廟，散諸各房，用敦世牒。蓋僕之初志，雖欲收族以自附于先正，而孰意其大有所成，使南宗北祐昭穆分明能至此極也哉？嘉與族人，私自慶幸，千載一日也。

兹因貴郡太守何公入覲南歸，寄上原分一部，并貽範集一部，奉徹尊覽。休寧舊有鄉賢祠，元泰定間所立，專奉兩夫子之祀。歲久傾圮，僕與縣侯重加鼎造，上請于朝，獲登祀典，將與嵩、洛相望無窮，此亦先世之靈惠導之使然，有非淺薄所能與力者。碑文二紙，因漫附呈。貴派支系文獻，收登未盡者，不恡一一垂示，當續附入貽範集中，使無遺珠之嘆，用備一家之書，尤所望也。臨風惘然，不勝馳仰。春寒硯凍未釋，作字欠莊，統干心照。不具。

## 答黄州謝太守文安書

前在故鄉，方圖一造山中奉餞，不意旌旆遽行，竟乖所願，而僕亦不久赴京矣。南北相望，長切耿耿。沈知事來，忽得手書，如接顔面。又承治郡之暇，留意圖經，可謂知所先務，迥出簿書之吏遠甚，可羡可羡。但諉以刻本重編，且以序文見屬，僕何敢當？來意又不可虚辱也，祇領厚儀，不勝惶悚。刻本乃一藩總志，勢宜簡略。今閣下欲成一郡之書，鋟梓傳後，豈可草草。必須以舊志及永樂二年、景泰三年官修志書原本見付，庶可參考爲之，不然恐取誚大方家，有負雅意。司成丘公之心，亮與僕同，彼必當有書報也。

觀新志，黄州有二程先生子孫，入國朝來，科第不乏，此必有譜可據。僕前會程氏統宗譜時，却不知有此一派，望一詢之，備録一本，或有遺文遺事，併録見寄，使僕所會譜無遺珠之嘆，實閣下之惠也。新刻程氏貽範集一部，寄上引忱。會晤未由，心照。不具。

## 簡復范親家顯道

遠承遣人入京，報小女姻事有成，并致多貺，禮意兼隆。重念小女于歸，幸託高門詩禮之餘，自母夫人以下，無不樂意。但其賦質孱陋，姆教生疎，冀長者垂念，示以敬戒之道，俾不失所底于成人，何惠如之。遠情所鍾，言弗克既。人回，專此報謝，尚俟舍下人還，別有修奉。惟順時自愛。

## 答汪巖秀才簡

春秋大義在於攘夷，近歲試官命題多欲右楚，其失不止文字間而已。僕深病此，每與知者言之。忽得寄來長書，正合鄙意，間以示館閣諸公，率多嘉嘆，可見天下理一如此。説經之精、持論之正若足下，在吾鄉可多得邪？更加勉之，毋趨時好，他日大成，未可量也。因玉汝進士行附此。冗中不盡所欲言，幸加愛。

## 與巡撫南畿都憲莆田彭公鳳儀書

奉别以來，甚缺修敬，每用耿耿。側聞受詔總行臺於江南，命下之日，士夫相慶，以爲正人彙進，治平可期，不獨野人有息肩之賀而已。僕數年來，喪弟喪子，上釁先公，憂疢之餘，舊學荒廢，徒塵講席暨宫僚之末，上無補于睿學萬一，慚負不可言。因便附上問起居，并致賀忱。杪秋軒蓋入覲，當有奉見請教之期，餘弗及悉。惟爲國爲民自愛。

## 簡樂平宗人貢士楷

德望進士處得寄字并家乘遺文、石城支系，收訖。知貴族長幼清勝，可喜。去歲失意南歸，不及話别，至今惘然。比日想學益加進，多爲吾宗出色，一時利鈍，固不足計也。剛愍公誥詞之類，擬增入貽範集中，俟刻完别當寄去。因德望行便，草草附此，惟自愛。

## 答富溪宗人景宗書

家門不幸，有詹簿弟之喪，坐此悲慟，抱疾經時，髮日以白，亮一宗厚契，必同此感。寄來書多不及裁答，然每觀吾子書輒喜，以爲最得我心。如所稱删史記十一字，增姓纂六字，皆他人所不及知者。縱知之，亦未必以爲良苦也。不意宗族中，晚得吾子，好學精進如此。續譜序及諸製作，皆可觀，但吾鄉詩文，自爲一家，多不肯宗韓、歐及唐音，故文體小、詩格下，此可與知者道耳。先達如汪浮溪、羅鄂州方可師，除此二家外，近世惟宗老黟南、趙東山兩人耳。以吾子向進不已，故傾倒言之。聞得洺水全集，若中有内外制，乞録出見寄。令尊先生索梅友詩及富溪八景詩，情思於邑中，多未及作，尚俟後來。惟心照。不一。

## 簡徐州同知宗姪孫玉

匆匆不能盡久闊之情，登舟怏然，如有所失。今日已抵泗亭矣，寄還二詩，其一游桓山者，可刻刻之，亦以見一時盛集。周中允先生一兩日間必至彭城，當一款送，且道予沿途相候之意，但恐天寒河凍，復命太遲，故不能久留滯爾。朱太守處轉致謝聲，予亦有書附歸隸也。

## 與提學司馬侍御通伯書

爲别不覺寒暑再更，然友朋之思，與停雲俱南，第匆匆不得佳趣寫此衷素爲歉。僕自今春以來，承乏日講，兼領史局。雖終日從事簡編，然所得益淺，筆益退，殆不復可進，有愧故人多矣。閣下在南畿既久，聲聞益閎，朱子所謂始而排、中而疑、終而大服，真儒者之常，亦可見涑水之遺教未泯也。是可賀矣。因禮部司務方君南歸，附此問起居。方君，僕親家，去不以罪，士論多惜之。其二子經、綸，學業頗成，得並加與進，少慰其落落之懷，則彼拜惠，遂與僕等矣。會晤何時，惟爲道珍重。

## 簡汪廷器

到京不久即得所寄書及東布两端，敬鄉之意，豈餘子可及？僕來時，令兄亦有書寄足下，今以付。盛价史主事已相見，亦盛稱足下好處。唐員外未行，俟議開塩後得粉乃東爾。上等貂鼠皮，煩尋六張，次者六張，并價值見寄。一一奉酬，計不有訝。盛暑亢暵，移居匆匆，不盡所欲言。

## 簡謝昌山人

久不得消息何似，聞在青、齊間，不審此時曾過江否？故司徒黄公之子及張狀元同寅喪母，俱嘗託書轉達，欲請閩南、江右一行，亦不審果如彼願否也？禮部徐亞卿先生於僕有詞林之舊，因彼夫人之喪，又託一言。亮賢者於仁人孝子之心，必不忍負也。書至，幸即命駕。萬萬。冗中不盡所欲言。

## 簡纂修袁進士

不幸聞先叔之訃，不得置一尊爲别，此情缺然。前所告弊鄉儒者，有王宗植居歙之王村，有程隱、程充居休寧之汊口，有程質居婺源之高安，皆可備纂述；有汪道全居婺源之大坂，可備繕寫。餘亦非僕所知也。

## 寄閣老壽光先生書

宅上人還，嘗附上起居。兹因訓導仇潼拜掃東歸，託書爲先容。潼家淄川，博學能文，兼有志操，實老先生貴鄉佳士，且素慕勳德之盛，欲候台墀，一覩丰采，别無干請，望少遂其願見之心。後學之幸，非言可既。

## 簡唐侍御希愷

三先生集序，五七年前所成，爲北歸舟中，考據頗詳整，使今爲之，亦無如此心力矣。蒙索取再三，得之弊篋，披誦一過，恍如隔世。因稍入近事録呈。自顧疎陋，實不足以增輝先正，姑少見其景慕而已。

## 答汉口宗人志端

承寄書及東山集二册收訖。所託選承德堂文及武堂、世忠祠、滇南吟稿和湖嶺亭四事入縣志，但此志重勘未完，随後自當附入，用副雅意。其餘詩文，恐不能復增矣。新屯寺僧所託記文，已成數語，付南山庵僧雲清轉附，相見幸一語之。所餽禮收訖，道遠不能辭也。因亡弟之喪，情緒憂鬱，草草布此，惟心照。

## 簡山斗族姪孫天相

屢荷寄書及佳墨孔多，愧無可答也。因舍下人還，附此。足下方妙年，又無公家力役之征，惟勉學以副一宗之望爲佳，筠窻靜讀之名，當不虚爾。積中兄弟近日如何？亦都無一字相及，見時幸一致意。

## 與刑部尚書盱江何公簡

程本邑名，在長安之北，文王爲西伯時居之，後徙豐，而以其地封大司馬休父，爲程伯，蓋程得姓之始也。考汲書，文王有程寤之篇而亡其文，意「寤」者，省躬之義也。以文王大聖人，猶不忘于省躬，而況末學哉？走不佞竊敢以「寤」名進修之齋，自附于公明儀之後。敬乞一言記之，使有所持循，以不昧于成德之歸。先生之賜大矣。

## 簡强憲副廷貴

恭諗榮授恩命，進副憲臺。初政清明，士類胥慶，豈特同鄉同年之光而已？況憲車既東，風裁加倍，益見君子所養，非常情可及也。僕供奉之餘，學不加進，無足爲道。因便附上起居，兼致賀忱。惟自玉以膺多祉。不宣。

## 與閣老壽光先生書

遠蒙師尊遣人賜詩兩篇，不勝驚喜。但生初意欲得教誨一兩言，今許與過望，益增慚感。謹什襲珍藏，用夸子孫，豈敢輕出示人以褻長者之賜？恭審來人道體安和，欣慰無量。生日侍講筵，幸踵老先生之後塵。雖附竭駑鈍，實無絲毫上補聖學，愧懼而已。朝報三十一紙附上。老先生雖處林下，然愛君體國之誠，義當有同其休戚者。伏惟台察。

## 簡劉貢魁汝利昆仲

更化之初，公論大出，起舊之禮，擬在旦夕。但前此及近時人言，猶大可畏。僕素受教門下，亦濫在議中，可畏尤甚。因閻璿歸便，附此。所冀賢昆仲益加謹畏，庶副所望，此固高明所素有者，亦致夫千里之意而已。不罪萬萬。

## 簡禮部尚書瓊山丘公

蒙先生厚愛，雖骨肉無以踰此。第恨無受教之期，孤陋終身，爲長者之玷。然修身補過，不敢自毁其平生，則此志固不衰也。細思歐公、朱子所居之位不同，故所處亦異。蓋歐公身在相位，上有英宗、魏公，故力辨得白；文公小臣，生死在人掌握，豈可以遺體而試煆煉不測之酷？此大賢善於處變，亦其學識所至。生固不敢上擬，然生上有七十二歲之母，下有十三歲之子，三世三人，幸天子大恩，俾歸田里，含垢掩瑜，不加誅竄，實出望外，夫復何言？蓋生之愚見如此，因一質于先生之前。三五日出城，不敢拜辭。仰惟爲道自重。不具。

## 簡李學士世賢

寺中檢弊篋，得曩歲遊梁園佳句。記當時曾各奉分四韻，至今零落不成卷。汝弼、懋衡、元益遂已作土中人，而僕亦將歸老林下矣。敢奉元韻，乞齋居暇日煩略搆思，仍作當時語，每韻少得四句，以補完此卷。使山中人異時展玩，得知帝都風物之盛，而一時朋遊存没離合之感，實足繫停雲之思，亦非徒作觴咏公案而已。惟不以爲斷簡宿逋大笑而置之爲佳。

## 簡辨上人

蒙承惠佳菜，又於僧榻卧餐，儼成有髮僧矣。所和詩，中間佳句層出，但微有重複。今用古人摘句例，商確數處，足成四章，請重録用圖書付來入卷，庶此歸林下把玩，如挹清風也。

## 慰余寘貢士簡

潞河舟次，忽聞先公之喪，爲之愕然。朝廷柱石，當得幾人？僕輩歸休，亦恃有善人在位，得以藉庇爲林下幸民，何天不吊而奪之速耶？臨風揮涕，不能已已。粗帛一端，少充几筵瓣香之敬；舊詩一章，不敢比于掛劍之義，幸一閱而焚之，用還公之雅命云爾。相見無期，惟節哀襄事以副知舊之望。

## 與河間太守謝公道顯書

昨在府中，談及鄉賢祠事，閣下欣然欲爲之，此誠一郡之幸。舟中不揣，盡解書裝，繙閱考訂，得河間鄉賢五人，以功忠著稱于河間者十三人，合於祭法所謂「有功于民，以死勤事」及「鄉先生殁而祭于社者」。因撮其大略，親書附上。事果有成，使先正得表章之美，後學有觀感之益，吏民長忠厚之風，其爲關繫甚大。至於屬州、屬縣鄉賢名宦，在景州若董相仲舒，在滄州若張文節公及本朝王忠肅公之類尚多，自當依例舉行，各爲其鄉之重，郡固不能兼祀也。祠立之後，仍得宗伯丘公、少宰楊公一記，庶幾百世之下，知此邦盛舉自閣下始，後來者宜謹嗣之。閣下雖不以此爲名，然所以繫甘棠之思者，豈有窮已哉？旅次匆匆，恐未能上副雅志，更加詳訂可也。

## 復族人祖瑗

承累寄書及孫艮山先生詩一册，附以吴綿、歙苧，俱收訖，愧無可答也。亡弟之喪，抱疾經時，計一宗厚契，必同此感。令堂孺人節概之懿，聞者凛然，有司上聞，行臺取勘，亦曾贊一辭。蓋方君付汪貢士轉託區區也。因舍下人還，草草附此。惟心照。不具。

### 校勘記

〔一〕休寧陪郭程氏宗譜第一書署：「成化辛丑十二月既望友生程敏政再拜。」

〔二〕書誥牒用之墓志之類　「用之」，四庫本作「文」。

# 篁墩程先生文集卷五十四

## 書簡

### 與林諭德亨大書

奉別後，以三月七日抵青縣，由滹沱北上，至河間謁辭先壟，親故朋友争欲買田築室留居，第先人丘墓在江南，固辭而行。十五日抵滄州，會妹壻守禦趙瑛千户尾舟送至新橋，因其入京之便，專此布達，知年兄必懸懸于不肖者。廉伯、世賢二先生不及另書，同此申意，餘多不敢通問也。趙千户謹飭好學，進見之際，乞垂教念，凡百得時加青目，尤荷推愛。

## 簡趙郎中夢麟

南歸道京口，甚欲一見，不意有金陵之行。嘗一造問，令郎輩無一人在，悵怏不已。縣侯寓公請登焦山、訪甘露，歸過海岳庵，遺墟巋然，知所謂愛山之亭者，必在其下。思與吾夢麟共舉一觴盡林壑之勝，不可得也。愛山亭卷，無興不能執筆，攜歸山中，俟他日寄上，或可訂杖藜訪君之約。舟行匆匆，不盡所欲言。幸心照。

## 簡丹徒王尹公濟

南歸五日前，行李匆匆之甚，尚爲西山一行，往返得詩十首，因閲舊稿録上公濟契兄。使知僕平日之迂，以緩爲急，至於如此。又聞公濟亦曾往遊，如有所得，不吝寫示，以增野人卧遊之興。何如？

## 簡錢宗甫御醫

南歸欲得一見，不意往謁，第君必有所遇，且有所聞也。在潞河逆旅，嘗爲人題老子出關圖，因輒書以識留別之意。俟人言稍静，當黄冠野服命棹訪君，以叩所欲聞者。餘不一一。

## 簡錫山致政秦方伯廷韶

南歸計獲奉晤言以叙間闊，不意自潞河與世賞庶子相失，沿途相尾，不能復合，心旌懸懸。夜至錫山，得聞榮尹言世賞在姑蘇，相候甚久，方欲去之。以是即放舟行，不得相聞，無任怏悒。至姑蘇而世賞訪友常熟未歸，坐是又中悔不艤舟錫山一叙爲憾。浮生離合，不可預料如此。馮進士來，知雅意勤惓，因其行附此奉謝。倘與吟社諸君子各得珠玉一篇爲林壑之光，順附之來，蓬牕奉誦，即如接丰采、聽餘論，何快如之。拙作兩紙，附上求教。餘不一一。

## 與姑蘇沈啓南書

累年闊別，甚欲一見，以寫所懷。不意舟次吴門，匆匆竟不得一面。人生離合不偶如此。聞是日到舟，值蔣令君在坐而去，不勝悵然。繼聞君謙儀曹誦左右見贈佳作，有「人從今日去，雨到幾時晴」之句，亦甚欲請書爲行李之重，不可得也。過吴江，得一絶寄上，未審達否？今重録去。蓋數年來，欲求大筆一二紙，增輝蓬壁，因循迨今。今蒙恩被放南歸，分爲世棄，雖有登臨之興，又恐側目者未已，累及溪山。意惟閉門却掃，修身補過爲宜。然溪山之樂，不可孤也，敢輒以請于左右。倘肯垂意不惜一揮手之勞，使走不出户而得大觀，時加觴詠以了餘生，則先生之惠，大矣。絹一疋，可備四段，謹託汪廷器鄉兄寄上。外粗幣兩端，墨一觔，蓍草一束，少伸遠意。深愧不腆，幸目入。餘惟保圖以慰林壑。不具。

## 與司馬侍御通伯書

自會宣溪，即聞登臨倡和之盛，恨不及一與其間分半席以傾倒丘壑之懷。而篇劄所至，絶不見及，頗以爲訝。至嘉興，始得掛名簡末，乃知高明終不忘故人，非淺淺者可識。前此嘗有两劄，亦頗自識其獨遊之興，未審達否？然其間又或爲故人所迫，有覼縷于行臺，知高明者必能亮之，非塵外人喜事至此。稽山、鑑水之約，獨與宣溪，又不知如僕者，可入社否？否亦當命棹裹糧以從，計不見拒。但閣下方以憂時澤物爲志，又屢有大論建于朝，士望彌重，恐不能遂所圖耳。舟行匆匆，殊不盡所欲言。行部之暇，咳唾之餘，製作當益盛，能輟一二見惠，望外之幸也。與君謙雨中遊靈巖三詩附上。

## 與李尚寶士欽書

奉别以來，不覺两月餘。途次遇北上者，多值醉中，不得具書報謝，此心未始不在左右。伏念區區妄庸，分爲世所共惡，啓行之日，藏蹤歛跡，思與篙師水工爲伍。不識故人何以得知，沿途相候，勢不能掩。至河間，幾爲親故所留，且爲晝買田築室之計，固辭而南。自淮渡江，日有登臨之樂，迤邐不絶。至姑蘇，始與世賞相見。候者益衆，留五日，乘夜解舟而逸，追者直過黄岡涇。五月二日抵錢塘，次日遇吴推府北行，自云南陽故人，因便附此。錢塘諸公，方爲訂遊賞之約，力阻江上之舟，行期尚不知在何日。然每遇舟中稍閒，即編古穰續集，續已成卷，但欠一録，到家隨即附上，幸恕稽遲。老母及瑩姬、壎子悉安好，與堂居無異。六姊自離乳母益壯，不勞念及。凡京中故舊，多不敢通書，亮不爲簡淩。老先生暨舍妹夫婦、趙老先生及良度昆仲，同此拜意。

## 與嚴州李太守叔恢書

承委重勘釣臺集，并索題跋，到家匆匆，未能奉復。近稍涼，始克爲之，謹以諸書，參訂舊本，就加補綴，使便於刊者。其節目略具于後，幸依此一一增損補足。雖未免有挂漏之失，然亦自可觀矣。若早晚刊補訖工，望多印數本見惠，仍先發一本送提學鄭憲副先生處看過。蓋渠亦嘗以此見託也。計舊板廢者、增者不過四十葉，用工不多。倘一時憚於改作，乞仍發還所勘本。此間搜獵亦大費力，別無副本故也。相去益遠，未有奉晤之期，惟心照。

淳安志有錢融堂先生墓表，乃元縣尉鄭君千齡所作。鄭君敝鄉老儒，此文甚有發揮，惜其爲人删節不全，敢煩一訪録寄，幸甚。又此志武庫吴公所編，其家或有完本，倘一詢之，亦庶幾有獲爾。

## 簡致政于府尹景瞻

林下之人能念林下之人，禮意勤惓，近所未有。奉别後，晚至富陽，怳然如有所失。初僕南歸，甚欲歛跡以避側目者之下石，不謂沿途故人私愛有加於前，第觴詠之間，不無傾倒太甚。臨别丁寧保重之言，謹佩服矣。倘見相知有語及者，幸道僕感恩思過之意，庶獲從執事者，少全耕釣之樂於丘壑之間，以畢餘生也。拙詩數章，附上求教。

## 答姑蘇劉振之簡

鄉人自吴中回，得手書佳作，披誦之際，如見故人、接談笑。是日并得石田詩及書、畫，山房寂寥，忽爾增重。入夜秋聲滿竹樹間，疑助予之喜躍吟諷，何其快哉？聞欲至山鄉挹紫陽之秀，斟練溪之清，尋盟樵漁以發豪思。但弊鄉所産不過斑筍、紫菱、石雞、沙鱉之流，不能與吴品角萬一，恐無以供大嚼爲愧耳。吟屐果來，當拏小舟下桐江、泊釣臺以俟。

## 簡李尚寶士欽論古穰續集

蒙以先集續編見委十餘年，雖坐賤冗之故，其實則年與智衰，學不加進，不敢當李漢之責。而督促之勤，又不敢控辭以取遲玩之罪。自奉別以來，舟中稍閒，便加葺理，直抵家山，雖人事倥偬，日不暇給，然此心此力，未始一刻忽忘之也。因唐侍御入京，託轉寄上。不意渠以親老行遲，故付舍姪寬舉人納上。凡所編彙之意，詳具于後。

一、今編次爲二十卷，其紙板多寡不匀，蓋以續集爲名，示當有復增之意，且附録中及制誥文字之類，亦不當取足於此。名門積慶，簪紱相承，賢昆玉名位進進未已，恐此所存板數，尚不能盡耳，此區區意也。

一、當時所作行狀，多據年譜，近細閲之，絶不可意，因重整過。其間增損，頗嘗用意。蓋古人作名臣狀志，書大略小，俱有義例，僕雖淺陋，竊欲效之，故於此用工月餘。自謂平生止作得此一篇文字，欲求知于九京，不審高明以爲何如？

一、家集所載文字雖多，其可傳者恐不出此。古人文字，不直以多爲勝，今訂去者，幸毋再增。

一、附録制誥等項文字，皆書名，示尊君也。

一、參議、憲使誥勅，亦入附録中，以在家譜後故也。

一、今集中有欠書年月及此間無所考者，幸一一查補。

一、先祖碑文中世系欠明，亦重整一板在後。若刻入雜録時，幸挈一刊，實欲借重名世之文託以不朽，千萬挂意。

## 與尚書瓊山丘公

自奉别以來，遠托雲庇粗安，耕鑿之餘，温習舊業，東坡謂如原是嶺南士人者。況生當桑梓之鄉，奉菽水之懽，其感仰聖恩，非言可罄。惟夜禮紫垣，以祝萬壽，少竭畎畝之衷耳。通貴往來自敝鄉者，皆不敢通書，恐不足者轉相疑忌，是以長者之前，久缺起居。計仁人汪度，必加亮察。因劉掌教有斯文之好，輒此貢誠生弊，居在都城者，已獲售矣。目下亦將遣人入京，取價爲糊口之資，别當奉狀。惟爲道珍重，以副後學之望。

## 與建陽朱博士簡

一别許時，殊不知動履何似？族姪得志來，知時有過從之益，甚慰。因便附此引忱。向聞文公先生有廷試策尚在，倘録一本見寄，用資後學寡陋，爲惠大矣。山中乏物侑緘，墨二笏，聊奉文府之需。會晤未期，幸爲道自愛。

## 與楊儀曹君謙書

奉别以來，託庇粗安。第初至家，人事擾擾，絶不得温習舊業以畢所欲爲者，殊愧故人。擬今歲築室山中，約同志一二人相與討論，庶可得尔。比日想文候佳勝，著述之功，益有次第，可喜。恨道遠不得面叩所欲言者。因族姪文傑去便，草草布忱。向託録胡子知言，千萬付來，用慰渴想。如未借録，文傑頗亦知書，且往松江生理，就付一簡與之，俾徑詣藏書者，得録一本，亦大幸也。弔伐録二册奉上，用備金小史采録。餘書録多未完，續當寄奉。墨二匣侑緘。秋色向深，惟爲道自愛。

## 與南京禮部尚書華容黎公太樸書

僕不佞從先生之後，二十餘年，衆惡交歸，分當竄殛。荷天子至仁，元老舊愛，得生還故鄉，奉老母以居。感恩撫躬，省循而已，奚足爲道。惟是舊俸在部中者尚百五十餘石，皆誤恩以養不才者。謹令家人程安賫俸帖上請，惟先生終惠之，贍及老稺，爲幸大矣。天氣漸暄，仰冀爲斯文保重。不具。

## 與金希傑汪朝真簡

昨承召壎子、塏姪預飲食之列，即令趨赴執事長者之側以聽教，不謂置之上坐，俾與賓客相抗，此何禮也？忽桑梓之恭，增其驕蹇不遜之習，豈愛人以德之意？病中得之，無任慚悔。爲此專書請過，仍希宣謝在席諸君子，使知僕之不敢自安者，將圖自艾于後來以贖此失教之罪也。千萬亮察。

## 與張贊善廷祥書

不才之人，世所共棄，先生獨惓惓賜慰，若以爲可教者，此豈有所左右而然哉？第僕行毁業荒，不足上副與進之意，然温習舊學，以畢餘生，以求無愧者，亦不敢不自勉也。涂司訓來，承手書示及，拜受感感。聞有歸志，亦欲一至弊鄉謁紫陽夫子祠。倘有先聞，即當挐舟下桐江，奉迎從者。比日想南都事竣，入覲已久，幸爲道自愛。

## 答林諭德亨大書

自抵山鄉，去國不啻五千里之遠，半歲之間，三辱手教，不審職務匆劇之時，情意諄複乃至於此。披誦再三，愧感交集。況山間日久，漁租田課之外，耳無聞，目無見，屢獲新聞，知聖政日新，此身熙然如在虞周之野，恨不能爲康衢之謡、豳風之詩以仰答漸被之化，惟北向加額而已。鏡川少宰及鼎儀奉常、汝賢院長相繼淪謝，何吾黨不幸若此。然伯常亞卿及廷言司成、廷綱副憲以次柄用，又不能不爲吾道私慶。第孤露之餘，一向不敢通書京師，三先生之前欲致遠忱，每作復止。意平生故人，必不以此相責。廷祥先生有書見及，聞欲取道新安。日候山中，未得真耗。久之，乃知抵家一日，即旋旆北上矣。不獲請益，無任惘然。賓之、曰川、尚矩三先生亦蒙記憶，總乞便中藉聲致謝，感感。

僕今秋築室南山，菽水之餘，温習舊業甚樂。第不幸抱殤女之戚，豈天亦以僕之惡致罰未厭而然邪？大器年兄在弊府未期，治才惠政，近世所未有。不意遽去，大失一郡之望。嘗以四詩奉餞，計必上徹尊視矣。新歲倥偬，草草上覆。惟爲道自愛以慰斯文。不宣。

## 與成都太守汪親家文燦書

伏自奉别都城，不覺四五年矣。聖皇御極，庶政維新，進綰郡符，少愜士望。然又當歲荒民瘼極甚之時，規措有方，活民無算，薦章交達，傳聞四方。知正人君子隨所至而有益于人國如此。矧在桑梓知愛之末，且託有同榜交承之契，歆羡企慕，當如何哉！然區區所望于閣下者，勳名德業，又未敢取足於此也。不揣非分，思以小兒壎締好門下，嘗託廷訊貢士昆仲致聲左右，久未有聞焉。詎意不才職守無狀，上勤臺議，衆惡交歸，荷蒙大恩不加竄殛，得奉老母生還故山，而向平婚嫁之累，不可逭也。再託于文遠户侯懇于使府，始知仁人不棄，賜以諾書，又承三位令弟隱君特頒庚帖，奉還弊止，歡動寒宗。成數百年兩姓世好，雖緣幸會，實出天成，感激之深，引領西望而已。因文明通守鄉兄行便，冒昧貢書，陳謝萬一。惟時中秋，仰祈保嗇以迓多福，不勝悚慄之至。

## 與縣令辭鄉飲書

辱承寵招，俾就鄉飲之列，深感盛意。重惟鄉飲之禮，所以尊高年、敬有德，示風勸于一鄉，自古聖王，莫不重之，而國朝尤重。賢大夫奉行者，所當謹也。僕職守無狀，行毀業荒，不得比于賁軍之將與爲人後之子。蒙主上大恩，不加竄殛，但使歸耕故山，修身補過以畢餘生，爲幸大矣，豈可靦顔自置于尊俎之間，溷禮樂之嘉會，犯先王之令典以勤鄉評而獲罪于名教哉？爲是不敢上徇雅命，專書控辭，惟執事者亮之。

## 與仇訓導東之簡

去京日荷高文見贈，林壑之間，每與客披誦，如見故人，不能無停雲之感。僕自奉母抵家甚樂，但親故鄉族過從無虚日，數爲酒困，投閒得忙，又自可笑。擬今冬築室山中，温習舊業，督壎子輩耕讀以畢餘生，他無足道者。因張令君行便，草草布忱。會晤無期，惟自愛以慰遠想，不具。

## 與李尚寶士欽書

敝縣請印吏北上，曾附一書，計達左右矣。緬惟宦履亨嘉，均眷迪吉，爲慰。僕奉親讀書課耕之餘，遠托雲庇甚安。惟人事往還頗勞。擬今冬築室山中，庶多病之軀，少獲閒靜之樂。所委古穰續集編完，付唐希凱繡衣附上。更有壎子親事，於六月廿六日聘汪文燦太守之女，不及遠請尊論，負罪良深，亮在至親，不加誚責。瑩姬及六姊俱好，亦漸忘其在山鄉矣。錫侄及二兄鏞、銓，學必大進，可喜。僕至家作義塾，令壎子、塏侄與同宗子弟十余人讀書其間，僕觀課其章句。中年始爲學究，亦有樂處，并發一笑。河間路僻，絶不得彼中音耗，白尚文表弟及敏聰弟，見時請轉與一道平安。因汪廷訊親家入京便，專此申起居之忱，時在水南山莊，匆匆仰惟情照，不宣。

## 簡朱博士

久别不審動履何似，因鄉友詹存中入閩，附此起居，並有所告。林下無事，閲先儒有程朱氏録一書，將重編刻行，欲求文公先生諸子諸孫進用誥牒、行實、碑誌文字及世系之略，登載其間，以見聖賢世澤之長，俾後學有所向仰企慕，不獨爲桑梓之光而已。就煩存中録寄，亮不外也。道遠，惟自愛以幸斯文，不具。

## 簡汪僉憲從仁

碌碌之人，上煩臺評，荷天子大恩，不加竄殛，俾獲奉母還鄉，耕鑿之餘，惟日禮紫垣以祝聖壽而已。抵家後，承令伯郡守先生不棄，許締子女之好，得托高門，爲幸倍萬。賢昆玉處，必自有書，不敢視覼縷，因便輒附起居之誠。外殿講王世賞先生處一書，煩轉致之。舊見江右二司有太極圖、歷代傳授統系圖、甲子歷年圖三板，遇便乞印惠三五紙，以賁山房。又廬陵在宋末有王梅邊先生，諱炎午字鼎翁，其詩文號吾汶稿，所居與殿講相近，亦欲托傳抄一本見寄，將有所考也。行部至日，不恡一訪爲佳。

## 復莊定山年兄書

僕不佞託有同年之契于左右，幾三十年于今矣。宦途碌碌，不能以時上起居、請教益，爲罪實深。蒙恩放還，省循而已。鄉人吴以時來，承手書佳章見慰，適在病中，奉誦再三，不覺沉疴去體。相念之意，其何能忘？仰惟執事里居以來，玩心高明，所養益完而守益固，每用嚮仰，思一造定山，聆一言之誨。而抱疾連年，願莫遂也。僕所常居在南山，有竹院數間，弊鄉友朋若鄭萬里、汪進之輩每每相過，道執事欲爲黄山之遊，畢竟何似？倘有先聲，即當拏舟下桐江，或杖策走宛陵相迓，使窮鄉後進，得一望大君子之儀刑，脱去凡近，以進于道，先生之賜，大矣。今歲病愈，始能僭和一章。因學生汪祚赴試，敢此并往。臨風悵然，無任馳情。爲道自愛以副斯文鼎愛。不宣。

## 復李賓之學士

遠承慰問，值大病餘。未由裁答，衷懷耿耿。其般生一書，又展轉經歲始獲奉教，然諄複之情，拜受多矣。鄉友汪循，上科貢魁，實肯用力于學問。嘗往拜定山，且廷祥先生門下士，意以未獲晉拜左右爲歉，託書爲先容，專此布之。僕病後氣耗髮變，日甚一日，筆研都廢。亦幸故人心知，當有以亮其不恭之咎爾。

## 與謝鳴治祭酒書

僕抱恙經歲，近幸獲愈。然氣體衰耗，未敢任筆劄之勞。奉親之餘，終日兀坐而已。往者印南監諸書，多籍尊力，所愧者，不能讀耳。朱子周易本義分十翼者，當時不能印得，兹因鄉戚邵景高管解去，便託寄上紙墨之費，乞分付轉印一部付來，不勝教愛。病中門生輩爲刻一書，敢求正於有道，千萬示誨。如以爲不可，當毁其板，别圖長益於晚歲也。墨二笏侑緘。遠地相望，惟爲道自重。

## 復焦孟陽舊寅長

不才爲故人之玷，無可言。惟是病體支持度日，三好兩惡，妻子亦時抱病，所謂簡册之樂、巖壑之趣，皆不能辨。范忠宣既斥而瞽，渡江幾覆舟，乃語家人曰：「此亦蔡京所爲乎？」殊可使人發一笑也。士敬相顧山中，道及尊兄致意，且荷手書，誨教諄複。披誦再三，如接丰采、聽緒論，停雲之思，不勝黯然。惟尊兄平昔抱負過人，雖暫蹶而所養益充，況有鄉袞，何患公論不伸？林下鄙人，當拭目以俟吾道之行也。小書一册侑緘，乞痛加删抹，别圖請益。幸心照。不具。

## 復柳邦用太守

蒙恩還山，奉親課耕之餘，省循而已。沈掌教來，承惠手書及先聖出處圖，奉誦再三，教愛之意，領受無量。非同年契分，何以及此？因便附問，少致謝忱。第抱病經歲，近方獲愈，尚未敢親筆劄之事。子弟代書欠莊，乞尊恕。不具。

## 與婁克讓方伯書

不才爲同年之玷，荷天子大恩，不加竄殛，但俾去歸其鄉。奉親課耕之餘，省循而已。第賦質孱弱，疾疢相仍，動經歲年。幸而苟活，髮日益白，氣血衰耗有加，然温習舊業，求不負其平生，將持以見父師于地下者，亦不敢不自勉也。遠聞正位方伯，吾道之行，將大有望於執事。執事亦將不得辭，使儒者所存，稍獲見於世而爲斯民之福，非大幸歟？僕小兒壎結姻于成都太守汪公，相望萬里，而子女俱長，日夜關心，不能已已。用是敢以書託于執事，倘容考績一行，因了此願，則僕可以遂釋家累，畢力于簡册圖史之間。俟閣下功成里居，或有摳衣請益之幸而不終爲棄人於斯世，皆鼎賜也。江山阻脩，情莫能極，惟俯垂鑒念而已。小書三册附上請教，不惜痛與指擿，尤見教愛也。

## 與歐陽子相侍御書

南歸踰年，聞左右昌言于廷，大慰士望。繼聞有按蜀之行，私計桐鄉受愛惟深，憲節歸時，或有便道奉晤之期也。既而病中連得手教，拳拳故舊之念，如挹丰采，不覺沉痾去體。蓋僕自去春抱恙，危而獲愈者再三，氣血衰耗，日甚一日。所謂林壑之趣、簡册之樂，皆不能辨，愧負初心，無可言者。因侍御吴大人行便，草此布忱，并有一事相告。小兒聘成都太守汪公之女，年已長成，未得畢姻。汪公聞已三載得准，給由一行，庶克事。然此必仗憲臺之力，故敢冒昧上瀆。感德之私，非言可喻。病中門生輩刻得二小書，附上求教。惟心照。不宣。

## 復丁玉夫通判

曩奉寄書慰問，情意懇款，值在病中，不能裁答，於心缺然，亦不意賤疾至今猶未能出。生之不辰，無足道者。因便附此，以伸謝誠，且有所瀆。貴治玉山在宋有端明學士汪應辰先生，最爲朱子禮重，聞有文集一部，乞訪其家，録以見寄，用資寡陋。此實故人大惠。或云汪公鉛山人，病中未得詳考。子弟代書欠莊，乞尊照。不具。

## 簡故弋陽黄憲使子

僕平日蒙老先生教愛最厚，屏居山中，莫聞捐館之期，遂失瓣香之敬，愧負多矣。乃承致書并茶果見慰，故舊之情藹然，且以哀詞爲託，禮當爲之。第久病之餘，未能捉筆，俟賤疾小愈，當勉爲一通，少見懷賢悼往不能自已之萬一。因令姪回，草草奉覆。病中子弟代書欠莊，乞心照。不具。

## 與侶大器都憲書

小僕玘回，得奉手書，如接丰采，病中不勝欣慰。僕病已脱體，尚未敢出也。造物乖蹇，無足爲道。嘉定知縣白質，亡姑之子，僕之表弟，從僕讀書。初任大縣，才實不堪，非得行臺極力惠教，必至顛踣。爲此敢告于記室，親臨府官處，更得分付一言，先免笞責，尤爲至幸。病中已無意世事，惟此尚縈懷抱，計左右必能亮之。維時冬寒，乞自愛以副重望，不宣。倘有更賢育民之舉，得易山中一縣，與僕稍近，且老母得以相聞，此又出于望外。總乞心照。幸甚。

## 簡李宗仁太守

前聞小有貴恙，計已平復。昨日李秀才來，方知其詳，恨在病中，不得趣問。尚祈珍攝以慰赤子之望，用藥尤宜斟酌。大抵世醫喜温補之劑，僕爲所誤，以至於此，故敢奉告。惟心照。不具。

## 復羅明仲舊寅長

久不獲聽教，茅塞日甚。比者承佳作遠寄，病中奉讀，無任馳想。所不敢愧故人者，惟有此心而已。因便布此，并僭和一章，少寄嚮仰之忱。尊照萬萬。

## 簡蕭文明同守

僕大病經年，近方獲愈。氣血衰耗，鬢髮日益白。奉親課耕之餘，無足道者。惟停雲之思，不能忘。顧衢、徽相去幾何？而音問闊疎若此，不能不令人悵惘也。白紙十二幅，公暇求一揮之。昔人有讀檄而愈頭風、觀輞川圖而愈瘧者，區區坐是，不能不有望于左右。會晤無期，聊發一粲。

## 簡沈石田

子瑾鄉契過山中，知有吴下之行，且將躬訪石田，輒此上問。廷器託請佳製，今四年矣，豈猶以爲俗士不足當無聲之詩邪？抑或以爲稍有知，故非得意者不欲相畀也？子瑾將裹糧叩門，不識先生何以處之？草草布此，幸發一笑。

## 復李宗仁太守書

承手教見示，欲於迎春之日罷無益之戲，别作二十四孝詩詞，俾民歌之，足見高明過人遠甚。因伏念我太宗皇帝御製孝順事實一書〔一〕，正要四方家傳人誦，奈何世遠教弛，絶無挂心者。若賢侯有意迪民，必當以此爲首。況兹歲杪，多病謭才，縱使竭力有作，豈能出此？但二十四孝，人習知之，名載事實僅十六人。今於事實中别採八人足之。其兩絶句，凡平入者爲詩，仄入者可准南曲天下樂音調。天下樂之名尤美，趁此三五日内，令民相肄，變鄙陋之俗，爲正大之歸，則賢侯奉宣聖訓，惠迪我山鄉之人，厥功大矣。新增八人者，江革、薛包，小學之所取者；查道、鮑壽孫，出于休、歙，尤易感人；二十四孝中，婦女見録者二人，事實中亦只存一人，今增者三叔先李氏、張氏，庶民間子女，均被觀感之化，理不可偏廢也。絶句内有二處詩皆平入，兹略加移易，庶可叶調，其詳已語族姪孫材，俾一一申覆。惟尊照。不宣。

## 與致政汪世行縣尹書

走獲講鄉戚之好于左右者，有年矣。雖力學勤勤，思有所立，以求無愧于先人，顧其才質庸猥，遂用顛躓，加以疾疢相仍，愆尤繼作，宜若退聽少徇，可以遠戾。然秉禮守道，慕古尚賢之迂，蓋猶前日，不敢以艱虞而廢也。用是輒有請于左右。小兒壎年及成人，將以是月十八日加冠于首。禮必有長者主其事，庶幾可以徼惠而成禮。然一鄉長者，孰有踰于左右哉？倘蒙惠然俯臨爲之重，豈惟愚父子叨感無有窮已？且使觀者有所取法，因以廣禮教于一鄉，豈非君子之嘉賜哉？專人布達，仰乞尊照。不宣。

## 簡劉南金司務

僕自南歸，即抱病連歲，瀕危再三。幸而苟活，奉親課耕之餘，無可道者。今春忽聞老先生訃音，爲之驚怛痛哭，不能已已。繼又聞汝利不幸，何天報施之逆，乃至於此？但所居萬山中，離府尚一日之程，絶無便人，無由致奠，負愧萬千。奠文寫成，則已半歲餘矣。茲因本縣楊税宰考績北行，專託附上。僕病後百事皆廢，道遠又無可寄者，幣一端，少充奠儀，幸目入。餘惟節哀順變，以俟天定。不宣。

## 簡陸文量參政

曩在抱病，蒙以所愛甫里集見寄，俾爲移心之具，非相念之深，何以及此？因遂寘之牀頭，坐卧與俱。但淬穢之久，不能與天隨子神交上下于雲水間耳。賤體今歲稍勝，然猶凜凜，懼其復作。未老而衰，固應尒也。因族姪行便，草草布謝。向曾俯和「村」字韻兩絶，病中有人借看失之，不勝悵然。「華」字韻詩雖存，亦欲少叙數語，以諗觀者。今寄紙一幅，不惜一揮見寄，用貴山房。翹首拜嘉，過鼎吕之重矣。天氣向寒，惟自愛以副遠想。不具。

## 簡提學王明仲侍御

昨承左顧，獲聞高論半日，不覺沉痾去體。所愧病懶，不能晨興攀送以盡區區，負罪負罪。眼昏手拙，寫壞佳卷。況孔陽畏友、賓之作家，以此相雜，誠大不倫，姑以塞命，删之可也。猿鹿之蹤日遠，後晤難期，尚爲斯文倍萬保嗇。

## 復周仲瞻光禄

屏居山間，幾與世隔。子期來，過承書問，非通家契厚，念不及此。披誦不勝懷思。所需先公行狀，當時成于倉卒，殊不愜意，更須大筆整過爲佳。病後血氣衰減，筆硯都廢，未能親書，託人録上，草草欠莊，惟心照。不具。

## 與李士敬錦衣書

僕大病幾兩年，今幸獲愈。康七來，忽得手書，且承聞三叔奄棄之速，愚夫婦不勝驚怛。道遠無由奔弔，寄上粗幣一端，少見下情。病後不能作祭文，惟北向引慟而已。士重賢舅前，同此拜意。先太師得列祀典，此名臣積善之徵，公論久而益明也。聞欲取道山鄉，挾壎子北上，骨肉至情，於此見之。日夕引領奉候車騎。病來不敢多作字，惟心照。幸幸。

## 與謝于喬舊同寅

側聞令堂老夫人違養，計左右孝心純至，何以堪處。兼之道遠不克以時奉慰，負罪負罪。兹因弊郡儒學生汪魯上謁，謹附上粗幣一端，少充奠儀，乞鑒忱麾納。僕自奉別以來，連年抱病，幸而不死，筆硯都廢。且值歲荒，課耕度日，無可爲故人道者。魯甚肯向學，無師傅，以是託書爲先容。讀禮之餘，開導一二，俾虚往實歸，而餘波足以漑鄉士，爲幸大矣。維時熾暑，千萬節哀順變以副宸眷。不宣。

## 與鄭萬里上舍

汪承之來，承惠壎子冠禮詩，教愛甚厚。所諭太守公欲刻新安文獻志，云已一再言之，似有必成之舉。此乃一郡盛事，僕當别爲一序，以明賢太守表章先哲、興文善俗之功。但此書僕用工二三十年，别無他本，又未得親會以決其事，用是不敢盡發。發去目録并事略二册，可送則送，須不使吾書有求售不獲之嘆，乃爲佳耳。

又聞欲整徽州府總志，此亦一大事。僕往時嘗有志於此，蓋朱大同先生所修者出於國初，倉卒之際，不惟山川古跡事多遺缺，至於名臣賢士有勳業文章節義者，今讀其傳，反若庸常之流，至於不當書者，却又繁冗。每不欲觀之，厭其失倫也。若太守公有意於此，必須盡收六縣新舊志，仍令各縣各里擇耆儒一二人，廣收博采，盡數寫出，然後精擇而去取之，庶可傳遠。若止據舊本，恐勞工費，可惜。

又者鄉人多稱羅鄂州新安志，謂無一字可動，僕初意亦然，後諦觀鄂州文字誠不可及，至於叙事，則其間大有可憾者。蓋鄂州父尚書公本出秦檜門下，故於吾郡名人，如王愈爲王黼所嫉、黄葆光爲蔡京所害、胡舜陟爲秦檜所殺，皆諱而不書。後來方虚谷、洪潛夫稍稍辨之，僕間已收入文獻志中。然大同先生總志悉仍其舊，則總志豈可不一整之而遽刻哉？

僕大病後，凡此等事，皆已束之高閣，因論及之，又不覺忉忉至此，殊可笑也。承之暫歸，草草布復，惟情照。不具。

## 復司馬通伯憲副書

向承手教示及，展轉數處乃到山齋，坐是不得以時裁上。今茲所得尊翰，則李太守專人送至，且云來使歸速，始欲一布所懷。而病後血氣衰減，筆研都廢，將書復正者再三。然惠教諄複，義不得不少申一二。

僕自歸田，連歲抱病，至庚戌夏秋間，幾不救矣。門生子弟取僕平日猥説若道一編之屬，彙次鋟梓，僕蓋不知也。杪冬疾少間，乃始知之。蓋深懼出之太早，必致人言，可見執事之愛僕，至深切矣。僕生朱子之鄉，服其遺教，克少有立者，實有罔極之恩而恨報之無所也。故誦其遺書，玩索紬繹，頗自以爲勤苦。竊意近世學者，類未探朱子之心及其所學肯綮何在，口誦手録，鉆研訓釋，只徒曰：「我學朱子云爾。」僕所以深憂大懼，思有以拯之，豈敢藉此爲二陸之地于百世之後，如執事所云者哉？僕又何利于二陸而犯不韙之譏于天下哉？執事以是編爲抑朱扶陸，又以爲辱朱榮陸。使誠有之，則僕乃名教中罪不可逭之人，而況其學之陋、力之薄，亦安能爲之抑扶、爲之榮辱？徒見其不知量耳。然理之所在，則有不可誣者，但恐執事以高明之資疾讀未能終卷，又未始平心觀理，止欲尊朱斥陸占上風爾。此正朱門高第知尊吾師而不知所以尊者，觀朱子與諸葛誠之書，殊使人惕然不能自已。

執事試取僕此編稍諦觀之，曾有一字不出于朱子之自言者乎？僕於中間，不過提掇數語，使人知朱子之爲學泛觀約取、知行並進，故能集大成而憲來世如此。使後之褊心自用者愧汗交下以求入德之門〔二〕，隨聲附影者不敢專一于口耳以求放心爲之本，則此學朱子，庶幾不墜。而考之當時，未有互相發也。惟二陸生同時，且其所言悉經朱子論斷，或異或同，具有成説，類聚而觀之，求自得師云爾，豈敢必人之同己哉？不謂門生輩便爾公誦于人，以致塵編上徹尊覽，過蒙鐫諭，敢不敬承？但以朱子手書考之，其於二陸始本異而終則同，是編所載，有目者可共見也。今欲縷析于明者之前，固更僕莫盡。只如答項平甫一書，亦不審執事曾一挂目否邪？然竊意執事未必不疑非朱子之筆，思欲删之而後快于心耳。又不知此心視朱子之心，果何如也？若於此處見得，則必有劃然無俟乎多言者矣。然僕則豈敢以區區左見而不求天下之公是哉？亦徒主於朱子之手書，凛凛然若耳提面命云爾。執事又以朱子之於二陸平生本末細考其遺餘，甚是顯白，此必更有所聞，得之家傳，或直以獨見判其同異，雖朱子復生，亦不容自主其説者。切望一一示教，使此身幸而不死，猶得以窺見大賢君子所學之淵懿，誠有非淺見薄識所與知者，豈非平生之一快歟？若恐爲仇家之地、重後世之譏，此尤見所以愛僕者無已也。心感心感。和定山年兄佳章，惓惓此道，警發益多。況妙於語言，可以追逐餘響，無由奉答，欽羡而已。引領南望，不勝馳情。千萬爲道自愛。不宣。

## 復汪進之貢魁

道理本公共如此，氣駁力廢，恒恐不能副所志。不謂賢者卓見，遂得我心之同然，朋來之樂，何以云喻？第許與過當，非所敢當，是以三復珍收而不敢以示人也。

## 復黄碩夫縣尹

鄉人方氏子回，得手書并所編刻新志，非相念之厚，不及此。聞召命在即，必有過家之便，奉晤可期矣。平江志所載若方連雲先生，真是宿輩，其所著金陵紀聞，如有全書，轉録一本見惠，用資鄙陋，感感。宋紀受終考一册侑緘。情照。不悉。

## 復汪貢魁

承問欲作祠堂以奉時祀，而以未能復古爲憾，反覆來諭，則其所以致疑者，蓋有三説。其一謂古者祭皆自高祖以下，而或者以爲庶人止可祭考妣。是蓋不能。古者廟自天子以下皆有之，謂自七廟以至一廟，隨其世奉其主以爲降殺，而皆有夾室以藏祧主，故高祖之祭自庶人以上可通，而廟數則不可僭。後世大儒既準之以立祠堂四龕之制，則此亦不必泥矣。其一謂祠堂之制尚右，似與古人昭穆之分不合。此最得之。蓋古者有堂事之祭，有室事之祭。堂事之祭太祖位南向，左昭右穆，以次而南。室事之祭太祖位東向，左昭右穆，以次而東。隨其屋宇寢門之制而爲尊卑，非真尚右也。後世尚右之説，疑因古人室事之祭而爲之，故朱子亦因温公之舊而未之易。若朱子禘祫議，則又不爲昭穆左右而發，尚俟他日面悉。其一謂小宗法當祭自高祖以下，今令祖在堂，宜以當之，而於家爲次，適不得爲後、爲禰。此誠有難言者。予舊亦嘗備考諸説，蓋禮廢既久，後世不能卒行，幸而欲行，又多掣肘，故亦不能不從宜爲之。如伊川先生立祠堂制祭法，明道子争之，以爲置明道於何地。

和靖尹公謂立祠自伊川始，且引春秋奪嫡之説應之，朱子亦以爲未當。及答潘立之書，則又謂法制不立，家自爲俗，若未能遽變古禮，則且從俗可也。支子之祭，亦是如此。且謂於宗子之家立主而祭，其支子只用牌子，刑如木主而不判前後，不爲陷中及兩竅，不爲櫝以從降殺之義。然則朱子此言，實足下今日之所當師者。謏淺之見，固不能别有所同以副下向之盛心也。人還匆匆，布答欠莊。惟尊恕。不具。

## 復蕭昉司訓閣老孟勤先生之子。

承惠老先生尚約齋稿十册，披誦連夕，乃知前輩大家氣充詞暢，誠非近世可及。如瓊山先生所序者，不勝健羨。所諉後序，此豈敢當？況在病餘，益不能上副雅意。李上舍歸，專此布謝。幸心照。不一。

## 與尚書盱江何公書

生自屏居故山，遠蒙教愛，垂示諄切。中嘗一奉起居，不意去人不敢逕達而返。繼是抱病連歲，瀕危再三，賦質孱蹇，無足道者。邇聞謝政告歸，甚駭聞聽。夫以朝廷之上耆年宿德復有幾人？博洽古今，練核庶務，可以上贊皇猷、下慰士望者又復幾人？此豈獨爲執事一人惜而已邪！然來諭所謂微罪去爲幸者，其先見遠識，益令人扼腕無已。比日想軒從久已抵家，神相多福，輒因弊里吴琰訓導赴任之便，專此上問。小書二種附呈，敢冀一一批誨，庶獲自省得失，而繼此請教尚多，未由詳布，乞倍萬調攝以副惓惓。

## 與李世賢祭酒書

都憲侣公過下邑，始知左右已在金陵，會間又得聞見惠古句，相與大噱不已。人生出處，從古到今，正自如此，何限。如僕平日蓋亦自揣甚明正，使常常竊禄，亦何益于世？況中歲以來，屢抱奇疾，苟活幸矣，他何足言。所喜故人南來，消息頗近，停雲之思，足少慰于水邊林下耳。鄉友汪循，前科經魁，儘肯在學問上用功，嘗一參孔陽，又廷祥門下士也。得善遇之爲佳。間中亦時時有山歌野唱，未得一一求教。惟自玉以副斯文至望。

## 復汪希顔憲副

恭諗榮除近藩，少俟進擢，凡在親黨之末，增耀多矣。使者來，遠辱手書，拳拳至情，知感何極？但猿鹿之蹤安于林野，水飲木食，無復餘念矣。令郎大之行便，謹此布謝。惟珍攝以副一道之望。不具。

## 復朱楨司訓

鄙作已整過，幸依此上石。其中獎助及督工人名太多，況復來者繼繼未已，若盡書之，只似行移體格，不成文字矣。凡已書未書者，俱列名碑陰最宜，古碑亦皆如此。書篆就寫二汪公名銜，皆學中所出表表者，因之以勵後人可也。文公二帖，如命增入數言，冗中不及致詳，千萬照亮。

## 校勘記

〔一〕因伏念我太宗皇帝御製孝順事實一書　「事」，原作「孝」，據篁墩程先生文粹卷二十三改。

〔二〕使後之褊心自用者愧汗交下以求入德之門　「汗」，原作「汚」，據篁墩程先生文粹卷二十三改。

# 篁墩程先生文集卷五十五

## 書

### 與鄭萬里書

向承特書見示，隱然以僕之復官當有所辭避，庶幾古人進退從容之義。捧誦再三，知君子愛人以德，其忠厚惻怛乃至於此，莫知爲報。然竊有所陳以就正于有道者，幸終聽之。雖可否之決緩不及事，或當有所示于後人，亦君子不屑之教也。

僕每以爲士之出處繫君臣之大義，其擇義不可以不精，其處己不可以不審，豈待臨時而後有決志哉？自古聖賢固不以不仕爲高，亦不以苟就爲得。若程、朱之所爲，固後學之所法也。辭受之間，亦惟其當而已。被責不辨，復官不辭，載之於書，可以考見。夫所以復官不辭者，豈以一官之得失爲榮辱哉？正以君上操予奪之公，臣子有勸懲之典，係四方之傳聞，乃帝王之盛德。故雖伊川之嚴重剛毅，至於復官之際，無所辭焉。誠以義之所重，擇之宜精，而非顧一己之私者也。古人所以厲難進易退之節者，豈謂是哉？夫所謂難進易退者，或禮貌之衰而不可留則去之，或言不聽、計不用而不可留則去之，或被特召而懼其難合，或受超擢而慮其非分，則或再辭或終辭，必得其志乃已，豈姑欲從事于辭例如宋制而苟以異于人哉？可辭則辭，可無辭則無辭，一出于誠心直道，是乃聖賢爲己之學，豈以流俗之譏爲前却也？君實遠臣，不得不辭，晦叔世臣，不得不起。豈非當時亦有輕重于兩公者，而伊川以義斷之若此乎。至於文公被召必遜，南軒被召即行者，皆遠臣與世臣之義不同也。僕雖不敢上擬申公、南軒，然世受國恩，則宜無不同者。

僕之無似，自知甚明。向以妄庸大與世忤，果若人言，則竄投不足以盡。荷主上大恩，但俾歸去其鄉。今一旦復其舊官，昭雪其幽枉，天地之德、日月之明，豈特一人之私幸而已。如此而控辭，於義安所擇哉？若稍有偃蹇，則疑若出於忿懟不平之餘，恐於大義有所不可。歷選先正出處之際，亦未有見其可者。入謝之後，或驅策之不前，或職業之難稱，則如伊川所謂受一月之俸然後隨吾所欲者，是誠在我，豈敢勤公議而自取再辱哉？鄉兄平素愛僕最深，故敢以此言上告，惟明者亮之。

## 答汪僉憲書

近得寄示書，謂僕所葺心經附註大意與道一編同，且謂尊德性、道問學，修德凝道之大端，乃朱先生定論，其改道問學齋爲尊德性，所以警學者支離耳。奉誦再三，知行部之暇，不廢簡册，所養益深，所得益粹，欽羡無已。僕性迂癖，而獨喜誦朱子之書，至行坐與俱，寢食幾廢，竊幸稍窺其一二以自得師云爾，非敢必人之同己也。至於道一編所葺，則皆據朱子成説書之，觀者不審，殆以僕爲陸氏之學。每自訟何苦而必犯此不韙之譏，蓋亦君子謂其有所疑於心而不敢强焉者也。

夫尊德性、道問學二者，初學小子便能知之，然皆不過吟諷于口，其能體諸身而驗諸心者，蓋鮮也。僕不佞請試言之而左右聽焉。夫所謂尊德性者，知吾身之所得皆出于天，則無毫髪食息之不當謹，若中庸之戒慎、玉藻之九容是也。所謂道問學者，知天下無一事而非分内，則無一事而非學，如大學之格致、論語之博約是也。古之人自八歲以下悉入小學，其所學者，大抵多尊德性之事，故至十有五歲，則志氣堅定，德性之尊，十且八九。然後入大學，而以格物爲首事。今之人未嘗有小學工夫一日，乃遽侈然從事于大學，故其弊至于躐等陵節而無成。惟朱子深見古人立教之意，故以之註大學第五章曰：始教見格致之非，小學首事也，知而謂之已知，窮而謂之益窮，皆因小學工夫已十八九，而後可施格致工夫，求至其極也。又以之註中庸第二十七章曰「非存心無以致知」，玩「非無」二字，則有以見尊德性者其本也，存心者又不可以不致知。玩「又」之一字，則有以見道問學者其輔也。大抵尊德性、道問學只是一事。如尊德性者制外養中，而道問學則求其制外養中之詳；尊德性者由中應外，而道問學則求其由中應外之節。即大學所謂求至其極者，實非兩種也。日用之間，每有所學，即體之于身、驗之于心，而無性外之學、事外之理。是乃朱子繼往開來之業，而後學有罔極之恩者也。其爲門人改道問學齋爲尊德性，而左右以爲警學者支離，豈不亦有見于是乎？孟子曰：「學問之道，無他焉，求其放心而已矣。」聖賢立言垂教，無非欲學者於身心用功。而學朱子之學者，漸失其本意，乃謂朱子得之道問學爲多。蓋非惟不知所謂尊德性，亦并不知爲何云道問學，而道問學者何用也。

其在宋末元盛之時，學者於六經四書，纂訂編綴，曰集義、曰附録、曰纂疏、曰集成、曰講義、曰通考、曰發明、曰紀聞、曰管窺、曰輯釋、曰章圖、曰音考、曰口義、曰通旨，棼起蝟興，不可數計。六經註脚，抑又倍之。東山趙氏謂近來前輩著述，殆類夫借僕鋪面張君錦繡者。如欲以是而爲朱子之的傳，咎陸氏于既往，不亦過乎？說者謂朱子之學有傳，陸氏之學無傳，以其學之似禪也。夫此道自孟子而後，幾千五百年，曷嘗有傳之者？顧以此爲優劣，既非所以服人。而宋、元諸儒如前所云者，謂其能得朱子道問學之的傳，可不可乎？陸氏之學，固未暇論也。

左右謂朱、陸二先生同主性善，同是堯、舜，同非桀、紂，同知善之當好、惡之當惡，未始不一，而進爲之方，則不同矣。夫其主性善而是堯、舜非桀、紂，知善之當好，惡之當惡，是皆道問學之極功，不知此外，更有何等進爲之方？誠有非淺陋可及者矣。今去朱子三百年，人誦其書，家傳其業，顧未有小學追補之功，而又以記誦詞章之工拙爲學問之淺深，視晚宋、盛元諸儒，更出其下。此僕所以大懼而不敢苟爲異同者也。

陸氏之學，已備道一編中，而朱子晚年以尊德性爲重見于書者，可考也。今略舉數條爲左右誦之。其一語門人曰：「某向來説得尊德性一邊輕了，今覺得未是，上面一截便是坯子。有這坯子，學問之功方有指處。」其一節賀孫問：「往前承誨，只就窮理説，比來如尊德性一節，數蒙提警，此意是如何？」曰：「覺諸公近日去理會窮理工夫多，又自漸漸不著身已。」此載之語録者也。其一答項平父曰：「子思以來，教人之法惟尊德性、道問學兩事，今子靜所説專是尊德性事，而某平日所論却是道問學上多了，今當反身用力，去短集長，庶幾不墮一偏爾。」其答黄直卿曰：「爲學直是在要立本，考較異同，研究纖悉，此是向來定本之誤。今幸見得，却煩勇革，不可苟避譏笑誤人。」此載之文集者也。朱子之言，痛切懇到，一至于是，則其所望于及門之士與後學者，可謂極矣。左右試取而諦觀之，勿横一己之見而廢聾瞽之説，則將犁然以解、涣然以釋，亦何俟于譊譊而後有得于心哉？

遠惟左右博學美才，高出鄉里；正言直道，增重士林。嘉績茂恩，不日可俟。矧在姻末，注望尤深。更乞於先正朱子之書，沉潛玩索，務得其旨趣所在，勿作一讀便了。而於諸子之言，亦須悉其首尾，然後判其得失，考求歸宿，彼我無嫌，示家學之成規，踵先賢之大業，區區誠不能不有企于賢者。僕自牽復到京，百無寸補，濫塵講席，惶恐奚勝。以左右相愛之深，不覺傾倒，因風鐫諭，俾得再盡所聞，幸惠大矣。維時盛暑，良覿未由，千萬爲道自重。不宣。

## 寄李祭酒世賢書

僕在家，即聞有令先夫人之喪，擬託人致香爲敬，未有便者。今兹北行，又值老母在舟，未得躬奠，少盡平日交承之契，遥昉虞山，感悼而已。粗帛一端奠儀，寄上几筵，用伸下悃，幸不見罪。僕久安田野，荷聖明不棄，但多病之餘，懶於再出，出亦何補于時？徒以世臣義重，不敢不一造闕拜昭雪之恩，異時揣分，當别作進退之計爾。此乃衷曲，以先生素愛之深，故一言之。客舟匆匆，不盡所欲言，惟節哀順變以襄大事。不宣。

## 簡李貞伯太僕

篁墩録中欲得先生一言，求之二十年矣。今兹之來，過蒙慨諾，此豈直一時之幸而已？更得親賜一書，永爲家寶，幸甚幸甚。春秋屬詞六册，餘書六册，少充書府一籤。更有數册，將爲京中人事，俟後當别印寄也。夜來厚擾，附此上謝。今日君謙儀部家會飲，又當聽教，餘不一一。

## 辭吴縣長洲史邢二尹却賮禮

在吴門八日，承館鶽之勤、燕餞之厚，非一言可罄。若加賮之禮，誠所不安。況都憲公同年之義，本欲稍得薪米，少濟困途，恐意不出此。是以三復高情而不敢留也。餘在舍姪生員曾面悉，千萬加察。

## 與沈石田書

蒙餞以新圖，副之傑作，明其出處，加以規箴。厚義高懷，出常情萬萬。僕以三月四日抵京口，因便附此上謝。所許妙染，既以執筆，當賜玉成，不至中輟也。已令曾姪奉候，不能多言，乞心矚。幸甚。

## 復山東巡撫王都憲景明書

遠承遣舍人追送台翰及惠書録一封，非鄉曲斯文愛厚，不及此。東望拜嘉，不勝感感。人還，專此上謝。憫雨匆匆際，計左右爲國焦勞，尚謹起居以副輿望。

## 復山東憲副汪希顔書

聞有登萊之行，不得會敘，甚切怏怏。至臨清得一書，知興居之詳甚。連窩驛水次，灯下已就寢矣，忽又奉手書，親戚勤惓之情，何以克當？第舟人多病，急欲登陸，不能奉候也。人還，專此拜覆。千萬。惟心照。不宣。

## 復兖州太守許同年季升書

去歲在山中，聞有兖州之命，不勝悵怏。知執事必不以夷險戒意也，然直道而行，士氣益振。族姪儀過家，備道友朋相愛之切，何以當此？尊候惓惓于僕，意有甚焉。滋陽丞來，賚到手書，副以多儀。登拜之際，益深慚感。人還，專此上謝。鄉墨二奩侑緘。乞尊照。不具。

## 復衍聖公書

僕北上，惟欲一拜闕里爲快。不意閘河水澁，自沛縣起，十日方至濟寧。困途若此，無復健志，惟引領東望而已。遠承遣使者來迓，并致手書，奉誦之際，如接丰采、聽教言，不覺蹶然起立，忘其委頓之勞也。人還，專此上謝。鄉墨小書，具如別緘。惟尊照。不具。

## 與于千户文遠書

祁門程進士嘗有一書，計達尊聽矣。卜築未完，人事倥傯，殊不及在家之樂。況今歲亢旱酷熱，公卿貴人以下，渴死甚衆，江南若未有也。所幸閏五月廿八日一雨沾足，晚禾尚可望也。寒舍老稺，遠託粗安。凡百念親親之故，早晚相規，俾一獲立于寡過之地，尤所望也。

## 與敏聰弟書

小董兒來，得賢弟寄書，知家人無狀，賢弟兩次決罰，十分痛快。新莊田土肯任其責，非至親骨肉，誰肯如此？賢弟可及時令人耕種，只是有勞費心。今年京中大旱，舉家抱病，雖幸全可。我也三好兩惡，做詩寫字，都不奈煩，手足疲困。且是五十歲人，又兼大病連年。此後不消家人前去相擾，亦不能數數寄書，有事只令人來説，可也。祖墳亦望賢弟時時照管。凡事可與鄉人和睦，於官府中尤要省事，至禱至禱。襄毅公、指揮叔父名望如在，我與尔及中表兄弟共圖保守，庶不使人非議。所討諸兄弟名字生年月，想已忘之，便中寄我。

## 與南京守備蔣太監書

台翰及所惠雙幣，小僕程武歸得，禮意兼隆，何以克當？拜嘉之際，欣感無已。生以四月廿二日抵京，陛見之後，六六班行，莫能上報聖恩萬一，徒增慚懼而已。遠惟尊候留務多暇，茂集蕃祉，讜言累進，邦畿奠安，此非平昔經濟之志、學問之功，何以臻此？柄用之期，當不遠也。因族人志温南還，專此起居。無可表忱，朱子敬齋箴及繫辭二新帖，奉備一覽。維時盛暑，乞謹重調護以膺寵召。不宣。

## 與南京張學士廷祥書

歲初得水南張氏所寄書，值登舟之際，披誦再三，知教愛良厚，非言可喻。僕久安田野，重以多病無能，豈堪再出？第以世受國恩，蒙此昭雪，義須一到闕廷，先正所謂受一月之俸然後隨所欲者。撫時揣分，别作進退之策爾。惟高明俯念孤陋有可教者，繼此得以下示，僕當奉之周旋，少得置身寡過之地以不冒儒者之名，爲賜大矣。春秋屬辭一部，伊川手簡新刻二帖付上。倥偬中布此，欠莊。遠惟爲道自重以棟斯文。萬萬幸甚。

## 與焦學士孟陽書

僕自丙午歲與執事一别，迨今將十年矣。遭讒被斥雖不盡同，而此心耿耿，期不相負于平生者，計彼此不異也。到京日即奉手書，惠教勤惓，雖骨肉何以踰此？感激之餘，又因以占吾兄處困以來，所養益充，所造益深，非尋常可及，諗此道之不孤也。舊歲老母抱恙，兩月方愈，繼而妻病半載，幾危矣，而幸無事。今歲二月初，壎子病更危，三月方起，而僕素以羸弱多疾，三好兩惡，筆硯都廢。是以執事之前，久缺修奉，亦以天日開明，請教有日，小小簡牘，不足以盡間闊之懷也。讀禮之暇，孝履支持，殊令人南向傾注無已。在山中日曾有心經附註一書，今取上呈。中間不無舛見，敢乞一一鐫諭，因便示及，當謹佩服以聽切劘之規也。維時盛暑，遠惟自愛以副友朋至望。不宣。

## 與王原常僉憲書

僕初到京，僑居之日，僅獲與契兄一見，方圖款叙，而人事蝟興，不數日間已聞旌旆西矣。不勝悵悒。恭諗宦履清嘉，足慰遠想。又於丘先生處獲觀顥庵老先生碑文，事覈語詳，真可傳記遠。奉玩誦再三，益令人景仰先猷不可復得，徒切歛衽而已。僕蒙恩昭雪，牽復故官，再入講筵，無私毫補益，有愧故人多矣。因舍姪孫程一入蜀之便，草率布此，少伸起居。維時隆寒，幸加調攝以迓光寵，以副遠望。

## 與富溪用禮宗弟書

到京五月初召入講筵，八月初召仍舊日講，時節恩禮，俱蒙仍舊。但多病之軀，舊學荒廢，於主上無分寸之益，祇自愧耳。承寄佳什，驟進可喜，所需西疇處士哀輓與積慶堂、敬恕軒詩，俱在明春一併寄去。忙迫不可言，靜中思之，殊不若故山之樂也。

## 簡楊維立諭德

宋尚書汪莊靖公大猷，其先新安人，遷居四明，爲南渡名臣，而友朱子。平日詩文奏議之類，皆不曾見，其碑文是樓政媿撰，亦尋録未之獲也。昨聞其宗後人與先生聯姻，敢乞備作一書，爲達此意，得據家藏者書録，豈惟可以資寡陋而已！蓋僕近編新安文獻志，凡出新安者，皆欲登載，以爲山川之光。若公者，誠不可遺也。千萬。幸甚。

## 與巡撫直隸都憲張同年天瑞書

迩者於廉伯年兄處，得惠書到墨君一紙，小齋把玩，清風襲人，宛然故人在目而不知五六月之暑也。未能以時布謝，不勝惶恐。今歲麥頗有秋，敝鄉之人，稍自蘇息。但疫氣未消，秋霜未至，又不能不廑左右者之慮尔。以閣下之才，深達有素，又加以愛國之忠，孚于上下，其何事不集？何患之足慮哉？執事想以例不來，未由良覿，間闊之懷，未審何日可以奉教也。

## 與楊君謙儀部

一別惠山，倏已三月。班行碌碌，殊不足言，第恐猿鹿之蹤，不能忘于林藪間耳。託鈔諸書，計有次第。王君卿去，亦有託之，渠承領慨然，又不審可以得力否也？謝臯父文集及陶穀清暇録兩種，欲有所采閲，幸先畀。邇會吳府師尼，語及琬琰遺文，僕以嘗見失去兩册原本于尊處，渠不覺起立，泫然流涕，悲不自勝，云是「祖物寶藏，累代更借」，不盡所言。因託僕轉告左右，乞以摹本入梓，留原本還之，使得逭于不孝之罪。且云「此事祖父被人戕賊于異鄉，出于傳聞，哀痛若割，一旦有人言其無恙，雖驚喜過望，然半死半活，未有定説，非得一人以拯溺爲心，終不濟事」，而謂此事非託左右不可。蓋其言如此，故備以相達，當必有善，以副仁人孝子之至望也。然此恐不宜辭之，貞伯但取濟事足矣。冗中布此，不暇識語。言惟心照。不具。

## 復陝西提學楊僉憲應寧書

公使人來，忽奉手書，披誦再三，知左右深有意于不肖也。然天下相知若左右者，復幾何人？以心相契，固未敢公誦之耳。所喜左右分憲以來，文風一變，不負所仰，俾關西士子得所觀法，且使人知儒者小録，即有益於世若此，斯文朋舊，與有光焉。表弟白質知縣，賦性偏卞急，屢嘗苦口，殊不能改。非得左右念僕之故，大加警督，何以自立？千萬勿以其不可教而棄外之，與僕受惠均矣。人還，專此上謝。會晤未由，乞爲道自愛以副遐想。

## 與南京羅司成明仲書

去歲蒙恩昭雪牽復，病散之軀，豈得堪此？旋聞執事入官留都，大愜士望。第僕離群索居，歲月滋久，氣耗髮變，荒廢學業，不足爲故人道也。受一月之俸，然後隨吾所欲者，先指定本，亦不敢不自勉尔。因敝邑余生詣南雍便，專此謝忱。遠惟爲道自重。不備。

## 簡都憲屠同年朝宗

奉領雲程次第、辭金二册及華翰，獲見大君子之詳及標履之介，深慰嚮仰。但恐筆力萎凡，莫盡揄揚爲歉。謹當具稿，庶不上涴佳紙也。觀此册時，有客在坐，似云齋宿節假之時，未有哦詩作文之日，不知與高明所見何如？併以奉聞，用博一笑。

## 復廷祥學士書

邇者楊黄門南還，嘗託致書，緘春秋屬詞一部，皆不審徹尊聽否？使來，承教手書，并佳扇之贈，拜受感感。引疾終老，於先生私計雖得，第人望所屬大於此者，當未滿也。然有益風教則多矣。孤陋之蹤，未有請教之期，臨風惘然。乞倍萬保重以棟斯文。幸甚。

## 復南京董尚矩侍郎書

兩承惠書兼和鄙詩，相念之情，溢于言表。上失裁答，負罪良深。蓋緣小兒自三月來得傷寒，病甚危，兩月方起。鬱鬱之懷，近日始紓。且叨禄無補，而去留之間，未有言策，有愧故人多矣。因錢主事歸便，草草布忱。千萬恕詧。不具。

## 答航濟川講經

承録山遊題詠及徐司空倡和之作，風巖展誦，殊覺灑然，如在西山蒼翠間，不知塵鞅之羈、暑暍之惱也。手卷跋尾，竢過當勉爲之。十三日早赴北山陪祀册長老詩，容歸日了還。適爲衍聖公題山水一絶附上，亦可少見區區心事也。

## 與族姪師魯

程謹才到一日，所云整理諸書，撥冗了得，漸有次第，待渠歸時，一總寄去。彦夫乃尊墓誌寄去已久，彼累次書來，又託孫郎中催取，甚駭予意。近得吾姪書，云在李源十景册葉中，急開取觀之始見。大抵京師人事擾擾，多不暇詳如此。但當時行狀已不見，欲添入者不知何事，更得寫來爲佳。天爵、敬之及吾姪今次提學所考如何？承之亦有書來，其學想益進矣。蓋進學多在静中體之，可驗也。諸不能悉，惟以時加策以副遠懷。

## 與致政學士江東之書

奉别不覺十餘年，世故鞅掌，無足爲先生道者。蜀中人來，恭詢道體安好，甚慰斯文。老成在者幾人？不能不遠企清風而恨瞻承之無從也。因何同知郜章赴官，專此。維時臨冬，惟自愛以迓多祉。不具。

## 復巡按雲南都憲張同年汝欽書

邇承手書見示，奉誦再三，如接風采、聽緒論，不知暌違二十年之久也。且諗起居清吉，邊閫寧謐，俾聖天子無有厥憂，足占所學，益用加嘆。歐陽僉憲書蒙諭已徹見區區心事，無容再贅也。側聞公論久在老兄，均勞之召，旦夕間爾。領教有期，慰渴殊甚。使還，專此答謝。鄉墨二笏侑忱。惟尊照。不宣。

## 簡祭酒林同年亨大

承借東萊集舊本，所補校者，不獨入閩録一篇而已。專吏奉納，并借餘者，俟總校過轉送國監補刊，嘉惠後學，功有所歸，知必無靳也。

## 簡學士李同寅賓之

賤體於趨走拜起皆不相礙，但痰嗽一作，即牽絆作□□不相能。方貼膏藥及服煎藥，未見如何。明日不免扶疾入朝。承軫念下問，不勝慰感。專此奉復。

## 復巡按南直隸何都憲世光書

去歲曾令小僕隨董侍郎南歸，因付一書，計達尊聽久矣。使來，復荷書見慰，相念殊深。感感。近屢見當軸者備道左右化邑時事，皆可推行列郡。新安雖狹小，不足展布，然亦當在惠澤之下，非特一人之私而已。僕五十無聞，濫塵講席，何補聖明？徒負竊禄之愧，不足爲賢者道。使還，專此布謝。維時春首，百冗相仍，遠冀倍常保重，以副寵眷。不宣。

## 復青州徐中行推官書

徐佐來，得孟秋二日燈下書及白丸子一裹，收訖。承聞署印匆冗，酬應不暇，初政值此，誠若不堪。然便能受知上官，大服民志，上下交孚，足占所學，喜慰無量。更得始終此心，知舊之望也。今歲進表官回，嘗有二書，一達巡撫公，一達憲使公，雖不足爲左右重輕，亦少盡故人之情而已。僕血氣加衰，百無所益，思就閒局以了此生，餘無可爲故人道者。南金春官必時時相見，轉致一言。殘暑尚炎，惟自玉以慰遠想。

## 簡刑部楊主事志仁

文懿公傳久未能脱稿，正以事體重大，非敢故爲稽緩也。然亦在數日内求教，更乞以此意轉語秋官，不罪幸甚。文稿六册，諸經説六册，雜稿三册，今具數于右。暫留者，悉明註在下，容次第納還，先此申復。

## 復王庶子世賞

元吉賢姪來，得手書備悉，甚慰甚慰。第先生在遠，不知舊歲事體，宜有未相值悉者也。蓋僕到京師，值老奸謀將復起、群喙觀望交訩之秋，僕殆如一霜葉舞于風中，亦不自料可至今日。大抵士風之譊，視往時更甚數倍。自去冬來，老奸既斃，交訩者始寂然退聽，先生入覬，適當其時。公論大明，聞者咸喜。蓋福人爲事常與好光景相會，與羈人劣夫大相懸絶自然如此。所大喜者，通家故人同被誣枉，次第昭雪，可藉于以不辱先人，誠主上莫大之恩，無力可以圖報焉耳。元吉來，值壎子病危甚，以此其至失照管，計不爲罪。文書到日，幸早收拾北來。不審老夫人就養否？老母暨拙荆皆屬筆致意。先生未來時，瓊山翁每見必汲汲，其爲賢者惓惓至意，亦不可不知也。惟千萬保愛以副遠想。

## 復詹存中簡

近得寄來書并佳作及糖糕法藥，一一收訖。第到京之後，公私交冗，殊無一刻清思，未能和答，徒馳情于流塘上下山水間耳。吴汶兄處人便，草草布復，其心事自具其書，并附去。惟賢父子始終其惠，庶僕亦少分其作伐微功，不虛叨其醽醁，可笑也。天寒凍筆，不能盡所欲言，遠惟心照。不悉。

## 與致仕邊侍郎先振書

一時交遊，屈指無幾，睽違之感，計同此心也。錢指揮往來，備詢起居佳勝，甚慰。僕再塵班行，無所補益，況多病早衰，旦暮間亦思歸耕瀛東，奉晤之期，可預卜也。因縣尹便中，草草布忱。天暑方熾，惟保愛以迓多祉。

## 簡付諸庶吉士

詩家所謂穩熟者，正以其措意寫景，用字押韻處，自有警策，不鑿不奇，非聊非粗，着己而已。節目如此，願諸友更加進步，不但取足於此乃爲貴耳。

## 簡賓之學士

連日坐冗，未得再慰，又值齋禁，不勝觖然。硃墨一函，先奉去備用。源續因喪其族人司正君，給假未來，來即叩夏布所售之處，專人另報也。三先生廿五日進講時已嘗亦皆戚然問其詳，失於返命，幸恕。天氣寒燠不定，惟早晚節哀自愛。未間。

## 簡學士陸同年廉伯

### 一

藝文類聚傳寫不一，轉加猥冗。得執事鉛槧餘力，手賜校閲，理淆爲整，俾觀者免于厭煩，爲幸多矣。謹當什襲以示後人，知前輩作事可法，而草草者可戒也。伻還，專此上謝。山谷全集聞濟之言鈔録亦在數日可了，隨當取至奉覽。未間。

### 二

尊諭以醫戒省事寡言，以是不承數上候問。日想益佳勝，可出矣。送徐都閫詩聞得已有稿，千乞檢畀，三五日内送去。老者相促頗勤故也。會孔暘、樂用、廷圭三同年醵禮四錢伍分，送士英京兆處，專此付告。説郛久淹弊館，負罪負罪。納上，計三十八册，幸付典籤。餘容面謝。未間。

### 三

歲晏春首，人事相仍，屢失候問。聞貴恙漸減，第未灑然脱體，恒切懸懸。鄙意欲尊候命人遍召諸醫，與鄉戚友朋從長面計，證當孰先？劑當孰急？自加斟酌，庶治療有歸一至當之論，而勿藥可期也。恃愛之深，義踰骨肉，不能不盡布所懷。惟照督。幸甚。

## 復致仕閣老尹先生書

吴尹來，承台翰示下，披誦再三，如面光霽，奉教言，慰感無量。生荷聖恩昭雪，到京百無一補。邇者又儌冒進官，增愧無已。所需文字，本非敢當，但均意所屬，亦不敢辭也。吴尹行急，連夜併成，殊不足觀。尚念門下之故，大賜筆削，庶可登梓。不然，棄之可也。千里相望，不敢盡所言，惟倍萬保嗇以副顒望。

## 復學士于喬書

伏聞令尊君繼太夫人相棄捐養，令人怛然，況在純孝，何以堪此？顧主上加念舊人，卹典優崇，可無憾九泉。左右亦當體此節哀，勉圖大孝爲慊耳。令郎來京，示書及厚儀，收訖。感感。僕自昭雪復官以來，無絲毫補報于聖學，比者乃僥冒進官，益深慚愧，莫知所以爲報也。令郎南歸，謹哀薄賻一封、奠章一通付上，外素幣一疋，少充瓣香之忱。遠近相望，言不盡意。惟照督。不宣。

## 簡復馬少卿宗勉

承見畀食經諸方，在寒舍始踰年，百不及一，與在尊處無異，近始録完。此方不知何人所傳，乃尒不售，奈何！奉還一笑。適又承遍和諸詩，詞翰並佳，附此以謝。

## 答福建憲副司馬通伯書

遠承惠書及嘉幣一疋，登受之餘，愧感愧感。僕自前歲荷主上昭雪，再塵講席，無絲毫補報，載進官階，實出非分。所冀故人時加策勵，庶免悔尤。而來書獎予過厚，令人赧然不已。側聞憲節分駐海上，時清多暇，德業日新，甚慰。但向得手教，云曾有長書託雲谷總戎見戒，竟無下落。倘獲檢出舊稿書畀，得終教愛之意，幸孰大焉。專此布謝。惟爲道自重以迓多祉。

## 與汪大參親家文燦書

遠承遣使惠書，侑以賀儀過厚，登受之餘，愧感愧感。僕自到京，無絲毫上報聖學，荷蒙優寵，僥進官階，實出望外。所冀至戚不棄迂左，時加誨策，庶免悔尤。而奬予過厚，非所望也。老母及拙荆兒婦幸粗安，不勞遠念。人還，專上謝萬一。良覿未由，乞自愛以迓多祉。

## 簡宗伯倪同年舜咨

此璇璣圖，本得之衍聖公者，止讀得二百六十首。近有人寫惠一紙，亦讀得二百六十首。今奉觀，但寫頗精緻，欲作一卷，乞分付録者勿點污，發還，幸幸。尊處卷，俟遲日納還。未間。

## 與河間謝太守道顯書

王地官來，承語及郡志，此久闕之典，得高明垂意，誠一邦之幸也。河間雖古名郡，最受兵燹，文獻無得而徵。僕每於傳記中有見即録出，日積月累頗多。因北奔走，顧莫之遂。若果欲成之，當勉自效，以副雅意。但須將各縣舊志略命士人取修，後數十年事跡，無憚繁冗，可一併寫來，庶好采取，以備成書也。匆匆不盡所言，惟尊照。不具。

## 答仇東之教授

承問胡氏「繻葛倒懸」之説，此在春秋周桓王奪鄭莊公之政，莊公不朝，王牽率諸侯伐之，戰于繻葛，王師大敗，鄭人射中王肩。蓋自是而後王命不行于天下，左氏所謂「周、鄭交惡」，如敵國然。故胡氏以爲戰國之漸。「倒懸」者，倒置之義也。暑熾目昏，未暇詳檢，彷彿記是如此。雨後稍涼，不惜見過閒叙爲佳。

## 復劉都憲時雍書

遠承惠手劄及新書，副以厚儀，禮文過情，收訖。感感。第病散之軀，無絲毫上補聖明，僥冒進官，增愧而已。修河之疏，憂國愛君，不負所學，公論翕然，文懿老先生爲不然矣[二]。扶持善類，自處有人，非左右之憂也。人還，專此起居，兼致謝忱。惟謹重服食以副士望。不具。

## 復通政强同年廷貴書

遠承汝欽、汝問來，得先太夫人之訃及尊候孝履支持，且以誌銘見託，本不敢當。第鄉邦小子，諗聞慈淑之行，理宜有述。而筆力委凡，不足以發揮萬一，負愧多矣。兹因舍親趙守禦家人便，附上粗幣二疋，煩致几筵，充瓣香之誠。稽緩，不罪。惟節哀順變以襄大事。未間。

## 簡皚東白善世

所欠觀音閣記已久，非有推托，直以旋讀佛書，欲少窺一二，然後着筆，庶不取笑觀者。況所許楞嚴等經，亦未見惠到，故一遲至此耳。日昨已將求文帖子置案上，只三五日，決然掇拾付還，更不能破調自增業障也。

## 簡陳師召太常子貢士舉

賢友來京，不得從容少叙，迨今耿耿。令尊老先生之喪，無以用情，輒哀賻少許并奠文一通寄上，見久要之義耳，愧不腆也。哀輓序未及稿呈，值老親抱恙，日夕憂懼，容録寄上。惟不咨稽緩。萬萬。

## 與太傅殿學慎庵徐先生書

自前歲詣闕下拜辭而南，仰竊尊庇，幸獲襄事。顧終歲抱病，幾殆者數四，不能以時奉狀，負罪萬千。計盛德海涵，不責禮于棄人也。北望元台，無任傾注。專人上謝，并候起居。卹典記二紙、貽範集一部六册附上。所賜銘文，謹已刊入，增輝家乘，感極涕零。第在倚廬，莫知所以爲報耳。瞻覿末由，遠冀倍萬保嗇以副海内之望。不宣。

## 與李遜學

前歲京師承惠奠禮哀章，坐病未能裁謝。久之，聞有江右提學之行，頗爲駭異。詞林作養幾人？而轉用之若此。左右固不以内外出庠爲欣戚也。邇者修書之命，下臨苫塊，既非其人，又非其時，已具疏報辭矣。因便輒一言之，遠惟情照。不次。

## 與大司馬馬先生

敏政不孝，釁鍾先妣。荷蒙台候賜奠賜賻，兼與復奏，給驛而南。存歿之間，感戴何極？第不肖抵家，抱病終歲，不克以時上狀申謝，負罪大矣。兹者忽奉詔命，驚惕不遑，此實台司存念至情，然僕尚在制中，既非其人，又非其時也。因專人北上，俯致謝忱，并布哀悃。惟時盛暑，乞倍萬保嗇以副海内之望。不次。

## 與楊介夫侍讀

遠聞邸報，進輔儲極，雖苫塊中未敢輒與慶事，而吾道增輝，甚自慰也。兹五月下旬，忽奉詔旨，俾當書館總裁之副。爲之驚惕，不能已已。是雖台司眷存美意，然僕尚在制中，既非其人，又非其時也。因家人入京之便，一布之，有可致力處，爲僕一言，尤見至愛也。

## 與趙太常

奉別不覺兩易寒暑，每京師人來，恭詢老先生起居加健及諸位賢舅並臻佳裕，甚慰遠想。第僕抵家，無日不病，近日患疥，不能動履，惟理簡册，以度時日，不足道也。副總之命，驚惕殊甚，況在制中，既非其人，又非其時也。專令程戎詣京，事在面白。本府奏繳開壙文册，亦望拜該科該部大人處一言，青目爲感。汪玄錫十分聰明，已送入休寧縣學。敏亨、敏庸及塏姪俱送入學，朱儀、于恩俱送歙學。僕在家，止幹此一事，雖不知日後成就如何，然使之周旋禮義之場少得寡過以不墜先業，亦云幸矣。弟媳母子俱安好，不勞遠念也。老先生前不另書，乞道言。萬萬。

## 書與仇訓導

歲前得手書，見以東之爲名，甚駭，急啓而視之，乃知有易名之説，字遂翁矣。否極必通，遂將自此始乎？僕自抵家，棲息山堂，編刻新安文獻志千餘板幾定，第衰病轉作不時，又無可相告語者，思得遂翁來一講，快何如邪！倚廬聞召，不勝驚惕。是雖台司記存之美意，然僕尚在制中，既非其人，又非其時也。因令程戎入京，草草爲此。舍親處新刻道命録一書附上，不必多示人也。

## 與白司寇先生

僕扶櫬南歸，荷蒙台候賜奠至再，慰諭勤惓，非鄉曲愛厚，何以獲此？第苦塊餘息，抱病終年，不能以時上謝，負罪深矣。邇者忽奉詔旨，使當書館總裁之副，爲之驚惕，不能已已。此固出于老先生記存美意，然在不肖，則豈敢當？爲是專令家人程戎入京，布此哀悃。惟賜一言，俾得終制而後供職，則公義、私情庶幾兩盡。可否更乞賜教爲幸。未由良覿，乞倍萬保嗇以副宸眷。不次。

## 與傅亞卿書

奉别既久，屢承致聲，抱病經年，未能裁答，計執事汪度，不責禮于苫塊之鄙人也。倚廬聞召，驚惕不遑。此實台司記存之美意，但僕尚在制中，既非其人，又非其時也。恃愛輒一言之。墨二奩侑緘。惟尊照。不次。

## 與楊學士

邇得手教及奏稿，諷誦再三，知左右爲詞林增氣若此。争坐之帖、臺參之書，當傳其内。一事而占之，則他日柄用，又可知也。僕抱病倚廬，無復世念，忽奉召命，驚惕不遑。此固左右推引之美意，然僕尚在制中，既非其人，又非其時也。因家人入京，專此布悃。進講之暇，諸老先生之前一言及之，俾得終制而後供職，乃至愛也。遠惟心照。不次。

## 與林祭酒書

僕自前歲秋拜辭而南，一向抱病，殊無寧日。荷蒙先生不棄，屢辱賜教，雖骨肉無踰此。僕雖至愚，豈敢不自厲以上副至意邪？邇者恭諗晉亞秩宗，少慰士望，而先生方以爲憂。私竊自念，先生之憂，固僕之憂也。副總之命，下臨苫塊，僕豈承當？又恐轉喉觸諱，其取憂有加于前爾。家人程戎北上，專令進謁，用致遠忱。惟鑒納。不次。

## 與周司徒

邇者恭諗榮拜涣恩司邦政，兼復令嗣高踵世科，斯文之大慶也。顧在倚廬，未敢輒與慶事，尚竢異時，總布下悃。而汪度海涵，反辱手教及名香佳帖之惠，通家契分，有加于前。登拜之餘，慚悚殊甚。僕自南歸，即抱疾墓左，無復世念，不謂台司曲賜記存，俾當書局。

但非其人，又非其時也。輒因家人入京之便，專此布謝。惟尊照。不次。

## 與徐司空書

敏政不孝，釁鍾先妣，荷蒙左右念及通家曲感，賜葬之典，義踰骨肉，稱報無由耳，惟有銘刻而已。恭諗正位六卿，士心允愜。第在苫塊中，未敢輒與慶事。姑竢到京之日，少展此誠。倚廬聞召，驚惕不遑，況僕尚在制中，既非其人，又非其時也。因家人入京，專此布謝。遠惟尊照。不次。

## 簡顔通守

考郡志，宋國子祭酒汪公澥，其先歙人，徙居旌德。兹僕編刻新安文獻志，欲附入之。惜其制作遺文行實碑誌之屬，莫得而詳也。乞委旌德令君詢其子孫，一録見寄，使先朝名賢光遠有耀，俾無遺珠之嘆，非斯文之幸歟？刻梓垂成，得便挂意。萬萬。

## 與師魯姪

士之出處，自有定分。以師魯之種學績文，豈在人下？而秋試乃不得預，謂非命，可乎？然亦盡其在己者以俟天定而已。戴寶之、李彦夫亦嘗遭此，不必遠引也。

### 校勘記

〔一〕文懿老先生爲不然矣　「然」，四庫本作「死」。

# 篁墩程先生文集卷五十六

## 箴　銘　贊

### 慎言箴

宣諸口者，非先王之格言；著之手者，非太上之立言。然則爾之言也，亦烏足以顧己之行而探道之原乎？必不得已而宣諸口，則不爲行之咎；必不得已而著之手，則不爲道之疚。慎之慎之，尔無喪厥守乎。

### 廉正平恕銘

陽曲趙侯廷璋，今之聞人也。少從大將軍擊閩、湘，能以不殺爲功，士林韙之。洎今天子初，以錦衣鎮撫，實司詔獄，求廉正平恕者簡任之。大臣以侯對，制可。已而刑清譽興，不負慎選。侯之客姚林先生取玉音四語，約能言者播之聲詩，史官程敏政與侯媚家也，著銘以相之。

廉奚疚乎？矯激不情。正奚尤乎？賣直是名。齊物之平，蒙叟之過。姑息之恕，叔季之禍。四美爰具，侃侃趙侯。錦衣武弁，帝曰汝休。相古司刑，長我王國。士曰敬忌，尉曰審克。有廉斯永，有平斯衡。正固以貞，恕恤以矜。懿此趙侯，允文且武。是是非非，永鑒于古。侯靡深文，聿慎祥刑。侯靡黷武，式謝佳兵。我銘勖哉，保終如始。以崇禄位，以篤孫子。

## 白石硯銘

知白守黑者，聃所以反朴；以玄尚白者，雄所以解嘲。胡爲乎？反朴者務爲我之學，解嘲者立他人之朝。「不曰白乎，涅而不緇」，此吾陶泓之可交也。然則其人如玉，豈陳玄可得而終淆哉？

## 羅太史明仲像贊

予與明仲在史館十年，於天下古今事成敗得失，蓋無所不論。而傾倒上下，出于世人耳目之所駭者，未嘗不主于理以求其是。蓋考之愈多而推之愈密，予自知其弗如也。予嘗觀其像，惜其才足以勝重而致遠，顧日與予輩僕僕然從事乎鉛槧之間，又懼夫觀者得其外而不悉其中之所有也，贊其上以張之。

詞鋒足以雄人而不爲非聖之論，才力足以尊主而不爲致伯之圖。競葩藻者，吾悲其逐末；酣富貴者，吾詈其合污。然望之無魁人介士之勇，即之如貴游公子之都。予固疑瞰晋公者，不知其藴匡時之長策；相留侯者，孰訊其爲命世之丈夫也歟！

## 張駕部汝弼小像贊

長不滿六尺而標榜一時，視不及尋丈而傲睨千古。四十而策名甲科，五十而爲郎駕部。雅懷形乎善謔，任從流俗之譏；直道類乎徑情，不懼長官之忤。觀其外亦自見其有爲，要其中不可謂之無主。至其豪吟格調，足以號召詩壇；顛筆風神，足以縱横書圃。是固將希蹤昔賢，而後足以盡吾汝弼甫邪！

## 刑部過郎中大璞像贊

此吾同年友刑部中過大璞也〔一〕。非今法吏之容，故不刻以爲公；有古君子之風，故不阿以爲同。即其外之敬正，而知其内之靖共。然則坐諸西曹，方人爵之未艾；升諸東序，固天球之既礱者歟！

## 工部吴主事璠林醉歸圖贊

宋太平興國三年，賜進士宴于瓊林苑，當時榮之，遂成故事。國朝進士賜恩榮宴于禮部，而人猶習稱之。工部主事吴君文盛舉成化壬辰進士第，善繪者爲作璠林醉歸之圖，間持示予。予因告曰：「士之與此，亦誠可謂榮乎，然必有以副之爲貴。」君以春秋領南畿鄉薦，甚高；又魁禮部，其爲名進士也，固宜。況乎平直之行、秀敏之資，同年譽之無間言，則他日出色于是榜者，將有望焉。予與君同邑人，贊其上以勖之。

其氣飄逸如雲鵠之既翔，其容粹温如天球之未琢。花香和宫醞之醲，草色藉恩袍之濯。敷言玉陛，應千載之昌期；通籍金閨，荷一時之優渥。撫繪事以如新，覺風光之未邈。惟上不負昭代之君，斯下不負平生之學也！

## 績溪宗家守悦處士遺像贊

此處士程君守悦之遺像也。處士新安世家子，自號道軒，而其行己接物，率無愧于古者有道之士。予蓋與之同所出，而宦學遠外，不及見也。見其子鄉貢進士傅于京師，因請爲之贊。贊曰：

氣味芳薰，澹芝蘭之春馥；丰姿蒼健，凛松檜之冬青。口不談市井之語，足不踐守令之庭。其處兄弟也，誓起家於共爨；其訓子孫也，重發跡於通經。企先民之淑慎，作後進之儀刑。是固將有光于伯子之裔，而求無愧于中郎之銘者歟！

## 汉口宗家處士雲像贊

儼乎中丞，祖武斯繩；展也端明，斯文是承。匪鐘鼎以爲貴，而丘壑之爲情。惟鄉之楨，惟族之英。是蓋將有立於斯世，而不忝其所生者歟！

## 汉口汪君清隱像贊

胡埶乎巾，而賢者慕其高；胡被乎褐，而强者歛其豪。其凝然若有思者，懼隳祖之武；其凛然若不勝者，乃幹父之勞。雅不修于邊幅，何遽慘于焄蒿。同姓者，誰無慚于越公之胄；而若人者，獨有聲于汉水之皋也。

## 退思齋箴

鄧守南昌鍾君玄仲以退思名其齋，舊寅友張君廷祥記之，悉矣。爰撮其語，爲之箴。

維人有心，胡寧不思？一念之起，匪公即私。矧伊在公，或絆于禮。思盡乃忠，以遠其耻。爰及燕處，此心易馳。百慮營營，遂弗可持。相古哲人，退食靡惰。思厥攸爲，求補其過。於乎退修，實進之基。弗慎其獨，餘奚以爲？守居是顔，有美鍾子。箴以相之，保終維始。

## 善慶堂銘

旌德江氏家有善慶之堂，歙之鄉先生鮑君寧記之，謂其後必有大其門者。後若干年，江氏子漢舉進士，爲户部主事，足徵其言。予猶意其慶之未艾也，銘以相之。

猗江氏，家古旌。累世樂善，家用貞。如淵水，非溝坑。其瀦既久，發必閎。維漢生，江之英；擢科選，屬司徒卿。善有續，慶乃贏。高堂奕奕，徵斯銘。

## 方鸜鵒端溪紫硯銘

紫英内潛，其色之揚；素秉外著，其形之方。鳥跡未泯，有開厥祥。心畫之利，儒道之昌。

## 王學録先生像贊

此國子學録洛陽王先生之像也。其學篤實，不工聲律以爲文；其行真淳，不矜智術以爲事。故其氣也冲然弗乖，其容也凝然弗肆。宜冠冕乎國庠，以陶鎔乎多士。殫授業解惑之勞，起尋壑經丘之志。要其成，亦庶幾君子之儒；究其極，殆不止成人之次。介景福于暮年，遺大安于後嗣。蓋求諸中，既已免夫愧怍之懷；則觀其外，自當得夫言貌之似也。

## 王夫人贊

故安慶太守洛陽周公有二女焉，其長歸大學士李文達先生，其次歸國子學録王君，並以謹禮聞。此則王夫人之像也。李夫人不鄙不肖，妻之以子，故嘗得拜王夫人于堂下，聆教言。謹再拜稽首而爲之贊。

少侍親于大郡不以富多，長相夫于太學不以儉少。賢明之性，得諸天者既深；清謹之行，施諸身者非矯。家訓可比經師，内政不殊民表。神雍既穆，紛向日之叢蕙；貌莊而嚴，挺凌霜之蒼篠。觀夫容德之孔嘉，知其眉壽之方兆也。

## 如在軒箴

走遵禮制，作祠于正寢之東，以奉四代神主〔一〕。又作堂于祠之東，以奉五祀。堂之東別爲齋居一間，榜曰如在，取先聖「祭如在，祭神如神在」之義也。走身爲宗子而官大夫，弗敢僭也，弗敢黷也。爰作箴儆，常目在之，以求不負承家之道云爾。

高曾祖禰，祔位相仍。惟兹四代，小宗是承。竈霤厲門，司命首事。惟兹五神，大夫攸禩。祇奉有所，虔告以時。冀蠁冀假，念兹在兹。其在伊何？焄蒿悽愴。如聆其聲，如覿其狀。致慤而著，致愛而存。福我後嗣，孰尸其根？敬而不諂，遠而不射。奠我有家，孰宰其職？祝號既定，牲幣有常。奕奕齊居，作之在傍。内外一誠，幽明一理。聖訓昭然，敢不修己？

## 婺源王慶袒處士像贊

上拓乎先業者，有田有廬；下啓其後賢者，有詩有書。備丘園隱居之福，獲忠厚長者之譽。蓋觀其貌之淳，可知其内；舉其行之大，可得其餘也。

## 婺源韶軒戴善美處士像贊

生雖後而業光于前，貌雖今而心存乎古。林泉之樂，無羨乎膏粱；子孫之賢，有加于簪組。是蓋生于朱子之鄉，而爲戴氏之父者歟！

## 故元筠軒三峰二唐先生遺像贊

以天倫則父子之親，以道學則師生之義。蒼顔高古，若橋梓之凌雲；和氣雍容，如鳳凰之瑞世。惜乎教成於國而不獲棟乎明堂，私淑諸人而不獲鳴乎盛治。然遺書所載，一皆仁義之言；流慶所鍾，迭産芝蘭之裔。生雖隔乎古今，圖幸瞻于光霽。嗚呼！此殆謝賓客而燕處于家庭之時，抑將進諸生而講道于書堂之際乎！

## 大畈汪君道全像贊

以越國公之胄，生朱子之鄉，不馳騖于利名之域，喜翶翔于翰墨之場。其性淳而無競，其儀簡而有章。是殆慕古人于千載，而淑後進於一方者歟！

## 陪郭十二宗叔處士夫婦像贊

其性恂恂，其容肅肅。善積有餘，心恒不足。慶源既遠，眉壽益長。鄉國之望，子孫之昌。

毓彼良族，配我名宗。賢明其行，淑慎其容。胡不永齡？溘然長逝。潛德之光，内範之懿。

## 敬養齋箴

古者，人生必先之小學，而後進于大學，故其功有漸而性可成。後世小學書亡，人喜躐等，任天資以行己，而性學寖微。其弊久矣。程、朱二大儒悲學之後時者無所致力，爲發「敬」之一言，爲追補養蒙之方。由是人有所持循，而性學可漸復也。子朱子又嘗爲之箴，學者亦誦法乎此而已。汊川汪永莊氏，以敬養名其齋，予懼斯名之不易副也，箴以勖之。

惟人之生，性本天賦。蒙以養之，庶全所付。世降俗下，孰正于蒙？大學之基，終焉莫崇。補過有方，曰在乎敬。匪一其心，曷端其行？如水蓄源，遠而彌長；如木滋根，久而彌芳。惟人所同，克全者鮮。敬養不息，大學可勉。繹敬之義，莫詳考亭。勖哉君子，靈臺是銘。

## 新安程氏統宗世譜銘

世譜既成，告我宗氏。各永寳之，貽尔後嗣。慎毋不肖，褻焉售焉。名黜于廟，罪聲于官。

## 金醫官萬鎰像贊

生江南而類河朔之人，居林下而尚軒、岐之學。名素重于鄉評，身遂膺乎天爵。衍慶于後，將不忝侍中七葉之傳；獲壽于天，亦何俟劉安九轉之藥？然則文獻之足徵者，豈丹青之可託乎？

## 故元陳弗齋先生遺像贊

從仕郎元判通州前知休寧縣弗齋先生陳公宜孫與先縣尉公隆，俱以保境全民祠于學之遺愛堂。此陳公遺像也，世孫儒學生鰲出以相示，不勝景行、世契之私，敬爲之贊。

即其容知其有活民之功，考其行知其有惠民之政。此先達之可尊，而典刑之尚存也。有開厥家，有淑其鄉。斯德之光，斯後之昌。

## 高安宗家處士敬之像贊

此婺源高安宗家處士敬之之像也。行以温公爲法而嚴于正家，學以考亭爲師而先于謹獨。潔身不污于亂世，好古不牽于流俗。蓋熟于胸者，不操而存；故嚴于外者，不持而肅。景瞻金玉之姿，託共詩書之族。撫先澤以何窮，冀後人之善續。

## 故司直汪蓉峰先生遺像贊

此洪武中左春坊左司直郎蓉峰汪先生之像也。其玄孫監察御史奎出視敏政，敬爲贊曰：

早生亂世而有潔身之節，晚際興運而著格心之功。學足以起俗習之陋，德足以延世業之隆。顧典刑之不遠，肅冠佩之在躬。後生何幸？宦轍偶同。願益遵乎餘矩，庶少步于芳蹤。

## 止齋銘

僉憲汪君希顔顧名思義，自號止齋。然論語「未見其止」有二説，朱傳以「止」爲「吾止也之止」，古注以「止」爲「止至善之止」。兩説相須，其義乃足，因爲之銘。

孰不當止，晝于中途，其遂止也，伊誰之辜？孰所當止，歸于有極，乃弗止焉，伊誰之失？辜也宜戒，失也宜勉。孰希顔兮，請提斯扁。

## 永年縣丞致仕朱楙像贊楙文公八世孫，運使樬之弟。

觀其外如豹之隱霧，察其内如玉之韞輝。處家庭而有難弟之譽，登宦籍而無負丞之譏。學已成而益勵，仕方亨而遽歸。此其世澤之延，遠自于宋；而家聲之振，益光于徽也。

## 山斗宗老士修遺像贊

貽後有譜，奉先有祠。莫大二者，自翁發之。既肅既雍，有淑其像。一族之師，一鄉之望。

## 宣聖杏壇圖像

有壇斯杏，有操猗蘭。知德者鮮，行道之難。繼體舜、文，不在高位。大雅遺音，被于萬世。

## 烟溪義渡銘

烟溪在歙南烟村之境，水駛而難于橋，往來者恒以爲病。澤富王君旭作舟濟之，亭其旁，以憩待渡者，捐田定約束爲久計。衆名之曰烟溪義渡，予爲之銘。

維歙之南，川陸孔長。烟村霏霏，烟渡湯湯。弗便于行，勢不可梁。孰憩吾亭，孰濟吾航。澤富王君，與物爲利。孰告困兮，我亭以憩。孰病涉兮，我航以濟。其心希仁，其事則義。豈無有司，弗究于心。豈無富人，孰捐之金。我銘以詩，于彼溪潯。昭示來者，嗣其德音。

## 吴郡李員外應禎像贊

此南京武選員外郎范庵李君應禎之像也。體幹雖弱而内則腴，宦轍雖滯而氣則舒。所存者經濟之志，所讀者聖賢之書。昌言九重而獲譴也，不見其不足；崇階五品而寖顯也，不見其有餘。故其才益充而慕先憂之范，學益進而希寡過之蘧。惜乎天性好惡之公，或以之致毁平生。詞翰之末，大之以得譽也。

## 吴醫顧翁遺像贊

醫本乎儒，軒轅授岐伯之書，而君誦之有餘；醫通于仙，軒轅得廣成之傳，而君求之甚堅。然則深衣大帶，徒見其外；松神鶴容，孰測其中？葑溪溶溶，福山杳杳。安知非當夫九轉之後，而立於八極之表者歟？

## 九龍山樵陸琳成像贊

其面之晬然也若童，其目之炯然也如鶴。人高其論説而不知其筆端風雨，世重其丹青而莫識其胸中丘壑。名不染于薦書，行方登于鄉約。是固將輕富貴以終身，伍耕漁而自樂者歟？

## 潤醫喜君遺像贊

玉鑑冰壺，其貌之清；古檜蒼筠，其性之貞。刑于妻而以節顯，迪其子而以醫鳴。著述比陽秋之筆，姓名高月旦之評。撫遺容之尚在，儼没世而如生者也。

## 五羊鍾太守遺像贊

此鍾太守之像也。嗚呼！不見其人，而見其真；雍雍冠佩，肅肅風神。惟箕裘之有子，惟俎豆之在民，而知爲盛德之士，循良之臣也哉。

## 靈玉銘

水蒼之璧來吴門，空中秀外栗且温。得之者誰趙孟孫，有客圖之世寶存。

## 蹇齋箴

山上有水，其卦爲蹇。君子像之，于以自反。修我之德，俟彼之時。處蹇之道，庶其在兹。有蘇一生，乾名張氏。其學鈎深，有得於此。孰奇其數，而寡其諧。爰摘是蹇，以名吾齋。蹇極而紓，理勢所有。王臣匪躬，勖子于後。困心衡慮，無忘斯居。既以箴尔，亦以儆予。

## 國學正達君像贊

此國子學正京口達君穎之像也。君爲元忠介公達善五世孫，勤其身以淑諸人甚久，知者策其才位當不止此也。贊曰：

可爲師者，其學之充。可用世者，其才之通。目澄澄以霄烱，氣浩浩而春融。奮志起忠賢之後，趨時恥流俗之同。觀者固當因其外而得其中也哉！

## 南監太常安成劉先生小像贊

此南京太常卿掌國子事安成劉先生舉庚午解元之像也。挺挺弱齡，學與行隆。肅肅癯容，才兼氣充。程世之文，誅心之筆。多士彙征，孰敢第一？維兹首選，發軔名途。極于端揆，人望乃孚。如向之忠，如筠之正。令德載崇，觀者起敬。

## 河南同守王汝璧像贊

此吾友王君汝璧之像。君嘗守一州、佐兩郡，兼循吏、能吏而有之，然未足以盡君也。贊以期之。贊曰：

松檜蒼蒼，其色之正。鐵石岩岩，其氣之勁。不苟止而妄隨，不淫視而傾聽。守邊州則有折衝之勞，遇歉歲則有活民之政。殆無施而不宜，亦何職之弗稱？乃若分司握三尺之拳，專城秉一麾之命。庶幾盡材力之所長，致功名之聿盛也。

## 宗老文彬處士像贊

蓊然如松者，其體之豐；盎然如春者，其貌之融。少也有江海俊遊之氣，晚也有山林逸士之風。庭訓日嚴，子出名流之右；鄉儀歲舉，位尊諸老之中。又何必讀參同、服丹鉛而後知其壽之永，歷通顯、致青紫而後見其福之隆哉！

## 環溪宗老鏐處士像贊

其容之莊，其性之良。世學本遺安之塾，家風見孝友之堂。往者有嚴，則嗣葺乎宗譜；來者有恤，則刱成乎義倉。鄉閭起懷賢之感，子孫享作善之祥。豈非中表聯姻，得考亭之私淑；淵源分派，演相水之流芳者歟！

## 婺源胡處士夫婦像贊貢士濬之父。

有偉一人，安定之孫。其性醇謹，其容粹温。遺訓載編，曰晦而尊；先業載營，曰仆而存。胡不引年，薄俗攸敦。顯有令子，克大其門。湖水膏渟，山雲翠屯。孰其起之，明經具論。

有淑一人，忠壯之後。貞容有章，至性不苟。夫君克諧，曰此嘉耦；子女克成，曰此賢母。家道之興，壼範之守。胡畀以德，而嗇其壽？所享雖廉，所培則厚。荆布高風，鄉閭稱首。

## 吕卣進士北闕謝恩圖贊

雋永之器，淑慎之姿。儼旒扆之在御，整袍笏而深思。其心隱憂者，懼恩之難報；其色外喜者，幸學之得施。肯圖榮于瑣瑣？誓竭力以孜孜。是正其策名黄榜之後、待漏金門之時乎？

## 神樂觀史道士像贊祭酒陳方庵先生之戚。

有渥丹之好容，有凌虚之逸志。於客之佳者，能審所從；於物之清者，能知所嗜。丰標或類乎晉人，方技不淪于漢士。贊莫盡其天真，畫亦得夫形似。是蓋吴其居，史其氏，記言其名，尚書其字，嘗於祭酒通家，而於郊壇供事者歟？

## 立身銘

吾友中書舍人壽昌徐君敬夫得康齋吴與弼先生「立身」二大字，以畀其子暐，間請教於予。予重敬夫之善居其子也，爲銘以相之。銘曰：

徐父愛子，思植其身。徐子奉父，勿辱其親。立心之臧，立身之要。我作銘詩，相尔家教。

## 古林黄處士像贊世瑞之父。

有古人心術，有儒者氣象。有世族家風，有聘君德望。惜未從其人於几杖之間，徒想其形於丹青之上也。

## 山陽楊孝子像贊

此山陽楊孝子之像也。孝子諱旻，有至性。親喪，廬於墓三年，詔旌其門曰孝子。中歲失偶，不再娶，人稱爲義夫。抱遺經爲里塾師，學者號怡庵先生。晚以其子大理寺丞理之貴，被勅封刑科給事中。群行焯焯，著于家以及其鄉，見重于有司，而上達于天子之庭，久矣。然世不名以其文，學不名以其官，封而獨概之曰孝子者，以其德弗以其爵，以其行弗以其文也。孝子以就養居京師，年八十而卒，其介子珍奔訃來，與大理君皆執喪盡禮，人益以是知孝子之教以身與天之錫類于善人者，蓋不誣。走與大理君進士同年，有通家之誼，敬拜遺像，著其行之略而爲之贊。

蒼檜凌秋，其容之古雅；黄流注玉，其氣之粹温。瞻夫外之所著，識其中之所存。蓋爲學不專于口耳，故操行無愧于乾坤。侃侃夕郎，有褒其勑；言言孝子，有賁其門。趨庭顯一經之傳，不爲不樂；捐館躋八袠之壽，不爲不尊。流俗以振，薄夫用敦。是固將聿樹風聲，遠追蹤于前史；永錫爾類，益垂慶于後昆者歟？

## 大畈封刑部主事汪公像贊

此封承德郎刑部主事質庵汪公之像。氣充而健，色秀而腴。其課耕也爲上畯，其篤行也爲良儒。前芳克踵乎百世之録，嗣子無愧于千里之駒。一命貤封，恩有昭乎綸綍；諸孫衍慶，樂無既于桑榆。正仙齡之可少，渺塵劫于難逾。其德未泯者，固永裕乎大畈詩書之族；其神不死者，疑尚遊于紫陽山水之區也。

## 福建汪憲副希顔像贊

此中憲大夫福建提刑按察副使汪公希顔之像。性明以達，貌敬而和。其學擅春秋之業，其才堪政事之科。埒其師而對庭，乃先于賜第；倡其族而號里，將續乎鳴珂。律己有正人之節，詳刑無法吏之苛。明堂必取乎巨棟，利器當求之太阿。然久于外臬之間，故官資疑其少屈；若置諸内臺之上，則公論以爲不多也。

## 龍山宗家孟堅處士像贊

貌弗踰中人，而行不可倫；生弗及上壽，而名不可朽。不可倫者，其孝之顓；不可朽者，其學之繇。孝發爾祥，學傳其嗣。是固匽湖之聞孫，龍山之逸士也歟？

## 惺泉銘

户部主事錫山陳君昌謂予言，其邑城西北隅舊有泉，名惺惺，味甚甘冽，因逼市廛中，爲市人所湮者，屢矣。成化壬寅，君始言邑侯，命工導之，且覆以亭。而君所居井數十步，因以惺泉自號，請予爲之銘。

有泉一泓，其味孔甘。久湮于市，而莫之諳。荒穢乘之，歲月徂矣。孰其疏之，揚此清泚？有美陳君，味道之腴。以諳以疏，泠然一斛。曰惠有泉，其泉甚盛。其下或通，孰品其性？爰覆之亭，爰摘之名。揭我齋居，其名維惺。九仞之深，汲以修綆。既洌既寒，匪市之井。爰浣我身，亦醒我心。鏡淨塵空，毛骨森森。彼狂彼貪，亦孰非水。勖哉惺哉，請遈斯軌。

## 亞研銘爲錫山盛舜臣作。

玄其外，堅其中。焕人文，昭帝躬。藏盛氏，傳無窮。

## 璇松壑善世像贊

此松壑善世之像也。其真與？不聞其聲。其幻與？克肖其形。使觀者對之而失笑，有莫知其孰爲真、孰爲幻，而遂至於忘情夫如是。處山林何假於松壑之稱，出市朝何有於善世之名？吾將見兩松壑而一之，以入於不滅不生。雖然，百千萬億身皆復如是，而又何真幻之足較、出處之足評、有無生滅之足嬰？性海常清，心月常明。勖哉斯言，炳若丹青。

## 鏡川楊學士經筵進講圖贊

其色粹則占其養之也完，其容舒則知其見之也定。老成可竦乎具瞻，誠意足回于上聽。然爲學之勇，思造淵泉；入仕之迂，每慚捷徑。是有得乎心傳之懿，無取于口給之勝者歟？

## 通政趙先生小像贊

此通政參議廣陽趙先生登科時小像也，其子右給事君竑請爲之贊。

有扣其中，如煦斯春；有挹其外，如飲斯醇。經術致身于盛代，詞翰希蹤于古人。洛社之英，已恬樂久；唐服之雅，如荷恩新。況世科之有續，知壽域之方臻也。

## 諭德林先生像贊

此左春坊左諭德三山林先生之像。紓于外有無陂之容，主于中有不易之見。文雅馴而不浮，學精勤而靡倦。使典邦教，可不肅而成；使當吏任，可不勞而辦。上弼丞于一人，下領袖于群彦。惜乎其齡過壯，其髮已變，猶散地之爲樂，巧宦之爲賤也。

## 禮部尚書瓊山丘公像贊

鍾嶺嶠百年之秀，際豐芑千載之期。識該古今，必爲有用之學；文宗濂、洛，不作無益之詞。然執經陪帝者之輔，授業主國人之師。裁放勳之典而總其事，補先正之書而達其支。雖抽厥緒，未霈其施。天將錫之年于耄耋，晉其位于丞疑。使主上知體元經化之具，天下見制禮作樂之時。庶足以伸王佐之志，愜士望之私也。

## 濟庵箴

表弟白貢士名質，字尚文，性介直而刻意于問學，不爲勢詘，非其人弗友，遇不直者面責之，不嬶婀以徇人，真有以稱其名者。先少保尚書襄毅公於諸甥中獨愛之，故名以質而字之曰尚文，非欲其尚文藻也，欲其文質相濟，矯其偏而成其器者也。尚文雖無忘于公之訓，兢兢焉，猶懼其不克終變，負公所以教之之心，復有請于予。予觀于古訓，質類剛，文類柔，剛柔之相制，猶文、質之相成也。尚文負氣節，挺然不群，將進對于大廷，服有官序，其所濟益純，則所成益大，故請名其藏修之室曰濟庵。爲箴以相之。

一歲之成，寒暑代更；一日之行，有晦有明。苟失之偏，民物滋沴。不沴而祥，曰有攸濟。矧伊人矣，或剛或柔。一墮于偏，匪德之休。柔過非仁，剛過非義。必相濟焉，德乃云備。有偉一士，其性孔剛。剛本君子，秉德于陽。非濟以柔，剛其可貴。矜行訒言，如彼經緯。非謂柔惡，陋劣猥庸。柔善斯從，有忍有容。君子念之，省察深造。曰剛曰柔，卓爾中道。大以濟世，小以濟身。剛孰非義，柔孰非仁。肅肅齋居，常目毋替。質哉文哉，聖徒可跂。

## 侍御陳君煃小像贊

其外甚雅，其中甚肅。仕學兼優，光此豸服。英年壯志，遠大是期。文獻之嗣，公輔之基。

## 小像自贊

生洛黨之宗，居僞學之里。髮早變不知其何憂，神内腴不知其何喜。宜物論遂至於難容，幸天恩不加於罪徒。然學以迂士爲安，耕以惰農爲耻，猶將終身，不能自已。

## 汊口宗姪用光像贊

此吾汊口宗彦用光之像。其守道而立也，如聳壑凌寒之檜；其抱器而隱也，如連城媚澤之珠；其政施于家也，如解牛發硎之刃；其名重于鄉也，如過都歷塊之駒。故其貌莊而不倍，性介而不趨，行高而不屈，學成而不迂。殆古所謂敬正之士，直諒之友，而不愧于君子之儒者乎？

## 汪處士彦容夫婦像贊

愉色婉容，執孝子之禮；深衣大帶，篤隱君之風。抱有爲之才而未試，餘不惑之歲而遽終。然墓刻銘于有道，鄉評出于至公。謂其幹蠱所充，足以承其先之盛；慶善所及，足以啓其後之隆也。

## 汪思恭像贊

毓秀而爲弗齋之孫，擇配而得越公之胄。其容肅則知壼範之嚴，其氣清則知内行之茂。況捐所天于盛年，成其子于童幼。固當著幽貞之美名，享期頤之上壽也。

此汪君思恭之像也。其氣平而不傾，其容舒而不肆。負雍雍善俗之姿，抱耿耿活人之志。市隱無羡乎岩棲，孝友不煩于禄仕。其向學也，庶幾有手不釋卷之勤；其制行也，可以爲足不履影之事。惟顧名能愿而恭，知享福必昌而熾。非有慕於先正之高風，而爲太平之逸士者歟？

## 汪維則思仁像贊

今逸士，古衣冠。奉詩禮，樂谿山。慕有道，伯仲間。求其中，覩其顔。

## 環谷先生汪公像贊〔三〕

先生諱克寬，字德輔，一字仲裕，姓汪氏，世居祁門桃墅。自我文公朱子一傳爲勉齋黄氏，再傳爲雙峰饒氏，三傳爲東山汪氏，即先生仲大父〔四〕，而先生實嗣其傳。元泰定中舉于鄉，已而棄去，畢志聖賢之學。當高廟初，召至京師，與修元史，爲儒生首。書成不願仕，賜金幣遣歸而終，學者號環谷先生。此其大致也。平生著述，有易傳義音攷、詩傳音義會通、春秋傳纂疏提要、左傳分紀、經禮補逸、周禮類要、四書音證考異，諸書惟春秋纂疏傳學者，餘多散軼不存。走竊悼之，而力不足以復之也。先生五世孫文林、文彙奉先生遺像及殘編數種見示，且請一言。末學淺陋，豈足以與知先生之萬一哉？維桑之敬，高山之仰，則有不能已者。謹爲之贊。贊曰：

此考亭世適門生第四人也，此龍興史局布衣第一人也。六經皆有説，而春秋獨盛；平生皆可師，而出處尤正。其道足以覺人，其功足以衛聖。遺像凜然，百世起敬。

## 敬德堂銘

績溪儒學生許欽廷恭勤學勵行而以孝聞，太守李公與進之，爲書「敬德」二字，廷恭因以名其堂，間請一言。予觀古經傳，自周誥之外，「敬德」二字未有並言者。惟左氏書臼季之言曰：「敬者，德之聚也，能敬必有德。」先儒謂此真格言，且出洙、泗之前，殆古聖之緒論乎？蓋人非敬，則雖有百行于身而不能久也。故能敬以事親則孝，敬以事君則忠，敬以交友則誠，敬以處家則睦，敬以蒞政則爲良吏，敬以居學則爲君子之儒。人之有一德者，無往而非敬也。李公因廷恭之孝摘是以貽之，豈擴充其所未至而以遠大勖之者耶？公守新安，日不暇給，顧乃不遺一士至於如此，其思以一物不獲爲己責可知。予故雜取聖賢之論及敬者爲銘以相之。然予銘豈獨以告廷恭而已哉？

相古先民，其訓孔著。緊敬之存，厥德乃聚。惟德之知，非敬害明。惟德之行，非敬害成。周禮大端，惟敬勝怠。德以怠隳，孰吉之會。洛學首事，惟敬勝邪。德以邪斁，孰捄其差。敬哉弗偏，體用一理。詘彼異端，槁木而已。敬哉弗貳，存乎一心。是爲聖學，泝流可尋。勉哉吾人，五常百行。中此兩間，奈何弗敬？

## 三叔祖士熙處士像贊

氣之融，知其德之充；頤之豐，卜其福之隆。其少也抱繩武之志，其壯也成裕後之功。廣孝敬以睦族，敦義惠以周窮。足不踐公府之地，心恒慕嘉遯之風。是其老成無愧于黄髮，壽考將至于青瞳者乎？

## 三叔祖母汪孺人像贊

容粹而莊，行尊而恪。其在室也，有過人之姿；其主饋也，有贊夫之略。教子成幹蠱之能，撫孫得含飴之樂。身既老而持之勤，家愈豐而守之約。是將見蟠桃再結于滄瀛，與喬松並壽于丹壑者歟？

## 故宋汪古逸先生像贊

巍巍風度，肅肅衣巾。身元心宋，維古逸民。清絶之詞，高潔之行。丹青炳然，敢不起敬？

## 大畈汪希文隱君像贊

此婺源大畈汪希文隱君也。蒼松矯矯，維貌之癯；白玉温温，乃神之腴。其言行不忒，可備三老；其耕樂有道，足稱一儒。年雖高而心恒惻惻，世方競而己獨徐徐。雲路翺翔，迪子孫以春秋之業；杏林容與，拯夭瘥于仁壽之區。適情者孰陪其杖履，問政者宜候其門廬。是故希蹤于初筵之武，而景行乎闕里之朱者歟？

## 雲溪族人慎德處士用高像贊

長身玉立，神腴貌清。詩禮所奉，慎德是名。葆素端居，童顔白首。桑梓所恭，鄉席在右。逍遥林壑，訓育子孫。所積孔厚，聿昌厥門。心古之心，服古之服。益介壽康，觀者其肅。

## 鵬原汪鳳英小像贊

此吾邑鵬原汪君鳳英竹山隱君小像也，其子鄉魁循請予贊。

琅玕挺挺，其節之貞；頭角嶄嶄，其嗣之興。静若有師，手不釋卷。孰聞其人，今識其面。相昔武公，壽與德兼。君子之象，吉人之占。

## 林塘范道處士像贊

其稟碩然而外則癯，其神黯然而内則腴。樂處林泉，慶緜孫子。宜享高年，式介繁祉。觀化而去，遽返其真。考德于是，如見其人。

## 臨溪族人志嵩贊

少思力學，致身亨衢。中更退處，淑其鄉閭。樂善之談，裕後之策。言行有章，見諸容色。容樸色温，諗厥攸存。臨溪之彦，相湖之孫。

## 縣丞棠邑李君像贊

棠邑李君至士以鴻臚升貳休寧，有惠政，未一載以疾卒，邑人悲思之。此其遺像也。贊曰：

入侍楓陛，出佐花封。夷然其行，偉然其容。方霈厥施，志弗克遂。竚有遺芳，式嗣其貴。

## 槐塘族人克明像贊

克明諱景嵩，出歙槐塘程氏，宋相文清公七葉孫，處士萬實之子，汀州同守克和之弟也。孝友才智，有聲一時，予兄事之，情好最篤。不幸年四十六而逝，其子儒學生永延奉遺像見示，不勝泫然，敬爲之贊。

淳樸之器，介慎之容。葆光履善，不愧名宗。胡畀之才，迺畸厥壽。世澤孔綿，式在其後。

## 岩鎮汪仕寧像贊

此岩鎮汪處士仕寧之像。性坦夷而不矯，才卓犖而能謙。有奉訓唯謹之孝，有遺金不受之廉，有事兄如父之敬，有督師課子之嚴。起鄉閭之愛慕，樂山水以安恬。壽豈生前，未罄遐齡之祝；貤封身後，允期茂渥之霑。蓋覩其遺容之儼雅，而莫能發其隱德之幽潛也。

## 婺源高安族人質像贊

婺源高安族人質，字文夫，號友松，蓋清修博雅之士也。予愛重之，故題其像云。

覩其容可窺其中，即其嗜可識其志。既粹孔温，其中之存；亦堅且秀，其志之茂。抑斯人也，固將勵學以希蹤于昔賢，遺世而尋盟以守歲寒者乎？

## 沂水高縣丞像贊

此故沂水貳尹高君之像也。君令器忠以鄉進士來尹休寧，奉以見示，敬爲之贊。贊曰：

維行之淳，維性之淑，維政之良，維操之肅。兩著績于哦松，晚陶情于藝菊。其遠識足以興家，其高懷足以振俗。九老之社將啓而遽終，八袠之齡方開而未足。悲几杖之無從，喜弓裘之有續。然覩其好德之容，而知其裕後之福也。

## 績溪方思讓像贊

績溪方君思讓，予族姪新昌尹傅之舅氏也。傅在㴻東日，託工摹之，又挈其弟儒來休寧山中，丐予贊之。贊曰：

其性長厚，其容㮚温。名出尋常而爲義士，年未六十而見曾孫。有賢厥嗣，將大其門。叩其中而企其壽之遠，即其外而知其行之敦也。

## 山斗族人永通像贊

此山斗程處士永通也。負享福之器，故其頤也豐；懷樂善之心，故其色也融。其奉身也甚儉，其與人也甚忠。其持家也甚恪，其論事也甚公。撫高情于塵俗之表，播良譽于里閈之中。宜其世譜成而預統宗之嘉會，先祠啓而紹尊祖之遺風也歟。

## 汪公文燦小像贊

婺源汪公文燦爲御史時，作待漏小像，豸冠端笏，對之肅然。蓋職思其憂之意也。未幾，果以直言被廷撲，斥官夔府，困阨遠外，公不自屈。逮今天子嗣位，清議大伸，進擢郡守，賜誥有「直言」之褒。既而再進藩佐，三進憲長，金緋在躬，公不自侈。君子以是知正人之求福不回有如此者。敏政與公家同郡，同舉進士，且有姻好，知公深，故爲之贊。贊曰：

公之爲貌，無苟訾笑。公之自處，不妄取予。公之事君，以道屈伸。公之誓己，以敬終始。昔也豸冠，内臺之端。今也冠豸，行臺于外。帝旌諫臣，鸞誥孔輝。左右執法，俟公之歸。

## 來春汪處士夫婦像贊

靖恭其貌，巽順其行。躬孝弟以無忝，繼堂構而有成。其族之華也，本魚龍以爲譜；其性之逸也，愛鷗鷺之爲盟。鄉飲被天朝之寵，市隱高月旦之評。是將樂期頤之上壽，享清福于太平者歟！

其容外端，其德内葆。在室有婉娩之從，相攸成伉儷之好。其相夫也，惟敬睦之爲榮；其治家也，亦勤儉之爲寶。嘉名無間于族姻，慈澤下均于庸保。是將爲女士之所宗，與君子而偕老者歟！

## 樂壽謝君子期像贊

窮山之原，孰遁其榖。擇兆之真，孰敚其守。訂古書之宿繆，析玄理于難剖。其色黯然，蔚乎内秀；其志欿然，卓乎尚友。周行而樂，主静而壽。君子勖哉，安履無咎。

## 李君尚絅像贊

性剛而弗陂，氣和而弗乖。其少也承芳詩禮，其壯也覽勝江、淮。卓爾厭市廛之擾，翩然起泉石之懷。以藥濟人，馴虎解董林之守；以儒訓子，鳴鸞冀舜樂之諧。星輝南極，日上東厓。眷丹青之有意，知福壽之無涯。

此休寧李君尚絅之像也。君世居雙溪東厓下，明年六月望後二日，始生之辰也。於是年五十矣，其子儒學生謨嘗從予遊，請贊以壽之。

## 大尹余君像贊

此知錢塘縣事江夏余君應明之像也。余君作縣，有治績，見稱于時。久之，歙南張斯祥之子良嘗坐累，下君，君白其事。良深德之，繪其像以示子孫，俾無忘焉。謂予同郡人，奉以求贊。予觀古循良之吏能致其所部之感德者，有矣，未有致異縣之感德如余君者也，故序其事而贊曰：

慈詳之德，謹乎其内；淑慎之容，儼乎其外。莅政勤而忘勞，興民利而祛害。羨一官以古賢爲師，故百里惟令君是賴。澤之所及，雖異縣而感之深；廉之所守，雖富區而處之泰。其年方强，其禄未艾。知所階之益崇，將所施之益大也。

## 宗叔以尚像贊

容樸而不華，性和而不盭。早孤力致于興家，既老猶廑于恤匱。焚香却掃，行不染于市廛；謹身力田，人咸稱其孝悌。壽擬樂乎期頤，訃俄驚于委蜕。其終也，先浴佛之三晨，後遇文之一歲。然無憾以獲乎全歸，有子克昌其胤系。是乃吾宗老成，而令聞長世者歟！

## 宗人世昭像贊

此槐塘宗人世昭君之像也。其長子陽判祁州，次子寬宰安化，請予爲贊。

貌本肅而神怡，體雖癯而力健。其閲世也，壽將開于九袠；其待人也，惠不忘于一飯。二男並顯于遺經，十室每高于焚券。大賓正席，增鄉飲之光；明詔加恩，示里人之勸。此誠可謂盛世之逸民，而無愧于相門之垂憲者歟！

## 宗美母金孺人像贊

有叶夫之賢，有撫孤之行；有饋先之誠，有御家之政。業已充而益勤，身雖老而加敬。怡年享甘旨之豐，衍福見曾玄之盛。指百歲以爲期，庶一宗之爲慶。

## 周司訓夫婦像贊

生簪笏之家，被章縫之服。思繩祖武而進之淹，方爲人師而逝之速。飛鵬見奮于層霄，良驥蹶馳于平陸。澤留芹頖，感多士以不忘；秀出桂林，企後人之善續。以閨門之英，媲詩書之胄。其處也專事乎織紝，其歸也克供乎籩豆。拮据治事，恒嗤絳帳之非；伉儷叶心，共守青氊之舊。嘅夫君食報而未遑，知壼政撫孤之必壽。

## 處士劉志寧像贊

惟貌之淳，惟行之樸。以勤治生，以善爲樂。焚香燕坐，玩菊怡神。一廛之隱，太平之民。

## 瞻翠吴處士像贊

此瞻翠吴處士景岑之像也。平直之行，義讓之風。覩其德容，可測乃中。岐嶷斯男，耄耋斯壽。推其素有，可卜乃後。乘車下澤，視餉東菑。榮不以爵，富不以貲。有詢孰誰，我發其秘。溪南之良，季子之裔。

## 溪南吴處士景寧像贊

容肅而弗懈，氣和而弗愆。高標見神爵之異，雅操挺孤松之堅。其裕後也，詩禮之訓篤；其賑飢也，冠服之恩延。節杖在側，爐薰在前。是固行同于皦日，而壽致于百年者歟！

## 信行方孺人像贊

性勤儉而不驕，行幽閒而弗妒。在室有箴史之規，相夫有蘋、蘩之助。胡未臻于耄年，遄據罹于大故。然嫡庶之愛惟均，媚黨之稱有素。是故未嫁而恒慕乎淑女，已歸而不忝乎賢婦者歟。

## 怡庵鄭君像贊

此怡庵老人鄭君文慧之像也。生貞白之里，業岐黃之書。其資近道，其學兼儒。以勤治家而不肆，以直語人而不諛。聘召有期，位宜參于尚藥；隱居無愧，樂乃慕于風雩。容雖莊而意適，貌未老而神腴。功著杏林，策其壽之未艾；子登桂籍，徵其慶之有餘。

## 武昌令君贊

此故武昌令婺源汪君諱璽之像，其子儒學生玄錫奉以請贊。玄錫，予從子婿也。贊曰：

盛年壯志，廣額豐頤。鳴琴宰治，壽禄是宜。棟戕于用，驥踣于馳。餘慶有在，惟後之期。

## 宗姊程孺人贊

程孺人，處士某之女，邵以輝之妻，予宗姊也。無子寡，守節不二，年幾七十矣。一女，適率溪族子炫，爲圖其真，族兄宗訊請爲之贊。贊曰：

惟容之莊，惟行之潔。生于碩宗，全此令節。孰云無嗣，實克有傳。天錫其壽，人頌其賢。

## 大畈汪用畊處士像贊

性樸而不華，貌莊而不肆。力學以典籍爲師，隱居以耕釣爲事。其淑身也，振高世之風；其孝親也，負亢宗之志。堂無愧終慕之名，碑可題有道之字。善既積而未酬，業將開于令似。是誠越國之聞孫，星源之佳士者歟。

## 程母方孺人像贊

此槐塘程君寰之配方氏，儒學生高之母也。在室惟令，主饋惟恭。有美其行，亦淑其容。宜壽且康，倏爾奄棄。竚子之成，昭母之懿。

## 族兄宗汎夫婦像贊

聽鄉之訟，人服其平；濟涉之功，人頌其成。雅志高懷，敦德履善。半隱之名，一族之彦。

毓秀花封，惟女之淑；執禮蘋澗，惟婦之肅。相夫有道，訓子克成。致戒之著，眉壽之徵。

## 宗叔以權處士像贊

玉立長身，所性淳樸。耆年司平，所涖勤恪。凝神燕坐，巾服儼然。三賓之選，十室之賢。

## 屠都憲官御史時像贊

長身美髯，其外之偉；宏才碩學，其内之充。秉官儀而服豸，振風紀以乘驄。廉足以厲貪于秋肅，仁足以澤物于春融。推其心，將伯仲古人而後已；盡其藴，必澄清四海之爲功。蓋天生才傑，仰佐聖躬，觀其容，占其後，而知其責之在公也。

## 座右銘

攢簇五行，和合四象。外境不收，内境不放。回觀裹形，返聽内響。自飲上池，普潤五臟。雖病可痊，縱衰可壯。

## 錫榮堂銘

莆田蕭君光甫以鄉進士爲潼川學正四年，用薦起知成都之安縣，又知南昌之寧縣九年。其教爲賢師，其政爲良吏，而政之所成，尤焯焯有聞，被褒異之典，晉階貤封，湛恩汪濊，乃名其堂曰錫榮，所以示不忘也。君以績最升光禄署正甚久，然論者謂其才行宜不止此。予未獲觀其堂，而雅識君也，銘以俟之。

有巋者堂，伊誰之居？有煒者顔，伊誰之書？卓彼蕭君，荷天優寵。乃顔厥居，以示尊奉。兢兢蕭君，以儒起家。其行甚修，其聲孔嘉。教行一州，政在兩邑。薦書四馳，恩典下及。既榮乃身，亦光其先。載賁爾室，龍章焕然。歲時登堂，再拜稽首。聖澤洋洋，恒恐獲咎。棣棣蕭君，入官于朝。光禄分署，士論於昭。燕客于堂，輪奂具美。增秩之榮，其錫未已。堂之顔兮，我與作銘。勖爾孫子，嗣其德馨。

## 桃溪潘公炯資像贊

粹然見於面者，其德之完；瞭然著於目者，其志之端。其生也有道而隱，其殁也無愧而安。此殆垂鄉閭之楷範，而啓世代之衣冠者乎！

## 校勘記

〔一〕此吾同年友刑部中過大璞也　「中」，四庫本作「郎」。
〔二〕以奉四代神主　「主」，原作「王」，據篁墩程先生文粹卷二十四改。
〔三〕經禮補逸卷首此贊署：「弘治六年歲次癸丑上元日賜進士及第中順大夫詹事府少詹事兼翰林院侍講學士同修國史經筵同郡後學程敏政拜書。」
〔四〕即先生仲大父　「大」，原闕，據經禮補逸補。

# 篁墩程先生文集卷五十七

## 疏　致語　啓劄　障語

### 忠義會疏

伏以忠義如日月之在天，有目皆覩；神明若江海之行地，無浚不通。欲申祈報之誠，可乏香燈之會？伏惟東平忠靖崇福景佑真君，一方廟食，累代褒封。保江、淮而力遏狂胡，南土免遭于荼毒；失睢陽而願爲厲鬼，後人宜奉于烝嘗。凛氣節以如生，愧奸諛于既死。壽亭侯前朝義勇，儷齋供于伽藍；襄毅公當代勳賢，接芳隣于窀穸。謹涓吉旦，用妥明靈。伏願時雨時暘，歲歲傒有秋之望；宜長宜幼，家家獲無恙之歡。財源日進於門庭，沴氣潛消于里閈。訟聲不作，盗習無聞。上顯相於國家，德音斯被；下陰扶于守令，善政有成。益恢神化之弘，永副民心之仰。謹疏。

## 晝錦坊陪郭義社疏

伏以秋報春祈，據禮制必遵于聖代；尊天親地，故社壇許立于凡民。欲奠群生，載新盛舉。伏惟晝錦陪郭，休陽勝地，程氏攸居。唐、宋以來，將歷六百年之久；子孫相望，不下二千指之多。耕田鑿井，伊誰之功？飽食暖衣，惟神是賴。雖各開于户牖，實共奉于烝嘗。念化機默運于太虛，無往不復；宜人心勃興于今日，有感必通。伏願義社之神，闡厥威靈，保兹境壤。贊雨師風伯之任，罔致愆期；輔高城大隍之神，不嚴宵警。蝗螟退滅，時慶豐年；疫癘銷除，同躋壽域。民爲邦本，幸官賦之無虧；人藉地靈，冀英才之輩出。比屋安于樂土，闔家享于太平。再屬同盟，勿淪殊俗。敦孝弟力田之行，誦詩書執禮之言。如有犯于科條，則共加于斥逐。庶光祖德，毋作神羞。木有本，水有源，永篤枌榆之好；神無方，易無體，衆修香火之誠。福胙攸歸，蝦詞莫罄。

## 癸卯中秋節宴奉皇太后致語

臣聞萬壽稱觴，宜中秋之令節；一人備養，得天下之歡心。金風開長樂之筵，寶月焕清虚之府。慶逢千載，喜動六宫。伏惟皇太后陛下，至德洪仁，尊爲聖母；隆名厚福，高與天齊。垂懿訓于四方，受蕃禧于九廟。龍孫濟濟，膝前繞玉葉金枝；鳳駕謙謙，女中稱唐堯、虞舜。西王母申瑶池之宴，勝集群仙；南極星報壽域之祥，福延萬姓。臣等獲瞻天表，無任下情。五穀豐登，幸才逢于今歲；八音齊奏，樂共享于太平。少奉宸歡，敬陳口號。

令節初開萬歲延，歡聲遥動九重天。雲浮仙仗呈新瑞，月轉慈闈勝舊圓。聖壽遠同川嶽久，母儀高出漢、唐前。六宫記取今秋事，四海齊歌大有年。

## 十一月二日慶萬壽聖節致語

臣聞虹流電繞，開萬年聖壽之祥；雨順風調，正四海太平之候。曆數允符于三代，皇天眷佑于一人。申命用休，瑞氣遥騰黼座；子月初建，和聲漸轉黄鐘。華戎修土貢之儀，臣妾效山呼之頌。弘張御宴，盛集蕃禧。恭惟皇帝陛下，好生之仁，上通于天；勤民之政，必稽諸古。講聖經賢傳之旨，以道爲心；思祖功宗德之傳，惟皇建極。粤鴻恩之廣被，宜景福之駢臻。中外交歡，列宿拱北辰之正；神人協應，層霄現南極之光。幸兹有道之朝，益衍無疆之算。膳羞百味，窮水陸之珍奇；簫韶九成，備虞周之美盛。後三光而不老，與萬物以皆春。臣等猥以微生，叨觀大慶，願同百獸之舞，上進九霞之觴。仰瀆天聰，敬陳口號。

壽星光彩徹楓宸，聖誕稱觴萬國賓。天降福祥如舜孝，化行中外見堯仁。蟠桃擬結三千歲，御曆將開二十春。願祝長生同海岳，普施恩露及烝民。

## 冬至節宴奉皇上致語

雷復地中，初報一陽之動；慶稱天上，遥連萬歲之聲。嶰筒倏轉于黄鐘，周正才頒于寶曆。仰聖主體乾之德，順月令以端居。適天公建子之辰，望斗杓而直指。迎長伊始，納祐維新。恭惟皇帝陛下，龍飛在天，恩施率土。雞鳴問寢，孝奉慈宫。不邇聲色，不殖貨利，企商后之高明；丕承武烈，丕顯文謨，兼鎬京之盛美。崇儒有作，焕成昭代之書；恭己無爲，恪守先王之戒。雖大彰天討，屢奏膚功，而功過必允；雖重惜遺材，無吝爵賞，而賞罰恒均。凡此皆君子道長之幾，正可驗斯世運亨之兆。履長之貺，樂與人同；必世之仁，宜膺天眷。立表以窺，舜日漸及舒長；登臺以望，堯雲盡成佳瑞。臣等叨居樂部，獲奉宸遊。伐鼓而來廣莫之風，幸際清朝全盛；鳴絃而歌覊發之句，願陳王業多艱。敢貢微言，上塵天聽。

五色祥雲擁上林，履長佳節慶初臨。黄鐘乍轉宫商正，玉曆新頒雨露深。四海昇平蒙帝力，一陽來復見天心。願乘生氣行時令，寶祚延長冠古今。

## 甲辰元夕節宴奉皇太后致語

伏以時當泰運，重三五之佳辰；孝奉慈闈，祝萬千之聖壽。瑞騰鶴禁，喜溢龍顏。恭惟皇太后陛下，受性弘仁，詒謀高遠。慶覃孫子，比周室之邑姜；福備天人，類瑶池之王母。制不稱于宫闈，化已浹于家邦。矧四方書大有之年，式光寶訓；宜九重慶上元之節，先進霞觴。朱絃繚亮，協應韶鈞；御燭熒煌，昭回星斗。山形葱蒨，駕海上之六鰲；烟影迴環，走人間之八駿。清歌妙舞，以次而迭奏，境隔仙凡；玉饌珍羞，雜然而前陳，味窮水陸。極天下一人之養，奉内前一日之歡。臣等粗以賤工，叨居法部。窺月中之火樹，疑新開不夜之天；分霜後之黄柑，知樂共長春之宴。欲宣勝事，敢貢芻言。

長樂宫中啓御筵，六鰲山下擁祥烟。三春景重元宵節，四海人歌大有年。彩仗近移風力軟，珠簾初捲月華圓。霞杯滿獻觀燈酒，樂奏昇平第一篇。

## 元夕節宴奉皇上致語

伏以時分四季，惟春季當和樂之時；節有三元，顧上元乃繁華之節。宜張御宴，上奉宸歡。況一歲之豐登，有先朝之故事。恭惟皇帝陛下，秉寬仁恭儉之德，受高明睿哲之姿。天縱多能，上師孔子；日新舊學，遠慕湯王。詳刑不及于非辜，卹典屢施於無告。南郊禮備，特牲才胙于尚方；北塞塵清，虎旅又歸于宿衛。調春臺之玉燭，實在此時；放夜禁之金吾，豈妨正務。銀花火樹，徹映鰲山；鼉鼓龍笙，少延鳳駕。侍臣立紅雲之殿，尚食進紫霞之觴。聖齡願保于萬年，健隨天運；節假已開于十日，樂與人同。盼明月之光輝，喜良宵之未艾。臣等猥以末技，叨預伶官。禮太乙貴神於六宫之中，想周旋于達旦；獻昇平妙曲於兩階之下，愧聲調之入雲。欲罄下情，敬陳俚語。

寶曆初開二十巡，上元風景一回新。千株火樹連西苑，萬點星毬擁北辰。金剖黄柑傳令節，調翻白雪應陽春。聖心願比光明燭，滿賜餘輝及庶民。

## 端午節宴奉皇上致語

四時順序，慶佳節于端陽；萬壽稱觴，奉宸遊于一日。恩覃海宇，喜浹宫庭。伏惟皇帝陛下，廣運如帝堯之仁，丕承似武王之烈。沃心講學，將遍于六經；育物對時，正臨于五位。嚴禱祠以作民間之福，懸賞格以收天下之才。聖子神孫，吉兆又開今歲；恬文熙武，泰平何羡先朝？當此燕閑，少修故事。龍舟蕩漾，競蘭檝于中流；騎士騰驤，奪錦標于馳道。紅旗畫鼓，有相先逆浪之奇；玉勒雕鞍，有獨出衮塵之勇。威生艾虎，香動蒲人。長楊苑樹逗春風，太液池花明瑞日。一張一弛，遠鑒周文；一豫一遊，曾聞夏諺。況久罷邊城之警，宜上承慈極之歡。臣等猥以賤工，叨居樂部。伏願聖德新於日日，載浴蘭湯；天鑒赫其明明，不需菱鏡。因角黍而思往哲，服去讒遠佞之言；作梟羹以賜百官，示嫉惡除凶之義。敬陳俚句，俯罄微忱。

五色雲中化日長，御筵開處慶端陽。雷奔馳道歡聲動，風拂仙家笑語香。驃騎捷乘孤隼過，畫船輕裊六龍翔。願將九屈菖蒲節，添入薰風萬壽觴。

## 十月十四日慶皇太后聖節致語

皇明大一統，隆聖孝于九重。十月小陽春，奉宸遊于一日。天開壽域，德本慈闈。伏惟皇太后陛下，作配先皇，母儀天下。六宫撫恤，一皆推好善之心；萬乘起居，端是享齊天之福。光騰鶴禁，慶衍龍孫。南極星光見中霄，瑞騰宇宙；西王母復臨凡世，樂備天人。伏惟皇帝陛下，德爲聖君，孝奉文母。王畿有幸，喜今秋五穀豐登；邊塞無虞，看終日九夷朝貢。天心協順，家宴弘開。萬壽爲期，上表先陳於望旦；四海爲養，捧盃滿進於長春。正當大有之年，好奏太平之樂。臣等猥以末技，叨預伶官。譜按朱絃，久被周南之化；調翻白雪，深慚郢上之詞。少罄心聲，敬陳口號。

南極光中萬壽筵，歡聲遥動九重天。六宫喜慶長生節，四野初逢大有年。德似周南王化美，孝同虞舜聖心虔。金尊滿進金莖露，樂奏蓬萊第一篇。

## 十一月二日萬壽聖節暖壽致語

四海無虞，喜值豐年之候；一人有慶，又當暖壽之辰。和音漸轉于黄鐘，瑞氣遥騰于紫禁。天下仰北辰之正，座中覩南極之光。伏惟皇帝陛下，有成湯好生之仁，有虞舜悦親之孝。聖經賢傳，崇正學于講筵；武烈文謨，得歡心于祖廟。鴻恩廣被，景福駢臻。青宫喜付託之得人，紫塞報烽烟之絶迹。法曲齊歌好事近，漫誇不老之丹；樂聲初奏萬年歡，共上長春之酒。九夷八蠻，朝使絡繹而來；三宫六院，賀儀次第而舉。臣等猥以賤工，叨居法部。天開壽域，從今朝日日開筵；德爲聖君，看終歲人人得所。敬陳鄙句，上瀆天聰。

幾日欣逢聖節來，御筵先向禁中開。西疇喜作豐年頌，南極光臨上壽盃。萬國瞻天朝帝座，五雲扶日上蓬萊。内前記取歡呼處，又熟蟠桃第一回。

## 乙巳元夕節宴奉皇太后致語

十五觀燈，幸時逢於泰運；九重獻壽，仰孝奉於慈闈。仙仗來臨，御筵初啓。恭惟皇太后陛下，能仁能儉，大聖大慈。德化比文王后妃，慶延孫子；端麗似瑶池王母，福備天人。惟八方樂太平之年，故一人享天下之養。金鼎進霞觴灎灎，春臺調玉燭熙熙。鳳管龍笙，奏上元之妙樂；銀花火樹，應南極之祥光。喜動六宫，慶當千載。一輪寶月，照絳闕於天中；萬朵紅雲，得鰲山於海上。臣等仰瞻天表，無任下情。效仙子蟠桃之音，久叨法部；

作盛世傳柑之節，少奉宸歡。未罄心聲，再陳口號。

五色雲中架彩橋，九重天上慶元宵。神仙簇擁瑶池會，聖母端居絳節朝。萬燭祥烟留鳳輦，一聲明月聽鸞簫。霞盃滿進長生酒，大孝如今仰帝堯。

## 中秋節宴奉皇太后致語

伏以好月流光三五夕，良辰莫勝于中秋。太平開宴九重天，佳慶正逢于今日。慈歡極四海之養，聖孝罄六宫之誠。伏惟皇太后陛下，性本高明，有内肅外雍之美德；動遵禮法，有左圖右史之良規。鳳册龍章，尊爲帝母；金容玉相，儼若天人。盛福已備於東朝，遐算遠徵於南極。值暑退凉生之候，況河清海宴之時。置酒長樂宫，湛湛下金莖之灝露；趣駕廣寒殿，明明開寶鑑於層空。幔亭降武夷之仙，玉臼得長生之藥。宸闈有喜，萬方臣妾一聲歡；國祚無虞，兩宫聖人千歲壽。岩桂香乍，飄來貝闕。梧桐影漸，轉過銀床。水陸具陳，宫商迭奏。臣等猥以草茅之賤，夙抒犬馬之忱。樂部隨群，曾未學霓裳羽衣之舞；御筵供事，幸竊誦瓊樓玉宇之詞。上浼天聰，載陳俚句。

天上平分九十秋，奉慈開宴暑初收。金風薦爽隨鑾馭，寶月流輝滿鳳樓。德似女英嘗佐舜，壽期文母再興周。歡聲一動珠簾捲，膝下稱觴見冕旒。

## 丁未二月六日皇太子婚禮成皇上奉皇太后宴致語

伏以青宮納配，值太平有象之年；紫禁張筵，上聖母無疆之慶。非常喜事，曠代奇逢。伏惟皇太后陛下，至德弘慈，盎如春育；隆名厚福，高與天齊。垂懿範于兩朝，受蕃禧于九廟。謀深燕翼，澤被龍孫。屬當視膳之朝，猶記含飴之日。恭惟皇帝陛下，重華嗣統，若虞舜之承帝堯；大孝格天，似武王之奉文母。恢鳳儀獸舞之治，篤關雎、麟趾之風。茂對良辰，特開嘉宴。鏘鏘濟濟，同稱萬歲之觴；肅肅雍雍，聿著六宮之美。敬惟皇太子殿下，天姿英武，睿學高明。嘉禮告成，綿宗社隆長之祚〔一〕；大倫伊始，協乾坤健順之文。有國以來，於斯爲盛。自今而後，駿發其祥。東風送暖入褘衣，幸宸歡之莫罄；北極騰輝臨寶座，知神相之有加。臣等猥以賤工，叨居樂部。周南之詠，敢續譜于朱絃；郢上之詞，愧難傳于白雪。上陳俚句，俯效微忱。

初報元良六禮成，萬方臣妾共歡聲。光生晚景添慈壽，喜入春風樂聖情。舞隊巧隨鴻鵠舉，韶音全協鳳凰鳴。宮庭此日非常慶，滿進仙觴第一行。

## 七月三日東宫千秋節皇上奉皇太后宴致語

伏以慈闈有慶，張萬歲之華筵；壽域無疆，值千秋之令節。紫電記繞樞之瑞，金風開却暑之期。喜動龍顔，光騰鶴禁。恭惟聖壽慈仁皇太后陛下，祇承先帝，久播徽音。擁佑聖躬，爰臻至治。丕隆國本，遂家室之攸宜；茂衍孫枝，致藩維之益固。誕膺曠典，嘉受鴻名。如周室之太姙，行高今古；似西池之王母，福備天人。伏惟皇帝陛下，以敬天法祖爲心，以親賢愛民爲務。上勤定省，有問安視膳之誠；下撫元良，有主鬯承祧之託。頒養老之令，普及于寰區；廣逮賤之恩，下推于永巷。四海傒豐年之應，萬機無邊報之煩。敬惟皇太子殿下，天賦英姿，日新睿學。忝嘗代事，得七廟之歡心；保傅相成，遵三王之大禮。對重熙之景運，當載育之佳辰。奏五坊之樂，少莞宸容；獻九醞之觴，永介眉壽。臣等叨參法部，旅進内庭。覩長樂之新儀，幸逢盛舉；續華封之故事，敢上芻言。

聖主欣逢令節開，奉迎王母宴蓬萊。清歌併逐鸞笙起，紫氣潛隨鶴駕來。瑶草秀從雙闕見，蟠桃紅傍五雲栽。龍孫佳慶非常慶，一日歡聲遍九垓。

## 賀少詹學士鏡川楊公壽啓并詞

恭諗儲端先生懸弧勝旦，憲副令子持節榮行。金帶緋袍，快兩世衣冠之覩；龍章鳳誥，均九重雨露之霑。長者之望，益重于玉堂；少男之名，又登于黄甲。古今鮮儷，橋梓相輝。矧六經訂誤之功垂成，宜百歲還童之壽伊始。慶不止于一再，禮寧較于尋常。走性迂疎而蒙雅愛，稱觴之儀未舉，通家之好可慚。輒狃蕪詞，兼馳菲具。幸回巨矚，少見微悰。

巧節踰旬，中元隔晝，年年記取登堂。朱顔似渥，任教兩鬢飛霜。況是豸冠擁節，新恩争羡白眉郎。騰歡處，腰黄相射，製錦重光。

後樂園中家燕，有冰盤賜果，玉斝仙觴。楚楚二郎在侍，金榜傳芳。願衍斯文壽脉，六經重遺蠹編香。鏡川水，東流不盡，遐算同長。

右調慶清朝。

## 南京使回受誥宴客啓

謬膺恩例，賜誥有常。過辱慶儀，增愧無已。思聚奎之餘幸，計返璧之非恭。矧當較藝之行，承乏是懼；獲藉斯文之庇，知感彌多。爰潔前陳，奉釐左顧。散朝之後，拱俟華軒。卜日之期，敢申素札。敬以是月三日，早候客者。

## 己酉歲休寧送諸士赴秋闈障語并詞

伏以盛世掄材，赴賓興于棘試；賢侯勸駕，開祖餞于花封。願一朝而與計偕，想群英之將穎出。連城定價，必獲賞音。下里蕪詞，先申賀意。詞曰：

青霄萬里鵬摶翮。又恰早、槐黄時迫。趁薰風、先與餞雲程，一一見、喜傳眉額。

京闈捷報題名客。應半是、東阡南陌。聽鹿鳴，華宴早歸來，爲幾載，松蘿出色。

右調步蟾宫。

## 己酉歲迎經魁汪循亞魁方罃障語并詞

伏諗秋風捷報，來自南都；午夜文光，徹于東壁。經魁與亞魁而並出，文運合治運以相高。駢首棲遲，越大比五科之久；一朝騰踏，占隣封諸士之先。此誠令尹作興，遂致生徒奮起。蘿山出色，固有驗于前言；楓陛傳臚，更相期于嗣歲。喜倍于衆，情見乎詞。

雙鳴鳳。曉日天飛雲縱。一舉歸來如伯仲。萬選青錢中。
畫鼓紅旗歡動。酒瀉緑醅銀甕。得意杏園還與共。聽上賢臣頌。
右調謁金門。

## 壙子定帖

程宅本貫直隸徽州府休寧縣忠孝鄉孝芝里。
高祖考杜壽，贈兵部尚書兼大理寺卿。
高祖妣汪氏，贈夫人。
曾祖考晟，贈兵部尚書兼大理寺卿。
曾祖妣張氏，贈夫人。
祖考信，贈太子少保，謚襄毅。
祖妣林氏，封夫人。

父敏政，今詹事府少詹事兼翰林院侍講學士。

母李氏，封宜人。

第一男壎，丙申年十月初六日寅時生，任錦衣衛百户。

右。今議與

汪宅第二令愛聯姻者。

成化二十三年六月　日定帖。

## 聘定啓

休寧陪郭程　謹奉啓婺源浯村侍御太守汪公執事，兹憑媒議，承許第二令愛與僕第一男壎締親者。

伏以桑梓相望，愧百年之文獻；絲蘿有幸，締兩族之婚姻。謹據禮以通誠，已獻占而告吉。念小兒竊叨世禄，曾非幼悟之才；知令愛久熟家規，素著夙成之懿。顧越公之嘉胤，慚洛黨之非倫。金榜舊遊，益重同年之契；冰言近報，爰申合姓之歡。仰冀尊慈，俯垂鑒念。弘治二年六月　日。

## 壥子納徵啓

眷生安定程敏政頓首奉啓侍御郡守平陽汪公眷尊閣下：

竊以蓬門非儷，久承聘定之言；芹意是將，敢後納徵之禮。兹爲舊典，允屬佳辰。伏惟眷尊正學高文，派傳儲傅；昌言直道，系本臺端。矧一麾出守，繼德化于文翁；且二姓通家，仰教條于朱子。爰申嘉命，許締良期。知閨玉之有成，紅組夙閑于姆訓；愧庭蘭之弗逮，簪紳早誤于君恩。兹蓋眷尊念昔青雲同升爲幸，撫兹白社，退斥宜矜。俾上足以助慈親菽水之歡，下足以了卑人婚嫁之願。分光實厚，報德奚勝？古禮宜倡于世家，謹聿尊于王制；人道莫先于正始，豈盡略于鄉儀？喜循良從一鶴以來歸，容菲薄藉雙魚而致敬。少有儀物，具如別箋。仰冀尊慈，特垂鑒念。謹啓。

弘治五年五月　日，眷生安定程敏政頓首奉啓。

## 回于宅聘定啓

敏政伏以月當建亥，將啓一陽；節值立冬，甫踰三日。恭惟千兵于公執事出按柳營，入披芸閣。茂膺蕃祉，樂對佳辰。有協新言，忽奉先施之寵；無忘舊眷，更承左顧之勞。一往一來，於文必稱；三薰三沐，在古攸宜。

敏政惟是月俗號小陽春，才應鐘之協律；時名大淵獻，始于貉而爲裘。公適當講武之餘，走亦在滌場之日。鼎裀是攝，固有加于吉人；節宣孔宜，庸載勤于從者。

敏政靖惟寓公之望，久重一方；通家之情，已更再世。紫陽巖㟂，同深景行之圖；釁序淵源，並有芳隣之托。屢徼英晤，何俟贅言。

敏政載惟公家鉅姓，望出古豐。在漢若廷尉爲公清之相，人頌其高門；在周若柱國以耆德之臣，帝師于太學。揮戈靖難，儼然黑槊威名；露布驚人，焕若彩毫佳製。乃文乃武，有開其先；惟孝惟忠，克承厥後。迨公父子，遠續韜鈐。聞禮聞詩，既無忝衣冠之業；肯堂肯構，遂大昌閥閲之基。投壺塹樂于軍中，受鉞可當于閫外。公論若此，予亦謂然。

敏政系本析于相湖，名濫叨于翰苑。惟勤遠志，終愧世風。先忠愍效節于龍飛之初，先襄毅歸全于鵬息之後。況先叔父以萬户握兵衛之符，及我仲方以一經贊儲闈之府。顧愚不肖，竟老無聞。洛學家傳，屏斥過煩于臺史；豳風時習，拮据每課于兒曹。方尋陶令之菊松，未畢向平之昏嫁。惟姪女勝笄尚遠，絲麻粗識于女紅。聞令郎奪錦是期，俎豆更閑于儒素。下致問名之禮，用綿合姓之盟。敢謂雀屏，居然中選。實慚雁幣，勉爾登嘉。

他日助奩傳倩，莫譏一硯；兹辰答篚來伻，敬付雙鱗。署名耻慕于郇雲，徹視仰祈于戎電。敏政僭易上問尊閫夫人暨令嗣令姪合宅仙娩，主饋有嚴，起居特勝。侍綵多暇，福履並臻。列拜謝忱，轉希布達。

敏政壯歲休官，素無能於趨事；家政授子，聊可託于應門。倘有委令，俾聽約束。

## 校勘記

〔一〕綿宗社隆長之祚　此句四庫本作「隆宗社綿長之祚」。

# 篁墩程先生文集卷五十八

## 雜著

### 讀荀子

荀卿曰：「天子無妻，告人無匹也；四海之内無客禮，告無敵也。」甚哉！卿言之不經。其流至於開廢黜之禍、侈尊大之心，將所謂「一言而喪邦」者乎？

夫五倫之在人，其分不可以僭差，而名稱不可以規避，蓋不易之理。而謂天子至尊無匹，則何以建夫婦之極，爲天下之則乎？禮，天子后立六宫、三夫人、九嬪、二十七世婦、八十一御妻，所以正嫡庶之分，謹凌犯之防。審如卿説，則后與嬪御可以無别矣。夫今日爲天子之妻者，將後日爲天子之母也。天子至尊，可以無匹，則亦可以無母乎？禮謹大婚，所以重人倫之始也。卿不誦法于古而敢爲無稽之論，使後世昏庸之主以天下之母爲不足重，而輕於幽廢禁黜，與嬪御無別者，將不自卿言發之乎？君臣上下之分，固截然有定，而貴貴尊賢，亦當各致其極。孟子曰：「舜尚見帝，帝館甥於貳室，亦饗舜，迭爲賓主。」是天子而友匹夫也。此二帝所以爲人倫之至，而謂天子無敵，可乎？仲虺曰：「能自得師者王。」故湯學於伊尹，成王拜手稽首於周公之前，不敢意其非分，蓋直以師道尊之矣，而況所謂客禮者哉？卿號知禮，而所見乃與公孫鞅無異。使爲人上者妄自尊大，堂陛之勢愈嚴而尊德樂道之義不復見於後世，非卿之罪乎？

或曰：卿之意，本於禮之「尊無二上」及「天子無客禮，莫與爲主」之説，蓋亦有據而云者。是大不然。凡讀書不可以辭害意，彼「尊無二上」特以辨夫儀章度數之等威耳；「天子無客禮」則又專指君適其臣，升自阼階不敢有其室之一事也。豈天下之通論邪？以是爲天下之通論，則卿之所見亦淺矣。

## 讀將鑑博議

凡爲將者，當觀其大節之何如，而不當計其事功之成敗。予嘗慨夫戴溪之論関羽也，其言曰：「羽輕信寡謀，貪前利而忘後患，矜己傲物，犯衆怒而失人心。」意以羽嘗逐權之置吏，罵權之請婚，而乃受呂蒙之詐，虛内攻外，至於敗亡，爲「輕信寡謀」之過。又以爲羽之攻樊也，嘗以軍資不給，將還治糜芳、傅士仁之罪，故吴兵一動，二子皆降，夫一介之士，必有死友，羽爲主將，不能以恩撫下，使衆叛親離，爲「矜己傲物」之過。

嗚呼！羽之在許也，曹操察其無留意，而使張遼問之。羽嘆曰：「吾極知曹公待我厚，然受劉將軍恩，誓以共死，當立效以報乃去耳。」其後解白馬之圍，盡封其所賜而奔昭烈。然則惇天下之大信者，羽也。昭烈嘗與曹操共獵，羽欲殺操，昭烈不從。夫孔明以王佐之才，至於操曰：「此誠不可與争鋒。」使當時從羽之言，則漢室中興可以爲有成之韓椎矣。羽之下襄陽、斬龐德、降于禁也，威震華夏，操議徙許以避其鋭，無謀而能若是哉？然則負天下之大謀者，羽也。

權與昭烈既分荆州，則權乃漢臣，方將戮力王事，以圖犄角之功，不可謂之虛内。曹操脅天子以令諸侯，不可謂之攻外。至於荆州之分，吴人以昭烈爲無功，不當得，而溪亦以爲然。予獨以爲曹操之東下也，魯肅親謂權曰：「劉豫州天下梟雄，與操有隙，如使豫州撫劉表之衆，同心治操，天下可定也。」孔明請援於權，權亦謂非劉豫州莫可以當操者。夫豈以昭烈身之勇、兵之强哉？實江東之人欲藉重於王室之胄，庶操爲逆而我爲正耳。蓋操逆我正，則神必相其役，而士思奮，有必勝之理。使赤壁之下非昭烈親在行間，則權、操均賊，勝負不可以逆正，決矣。荆州分地，昭烈豈無謂而得之者哉？權無故欲并之而置三郡長吏，則直在漢、曲在權，羽之逐之，宜耳。忍辱而婚其讎，春秋之所非也。權既反覆小人，羽烏得而婚之。矧羽知春秋，識禮義，而權以妹妻昭烈之事，又自可鑒。羽之絕之，亦宜耳。

軍資不給，當以軍法從事。使羽不加之意，則失其所以爲將者矣。知人之哲，聖堯猶難，羽亦烏能逆料芳與士仁襲漢之衣冠而甘爲臣虜者哉？凡若此者，謂之矜己傲物，吾不知其可也。羽之善待卒伍，見稱於昭烈，而溪謂羽不能以恩撫下〔一〕。昭烈於羽情若兄弟，其死也，棄中原之讎爲伐吴之舉，千載之下，得死友者，莫如羽。而溪以是譏之。是皆近于誣矣。

乃至「貪前利而忘後患」可以詆孫權，「犯衆怒而失人心」可以詆曹操，皆不可以詆羽。何也？昭烈跨有益州、漢中之地，帶甲百萬，而孔明爲之臣，權能保其必勝乎？慮不及此，而乃區區於襲羽，使天尚祚漢，昭烈不死，兵連禍結，何時而已乎？故曰貪前利而忘後患者，非羽也，權也。漢有天下四百餘年，曹操一旦欲攘其位而柄其政，君其人，故昭烈起兵徐州則郡縣多叛操應漢。耿紀、韋晃之流，位不過少府司直，而伐操不克，矢死無悔，當時扼腕於下者，可知矣。故曰犯衆怒而失人心者，非羽也，操也。爲溪者，何故以僭竊反逆之事，務欲取而加諸忠義正直之臣乎？

至於篇末乃曰：「羽固非良將矣。然古今稱之者，以其忠義大節足以仰高於後代也。」嗟乎！古所謂良將者，豈獨以其勇而已哉？伊尹去桀以就湯，太公避紂而佐武王，凡爲將者，莫良焉，以其識去就而以除殘去暴爲心耳。漢末群雄鼎沸，袁、曹勢可以帝天下，而羽委質於昭烈，盡瘁乃已。是豈有所顧望者哉？所謂良將，若羽是已。而溪曾不之識，則是重羽之無成爲可惜，而輕其大節爲可後也。夫成敗出於天，而大節存乎人。古之仁人志士，盡其在己者耳，豈能責成於天邪？善乎蘇洵曰：「世多奇呂蒙之功，以予所見，乃小人舞智，不足取也。」溪烏足以與此。

## 先師介庵先生呂文懿公遺事

先師之葬，太史陳先生爲狀以速銘，間有逸事，謹摭之以備採擇。

先生賦質渾厚，偉姿容，見者知爲大器。未冠，著書數百言，號呂子考。萬全府君異之，語人曰：「昌吾族者，在是兒矣。」萬全卒于景，先生貧無以家，有請徇俗火葬者，先生時年十七，潸然不從，曰：「忍使先人遺體受此炮烙刑？」乃權厝景東。景有浮圖，先生嘗登題其上曰：「吾不能使先人首丘，不復登此塔。」每至墓次，號泣不返。景人悲之。既奉母南，家屢空，學益力。郡守黄公懋廉知之，召至，取案上一卷書曰：「能誦此乎？」蓋洪範也。先生暗誦之終篇，黄公大驚異，遂補學諸生。

先生内莊外和，不少屈權貴。天順初，逆亨與宦者吉祥怙勢，獨嚴憚先生。每遇朝會，先生官五品，當服青袍。亨等見之，輒曰：「吾輩行當爲先生易緋。」雖屢言之，先生自若也。修撰岳正常與先生共列亨與吉祥罪狀于上，未發。亨等覺之，乃共摘正與先生所草承天門詔語，以激上。上怒，坐便殿，召近臣至，厲聲曰：「正欺罔，敢爾？」原素謹厚，乃助之，何也？」既退，人危之。先生曰：「死生，天也，懼何爲？」性孝，母夫人有疾，湯藥必手自調劑乃進。疾革，一女死，懼其知也，强言笑，不敢哭。既喪，奉柩之景，啓萬全之窆並載以還。或忌陰陽家説，先生不可，曰：「吾知奉親遺體還鄉，禍福非所恤也。」舟中猶寢苫枕塊，因得疾，抵家遂不起。

先生痛兄早世，撫教其孤志思若己出，皆底有官。嘗曰：「吾荷先世蔭有此禄，且耻獨贍也。」悉分諸故鄉，以周族人，不妄取予。奉使如蜀，往返間，篋中無長物。性儉約，身無紈綺，所衣止于賜服。喜周貧匱，故侍郎許公思温雅善先生，其孫瑶旅食京師，先生周之數年，曰：「汝當還守丘隴。」瑶陽應之曰：「諾。」先生厚賮之，瑶受而不歸。居月餘復來謁，先生不問，又周以粟布，且勸之歸，無倦意。有鄉人丐于市，先生識之，呼至家，衣食之，終其身。寡嗜欲，徐夫人嘗鬻女侍，命奉巾櫛，十餘年，語不及亂。勤學至老不怠，居秘閣，圖書左右，有得即識之，手録口誦，自晨至昃不輟。暮歸少暇，即爲門人講解書史，退則吾伊聲復達于外。蓋寢不移時而起。所修宋元通鑑續編，義例精甚，有先儒所未到者。書成，鬢髮殆白。嘗考一事不獲，不懌者累昕夕。一旦考得之，顧謂政曰：「進我一階，殊不若得此可喜。」其好學類此。

先生待人恕以誠，然事不可者，未嘗依阿取容。聞朝政有闕、邊徼有警，憂見顏面。居官二十年，家無田宅。爲學務實踐，不事空言，故詩文亦不艱深靡麗，如其爲人。所著介庵集、通鑑綱目續編考正，藏于家。門下學者，多取高第顯官去，若今南京太常少卿李本、翰林檢討耿裕、大理寺丞田景暘、監察御史邊鏞、禮部主事李温、應天府通判林春，其他主考，所取士尤多。走從遊十年，恒以無似辱師門是懼，深惟不朽之託在傳，而先師平日同道惟大人先生，故輒具其所聞以備。若其歷官行事已載狀者，兹不敢贅。

## 對客言

客有問於鄒訢先生者曰：「天下之事，有不可以理致詰者，請試與先生言之，何如？」

先生曰：「固所願也。」客曰：「剡山有獸焉，聲如嬰兒，彘身而頳尾，其名曰合窳，見則其沴爲水。獨山有蟲焉，若黄虵而魚尾，出入有光，其名曰絛蛹，見則其眚爲旱。瑶崖之鳥曰欽䲹，音如晨鵠，赤喙而虎爪，見則其祲爲兵。硜山之鳥曰絜鉤，狀如鳧而鼠尾，善登木，見則其厲爲疫。餘峩之山獸肖菟而鴟目，遇人則瞚，曰犰狳，見則其栽爲蝗。章義之山鳥肖鶴而一足，青質絳文，曰畢方，見則其祅爲火。凡此諸孽者，未嘗一至乎中國，而辛壬之交，大水于南甸、于浙中；譌火于魯宫、于京庾。西師不解，東旱方殷。而疫于京師，蝗于内郡。若是者，夫子以爲何如？抑載籍不可盡訊乎？」

先生曰：「是非子所知也。子以合窳、絛蛹之必能致水旱，欽䲹、絜鉤之必能致兵疫，而蝗非犰狳則不生，火非畢方則不興。殆惑矣。且子之所知者，物之孽也，而不知有不物之孽焉。請爲子言之。凡古之居巖廊、職宰輔者，其責在于格君以福民也。而或蠱帝聰、快私忿，婞婟以自容，使三辰失序，百軌反常，而又不知所以調燮之、寅亮之。若是者，豈非致水沴之合窳、致旱眚之絛蛹乎？古之秉節旄、位將率者，其責在于除殘以衛民也。而或擁師玩賊，坐視夫赤子之掠于寇、戕于寇，略不究心，又從而蠶食之，使財竭力殫，四圍靡寧。若是者，豈非致兵祲之欽䲹、致疫癘之絜鉤乎？古之剖符節、長郡邑者，其責在于宣化以治民也。而或事苞苴、肆征歛，使黔首横目之，脂膏不正供于王而盡入于私帑，流離困瘁，無所控訴。若是者，豈非致蝗裁之犰狳、致火祅之畢方乎？子不此之尤而取驗于物之孽，吾故曰子惑矣。」

客曰：「至哉，夫子之言，誠非不佞所與知。然有説焉，願畢教于左右。切聞之，春秋大水則鳴鼓而攻社；周禮大旱則巫師帥群而舞雩，三時之儺則方相氏磔攘以驅疫，司烜掌火禁，有事則祭于爟。而戴記八蜡之祭，其一曰昆蟲毋作；星經周伯見則天下無兵。凡今之水也、旱也、兵也、疫也、蝗也、火也，吾欲攻于社、禬于雩、弭于儺、禖于爟、蜡于蝗而禜于周伯，或者轉孽而祥，夫子以謂何如？」

先生曰：「異哉！吾子之惑，甚矣。應天以實，不以文。且不人事之修而聽于神，未有能銷變者也。請爲子極言之。且子知夫神之神，而亦知夫在人之神乎？夫天心仁愛人君，則君者，人之社也，攻之辭則有罪己之詔；后非民罔與守邦，則民者，人之雩也，禬之儀則有憂恤之章。人之爟，則君之一心也，禖之以敬；人之周伯，則國之群賢也，禜之以禮。貪吏之病民，人之儺也，則黜以弭之；群小之害正，人之蝗也，則辟以蜡之。如是，則洚水不足以儆堯，暵旱不足以憂湯，頑苗不足以病禹，蝗不入境、反風止火之政，非徒見于一方，而斯民亦不必爲物鬽之祈，事泰和之業，而自無妖札之虞矣。若子之所謂攻與禬、與弭、與禖、與蜡、與禜者，文焉耳。文豈足以銷變哉？吾則不犧牲、不粢盛、不醴齊，而轉孽爲祥若運之掌焉，何也？以實不以文也。」

客聞之，愯然自失，曰：「吾今乃見至人，願終身爲夫子執鞭矣。」

## 送疥文天順戊寅歲作。

程子卧凝曦之榻，病疥三月不愈。或曰：「疥有祟焉，宜禳之。」乃作送疥文。卧殆居士，端居私室。心鬱志悒，若疢若疾。瘍發四肢，寔繁且密。巨肖蜂屯，細如蟻集。蔓衍支分，荐經遍歷。療之愈熾，治之弗息。肉潰皮腐，伊名莫識。乃召烏有先生，詢諸泰筮，去囊解韜，揲如古制。變及十八，遇屯之萃。其繇曰：「匪倪之疹，匪耄之癩。人而獲之，罔有害。祛厥光怪，疾良差。」烏有先生覘偶與奇，投策攘袂，俯哂俛嘻曰：「是疥鬼也。爲痍爲瘍，有或罹焉，悔詎可當？載祅載禳，可以無殃。」居士曰：「唯。請製告辭，速伻召走。」祟羞薦卮，束芻載糗，餞而贐之。其辭曰：

嗟爾疥鬼兮，勿窺我廬。窻明几淨有圖書，壘在楹兮荼在樞。爾宜遠遁莫踟蹰。

嗟爾疥鬼兮，勿棲我榻。泉布敂兮紈綺乏，蠡善戕仁帝汝罰。爾宜遠遁莫我狎。

嗟爾疥鬼兮，莫憑我身。佩有韋兮書有紳，嚮福威極於惟神，爾宜遠遁莫我親。

嗟爾疥鬼兮，勿依我腹。經藏笥兮玉韞匵，中有虀鹽匪粱肉。爾宜遠遁莫我逐。

嗟爾疥鬼兮，勿戕我手。干將、莫邪繫兩肘，誓殲大懟斮群醜。爾宜遠遁莫我守。

嗟爾疥鬼兮，莫殘我足。遊有方兮出必告，履芳蹈烈踵前躅，爾宜遠遁莫需促。」

告畢，乃爇楮幣，乃奠漿水。有獰其鬼，來自燈底。倏隱忽顯，西徙東倚。初遐漸邇，可辨形體。頳髮紺顔，含悲茹喜。欲止載趦，將進復已。鼓掌而歌曰：

悵夫子兮見尤，我何之兮廣陸修。霾深嵐重兮山木樛，別夫子兮我心憂。

載歌曰：

緊夫子兮見疾，我焉往兮道路逖。猘斷龐嗥兮梟夜泣，去夫子兮渺何極。

言竟歌闋，跳梁而前，謂：「既我譴，我復何言？披衷瀝悃，願終白焉。夫疥者，介也，聖哲攸貴。以鯁爲參，以清爲倅，剛其合德，廉其同類，不取不予，伊摯之疥也；三公不易，展喜之疥也；臣忠子孝，尼父之疥也；出爾入爾，子輿之疥也。吾輩無戚于人，有益夫子。以匡以裨，曾不見齒。凡使夫子髮不暇櫛，身不暇沐，志專心一，朝吟夜讀，貫經穿史，出聃入竺，皆我之爲也，其名曰輔學之疥；凡使夫子庸衆絶交，幽閒獨處，足不他出，身無妄與，心寧慾窒，循矱蹈矩，皆我之爲也，其名曰翊身之疥；凡使夫子寢必反側，食不甘美，衡慮困心，空身乏體，藏華歛鍔，待時而起，皆我之爲也，其名曰迓榮之疥。且夫子少艾，遊巴暨渝，吾輩相從，敢離須臾？思啓行翼，默相陰扶，致使夫子，譽實相符，文藻煥發，聲華孔敷，從徵膺聘，凌厲清都。今既見疏，敢不就途？但愳夫子居索勢孤，幸其省諸，毋失良圖。」

居士曰：「噫！子言之疥，無僭無忒，吾與人同，其詎敢別？吾送之疥，爲㦲爲尤，人非物議，吾不汝留。吾願二三子者，相予于窅冥之野，翊予于空同之區，凶避吉趨，利興害除，私淑我身，匪憂匪虞，則我受貺，尚何喋與？」於是三人者赧然而逝，焱然而休，聲銷景滅，欲見無由。越及翊日，居士疾瘳。

## 原教一首贈程元英司訓青城

天下未有不資于教而能有成者，中庸以教配性道，而孔子以師配君父，甚哉，教之難也。古之人，自始生至于長老，無非教者。故禮有胎教，有能食之教，有能言之教。八歲入小學，有洒掃應對進退之教；十有五歲將責之成人，則入大學，而有修己治人之教。受教而至于修己治人，則爲教者，亦難矣。中古以來，所以爲教者，有二焉。一曰人師，一曰經師。二教分，而後人才之成不逮于古。田何之易，大小夏侯之書，齊、韓、魯之詩，大小戴之禮，左氏、公、穀之春秋，當時之爲教者非不行，而受教者非不從也。要其成，則修己治人之道蔑如也。此經師者之教也。彼人師者，亦何異於人哉？亦固不能外六經者以爲教，特能成人之性而已。故受教者修己治人之道咸以足用，若孔、孟是已。下之若王通之教河汾，胡瑗之教蘇湖，其成就人才，猶有先王之遺意而未盡。至周、程、張、朱五賢者出，而後孔、孟之教復興。甚哉！教之難也。

教之爲説，備六經而切于大學之書，自孔氏者世守之。而今之學校，則古之所以教修己治人者也。且爲教與受教者，亦孰不以之爲首務？要其成，則皆以之資口耳、釣利禄，歛之不足以修己，推之不足以治人，回視古之經師，猶相萬萬，而況所謂人師者乎？甚哉！教之難也。古者政教合于一而責成于君，其要使天下之人各復其性而已。降及後世，輿圖既廣，民僞滋興。人主不能以獨理，故以政付之群有司，而以教付之學官，則今之爲學官者，雖禄之卑，而責之重矣。任是責者，豈不甚可畏哉？惜乎其知畏者，鮮矣。

程元英新安歙西人，與予同出梁將軍忠壯公後，性敏而好修。爲諸生，邃于禮學。成而試于鄉，弗偶。既入太學，遂願領教事，得濟南之青城。然則元英亦庶幾之所謂教之難者乎。食天子之禄而師其人，不知其所以爲教，不可也。教則多術矣，而人師其上也，經師其次也。今之爲師者，不足以爲訓矣。元英能不知所畏哉？知所畏，而後有所謂大過人者矣。古之人所以大過人者，無他焉，能盡人之性而已。予與同鄉諸君子喜元英之教將大行于青、濟之間也，作原教以贈之。

## 成齋解

海虞李先生構小齋爲燕居之所，而揭諸兩楣之間曰成。客有過而疑之者曰：「『成』之義何如？」先生曰：「是非可以喻諸人也，是自得之者也。子言之以諗我，我將擇焉。」客曰：「始夫子之居於鄉也，長困於不給。今也玉帛充斥乎家庭，膏腴聯亘於墟里，賓筵窮水陸之珍，甲第殫吴、蜀之巧。夫子豈以成家之故而因以志喜者乎？」先生曰：「家道之成，在德不在産也。惟吾子申言之。」客曰：「夫子棲迹于丘壑，而種學績文者，有年矣。邇也操觚染翰，有沛然風雨之勢，而無斐然草野之辭。蓋將錚然有聲於吴、越中者，夫子豈以成章之故而欲以自名者乎？」先生曰：「有言者不必有德，先聖之所戒也。幸吾子更其端。」客曰：「蓬萊之山有仙人焉，其術可以竊造化之玄功而不死。今夫子以踰六望七之年，顔舜而齒貝，蓋將凌青霞而攀玉虯者，夫子豈慨然於仙之成而扁此以自覬乎？」先生曰：「逆理以求生，非據德者所道也。吾子請大之。」客曰：「千金之家猝起于旦暮，而有子不肖多至於覆宗。今夫子以詩禮之族，有美一男，翩然以布衣而致身於金馬玉堂之上，矯矯如丹翎之鳳、蒼角之麐。夫子豈欣然於子之成而顔此以自樂乎？」先生曰：「子孫之立，先德所致也，而豈敢以涼薄居？願畢教於吾子。」客曰：「修飭之士，有終其身名字不達於王朝者，今夫子承天子之寵光，不煩以政而授之官封，着錦袍，鳴玉璫，騎從聯翩，照耀于山林之間，回視夫聲銷景滅者，不侔矣，夫子豈侈然于名之成而諟此以自足乎？」先生曰：「是所謂時名而非所謂德音也，惟吾子以名實厲我。」

客起再拜曰：「噫，名齋之意，非走所敢知也。幸夫子言之，於我心有合焉，則成不獨成，庶幾仁者之心歟！」先生曰：「居，吾語子。子知夫天地人之所以成乎？天健也而後成其高明，地順也而後成其博厚，人也禀健順之氣以成形，具健順之理以成性者也。然其所以無愧於成人之名而參乎天地者，踐形而盡性者也。性之德也五，曰仁、義、禮、智、信，五者廢其一，則不足以成德矣。全之於我爲成己，成己則仁；推之於人爲成物，成物則知；仁且知，則成聖矣。由是裁成乎天地，曲成乎萬物，小則建用以成功，大則佐君以成化。時而窮，則修道以成法于後世。有弗及焉，則武仲之知、公綽之不欲、莊子之勇、求之藝，文之以禮樂，猶足以成人。下之，則思義於干利之際，授命於瀕危之朝，不忘平生於久要之友，亦不失於成人之次。此予所以名齋之義也，而未之有得也。」

客聞之，矍然以興，曰：「夫子之志，大矣哉。有志者，事竟成。吾見夫子之學，安且成矣。然切聞之，刻鵠不成，則類于鶩矣。吾願夫子毋安於小成以取誚于大方也。」先生曰：「唯唯。願與子要其成。」作成齋解。

## 同壽堂對

或問程子曰：「壽可求乎？」曰：「不可。壽之出于天也，有數焉，惡乎求？」曰：「踵息之説，非乎？」曰：「非也。踵息之説，竊化機以爲能，君子謂之逆天，奚其壽？」「然則君子之説壽也，何居？」曰：「君子之説壽也，異于子。夫壽有二，有適然之壽，有自然之壽。而踵息之説不與焉。秦之跖、魯之壤，皆不齒于聖賢，而壽過子淵，是適然之壽也。適然之壽，君子幸之。若有人焉，其得于天者厚而充，修諸己者豐而碩，由是積其慶以裕其子孫而受其養，是自然之壽也。自然之壽，君子以爲難。夫自然之壽，有三品焉，有三慶焉。三品者何？曰上壽也、中壽也、下壽也。上壽期頤，中壽八十，下壽六十，一隨其積之所至爲差。三慶者何？曰一身之慶謂之獨壽，一室之慶謂之雖有雕龍之辨、扛鼎之勇，莫之能易也。三慶者何？曰一身之慶謂之獨壽，一室之慶謂之偕壽，一家之慶謂之全壽。壽及乎室家，慶孰大焉？」

曰：「若徐子者，可以謂之自然之壽乎？」曰：「安知其非自然之壽也。夫徐子處于姑蘇之野，葆和履貞以不戕其生，年七十有七而莫之衰也。其配亦且八十，相與偕老焉，其壽未艾也。其慶之積，雖由偕以至于全也，孰禦？」曰：「子何以知之？」曰：「徐氏之子二人焉，忭也舉于鄉，愽也第進士，爲御史，皆以孝聞。夫孝，善之長，壽之基也。吾是以知之。」曰：「然則徐子亦可謂之仁人矣乎？」曰：「仁則吾不知也。孔子曰『仁者壽』，徐子亦既壽矣；傳曰『仁者必有後』，徐子亦既有後矣。壽且有後，徐子將不得爲仁人乎？」或乃矍然曰：「吾今而後知踵息之説陋，不足以言壽矣。吾與徐子也善，請以夫子之言壽，壽徐子。」

## 校勘記

〔一〕而溪謂羽不能以恩撫下　「溪」，原作「奚」，據篁墩程先生文粹卷四改，下文「而溪以是譏之」同。

# 篁墩程先生文集卷五十九

## 雜著

### 名字説

賤兄弟三人，予長也，名敏政，字克勤； 其次也名敏德，字克儉； 又其次也名敏行，字克寬。

或曰：「政非有官者不得爲，而遽以之命名，無乃以利禄誘人？」非也。孔子以孝友爲爲政，政非有官者得專也。蓋有家政焉，有國政焉。夫政成於勤而隳於怠，周公作立政曰：「君子所其無逸」〔一〕，而必以「小人乃逸」爲戒，周官論立政曰「業廣惟勤」，故其字曰克勤。傳曰「爲政以德」，善政未有不根于德者，中庸論人道敏政而推極于仁義，故次曰敏德。德者，善之得於心者也，基於儉而敗于侈。商訓曰「以蕩陵德」，又曰「慎乃儉德」，故其字曰克儉。傳曰「庸德之行，有所不足，不敢不勉」，德非力行，弗成也。周禮三德，曰敏德，以行爲先，故次曰敏行。行者，善之著於身者也，得之寬而失之褊。易曰「君子以成德爲行」，日可見之行也，而必繼之曰「寬以居之」，故其字曰克寬。

夫政也、德也、行也，善之總稱也，而親命之，望之遠也；勤也、儉也、寬也，善之一端也，而賓字之，訓之切也。天下之義，成於己、周於用，而後無愧於人之名，然亦未有不由積累而成者。矧三名相因，如鼎之峙，我兄弟可不終身共服之，以圖名實之副哉？服之何如？先從事其切者，則其遠者可企也。

或曰：「敏與克，美辭也，而無規。」是大不然。敏猶汲汲也，如孔子所謂敏求，有進進不已之意；克者，能之也，如禹所謂克艱，有必如此而後庶幾之意。敏不敏，克不克，而知愚賢不肖繫焉。父師之警，深矣。

## 弟敏聰克仁名字説

吾叔父揮使公之適子曰敏聰，爲河間儒學武生。既冠，予爲字之曰克仁，且告之故曰：聰者，聽之德；而仁者，心之德也。以常情論之，聽之德偏而仁之德全，其義若不相當也，而實有相當者焉。何哉？周子曰：「聖人之道，入乎耳存乎心，蘊之爲德行，行之爲事業。」然則入乎耳者，聰之謂也；存乎心者，仁之謂也。世之人，陽樂善而陰實違之者，蓋多也。由此觀之，入乎耳不存乎心，則名雖敏而實則闇，其能至于仁者，鮮矣。吾弟勉之。今日冠章服而立于庠序之間，他日冠武弁而位于將吏之上，必也。有所蘊之皆仁心，有所行之皆仁政，將見仁聞之興不可遏，而聰聽之所受者，爲有益也。心不在焉，則聞善而不能徙，聞過而不能改，天理日銷，人欲日滋，其於仁也益遠。人而不仁，耻莫大焉。吾弟其終聽之。尊所聞，行所知，日以求仁爲事而漸進于高明光大之域，則庶乎可以顯祖德、承世恩而無愧于名字之者哉。夫冠，成人之始也，故因其請益而以遠且大者期之。

## 都憲公三孫名字説

周官典瑞曰「牙璋起軍旅」，若後世銅虎符起兵之意。璋爲衛使、莅戎務，宜字之曰伯起。語曰：「白珪之玷，尚可磨也；斯言之玷，不可爲也。」蓋言不可不慎也。處家接物，尤當致謹。珪宜字之曰叔慎。禮曰：「儒有席上之珍以待聘，夙夜强學以待問，其自立有如此者。」言人當藏器以俟時也。珍需次儒宫，致用有日，宜字之曰季立。起當思所以振其家，慎當思所以淑其行，立當思所以植其身也。三昆仲者，尚勖之哉。

## 宗姪孫文模文楷字説

淳安宗姪禮部員外郎節之子二，其伯曰文模，其仲曰文楷，皆已冠字之矣。節之疑其字之於名也弗協，莫可爲省循思勉之地，請更之。予久未之應也。

會予南歸過淳安，二子者候焉，則申告之曰：「模所以爲人之範，楷所以爲人之式。而加之文，顧其爲儒也。然則二子者，可弗謹乎？夫求所以爲範於人，不獨儒者，自一工一藝以上皆然。然不免有質孱而畏難，器小而苟安者矣。故能景仰聖賢之模訓而景行以副之，不敢退焉以畫，斯無愧所謂模者。於是字其伯曰景夫，廓其志焉。乃若求所以爲式于人，又豈獨壯夫老人哉？蓋自其童丱時學于里塾則然。然不免有學怠而毁成，氣餒而改節者矣。故能知聖賢之法守以自律，終其身不敢苟焉以肆，斯無愧所謂楷者。於是字其仲曰守夫，堅其行焉。夫志，行之基也；行，志之充也。二者兼備，斯謂儒矣。然豈可以偏廢哉？文模幹敏，克其家，亦嘗以尚義得官，比于命士。文楷儁爽，爲諸生，讀書績文以振其業。兩人者，有輔車之勢焉。故予字之，使互勉交進以稱其名抵于成，豈欲其徒志而緩力行、徒行而略尚志也哉？

淳安之程分自新安，號青溪房，世以積善聞。至節之始以儒術起家進士，顯于朝，占者謂遠大之器。而有子克肖，一宗之光也，故爲説以貽之。

## 戴君名字説

浮梁戴君嘗過予南山精舍請曰：「不佞名晛，字克進。考諸韻書，『晛』讀如『練』，而俗呼如『顯』，又如『憲』。爲是不一也，家君易爲顯，而仍其字，以友朋間稱之者習，不可驟變也。古之人顧名思義，而『顯』未之有聞，敢以通家子請于執事者。」

予觀顯與幽對，有陰陽明晦之義焉。陽明陰晦，君子小人之所由分也。人能循理去私，則其德明可進于君子而免于小人之歸矣。此以在己者言之也。夫其德明，又值陽明之時，則與君子彙進，名足以顯親，業足以顯君，此以在人者言之也。夫顯於卦爲離，文明之象也。處文明之世，必先履錯之敬，而後可以辟咎；當柔進上行之際，必自昭明德，而後可以致「康侯錫馬，晝日三接」之應。然則「顯」與「進」之義實相叶，非獨以其習稱者姑云爾也。

君篤學負大志，以鄉進士署祁門教事，方推其善以及人，顯之始也。居顯之始，可弗敬乎？敬則爲君子。以柔漸進得臣道之美，而取應于異時也，大矣。君伯祖方伯公士章暨君父大參公廷節、世父司封公廷美、駕部公廷某、大理公廷獻、季父司寇公廷珍，並以經術顯，不由他途以進，所從游，又皆一時顯人，其得于父師，深矣。趾美于文明之朝而克副其名與字也，可期矣。雖然，非敬以持之，使在己者克明而進于道，乃曰求顯其在人者以進取爲務，則豈所望于君子哉？

## 胡氏二子名字説

宋胡安定先生字翼之，謚文昭，故字文昭曰景翼；胡籍溪先生名憲，字原仲，故字文憲曰景原。皆望其景仰先烈，以不負令名之意也。

## 李生更名字説

祁門李生從予游，嘗作而告曰：「生本名濬，長被選爲郡庠生，有司者以濬犯時諱也，爲更之曰從人從言，而字之曰彦孚。顧弟兄聯行，文皆從水，而生獨異，且食廩于官，繆以名上秋試屢矣。奈何？其不可終復也。」予曰：「不然。名在法許更，而子之名與字人習稱之久矣，更之，不可相遠也，宜取名汛而以彦夫爲字，庶其有叶哉。」生謝曰：「幸甚。」

已而侍御方公以按學至，白其情，方公許之。則又以請曰：「是名與字，先生之所定也，敢求其所以爲教者。」予曰：「『汛』，灑也，附掃除、蠲潔爲義；而『彦』之訓，美也。漢陳蕃謂大丈夫當掃除天下，安事一室？誠以士幼而學之、壯而欲行之，必使天下之污者革、穢者去，咸與維新而後愜志焉爾。然古之人有大志而行不副者，無本也。澡雪其一心，俾所受于天之明德無所垢而後推之以及民，則其爲汛于天下也孰禦？志大矣，有本矣，而爲之無其漸，未可也。夫豈若釋、老氏之掃妄即真而已哉？由灑掃應對以至精義入神，循序漸進，而後德可成、志可充，書之所謂俊彦，孟子之所謂大丈夫者，可幾也。」語既，生再拜曰：「汛雖不敏，敢不夙夜祇奉如冠之初？」

# 王氏二子名字説

新安推府王公之子二，其孟曰保，其仲曰佐，皆業儒矣，而未有字之者。間辱相過，曰：「古者冠必宿賓，有師道焉。敢請于執事。」予謝不獲，乃繹其義而告之曰：

昔詩烝民之稱仲山甫曰「王躬是保」，請字孟曰希仲。周公作六典「太宰掌邦治以佐王均邦國」，請字仲曰希周。夫仲山甫及周公皆聖輔，百世仰之，煒然如神人，不可親也。至考其平生，則詩之稱甫者曰「小心翼翼，古訓是式」而已，稱周公者曰「公孫碩膚，赤舄几几」而已。然則後學之所以師古人者，庸可不自下學始乎？從事于簡編，致謹于言動，涵養其本原，體立用弘，巽以自牧，夫然後出而事君，隨其力之所及求不失其令名，則所謂仰止、視則之功，亦云健矣，而況有其大焉者乎？

抑或疑此語之爲躐等者，是又不然。大學始教必肄鹿鳴、四牡、皇華之詩三〔二〕，所以倡其志而作之，使知夫幼學壯行，當究極乎此也，非以富貴利達期之也。仲山甫之事見于詩，周公之業備于禮。詩、禮之訓，二子之得于庭聞者，稔矣。王氏居柳城甚遠，德深、伯堅二處士父子皆積行韜能，不食其報。至推府以經術致身，功名伊始，將恢其顯揚之地而求所以成其後者，又如此。聖矩在上，炳若日星，二子者可不憪然自勵圖所以稱其名字之義哉？

## 新安程氏統宗世譜凡例

一、新安程氏多稱太守忠壯之後，本無可别。今定著凡家有唐、宋以來舊譜及共業唐、宋以來先墓者，方取入會。

一、譜系有異同者、有舛誤者，悉以歷代諸譜參較，不專主舊説蹈因襲之弊，不自出意見取傅會之譏。同者書之，正其舛誤者書之，否則闕之。

一、舊譜六世爲圖，失小宗之義；小傳各繫本支圖後，失統宗之義。今圖五世，准歐譜例，下注事實，准史記年表、唐書世系表例，旁注世次，明傳代也；朱注遷居及派名，謹其自出也。

一、舊譜繼子既書本生父下，又書所後父下，殊無服屬輕重之義。今注其名于本生父下，列圖于所後父下。異姓來繼者，書具本宗譜而止。出繼異姓者不書。

一、無後，注其名于父下而不列圖，如祠之祔主也；有故列圖者，書「止」；遷徙不相聞、有後不與會者，書「失傳」；有後不及會、與會而未盡者，書「具本宗譜」，聽其自續。從釋、老者，比無後例。

一、子孫無問隱顯，有作過者、不睦者，有侵祖墓者、鬻譜牒者、蔑視先祠者、毁棄手澤者、昏不計良賤者，並黜之不書。

一、小注書字，書行、書生殁時月壽年、書葬、書娶、書宦蹟學業行義、書節婦烈女。書必據可知者，其不知者闕之，浮詞溢美，一切不書。

一、各派訂誤其所從出，其所取證，別爲譜辨，置編首，以備參考。

一、先墓先祠之顯者、賜葬者，別爲圖，置編後，附以經理方向及修復之事，重遺體也。

一、各派凡所得制命、公移及贈、頌、哀輓、史傳、金石、詩文，別爲貽範集，輔譜以傳。

## 對佛問

或曰：「佛之道出于孔子之後，故學孔子者必斥之，以爲不如是不足以名儒者。如使佛出孔子之世，則孔子之所以處佛者何如哉？將怒而斥之乎？抑矜而進之乎？」

曰：此非予之所知也。孟子曰「仲尼不爲已甚者」。夫其不爲已甚，則佛之斥與進，誠有未易言者。然孟子又云孔子「不得中道而與之，必也狂狷乎。狂者進取，狷者有所不爲也」，中庸曰：「道之不行也，知者過之，愚者不及也。道之不明也，賢者過之，不肖者不及也。」佛也者，其狂狷之流歟？其賢知之流歟？不可知也。

佛也者，出于周之末世而生于西戎，耳無聞、目無見也。吾意其俗必古野，而其人之情，未甚鑿也。佛也者，又其甚焉。見春秋之世，臣弑其君，子弑其父，兵戈日尋于中國，而婬酗之風大作于鄭、衛、齊、陳王化所覃及之境，於是乎有憤世嫉邪之心，思欲絶類離倫而立于獨者，此佛之志也。惡天下之貪，則以一切世故爲虛幻；惡天下之婬，則并妻子而去之；惡天下之酗，則斷葷飲而以茹菜飲水爲賢；惡天下之僭，則己雖有南面王之樂而不能一朝居也；惡天下之争，則人有患難捐軀以救而不恤。推此意也，非所謂狂、狷，則所謂賢、知者也。

佛之爲名不經見，而其字見于曲禮曰：「獻鳥者，佛其首。」注云：「佛，符弗反，謂捩轉其首也。」見于學記曰：「其求之也佛。」注云：「佛，不順也，猶孟子之所謂『法家拂士』也。」見于周訟曰：「佛時仔肩。」注云：「佛、弼通，言正救其失而不專于順從也。」由是觀之，則佛之得名，正以其所行有矯時違俗之義。是或一道也，而不可爲世之通訓云爾。

然古者身體髮膚受之父母不敢毁傷，而後世有刲股以愈親之疾者得稱其孝；禮出妻使其可嫁，而後世有守志不二者得稱爲節；古者不仕無義，而後世有高蹈遠引者得稱爲賢；禮一命不齒於族，再命不齒於家，而後世有叙齒不叙官者得稱爲達；大夫不可徒行，而後世有貴爲内史趨入里門者得稱爲厚。則佛也者，其爲孔子之所進，蓋不可知矣。

或曰：「先正以佛爲夷狄之教，非中國之所宜者，何如？」曰：「此又非予之所知也。孔子蓋亦惡見周之末世婬酗貪亂而欲居九夷矣，欲桴于海矣，使佛獲見孔子，孔子必與之，矜其志而抑其過、進其所不及，不可知也。」

或曰：「佛也者，無父無君之教，而中國襲之，此中國之所以不治也。」曰：「此又非予之所知也。孟子曰：『聖人百世之師，伯夷、柳下惠是也。』而又曰：『伯夷隘，柳下惠不恭。隘與不恭，君子不由也。』意以二聖人之清惠不免于過，則學之者，其流弊至此極耳，豈二聖人之罪哉？彼佛也者，固矯枉過直之士，其流弊則有所不免矣。然亦豈佛之罪哉？且春秋之世未有佛，而簒弑爲甚；自漢以後始有佛，而簒試不加于前也。以是爲佛之罪，亦厚誣矣。」

或曰：「梁武好佛而亡其國，是其驗也。」曰：「此又非予之所知也。凡爲人上者有所好樂而不得其正，皆有亡國之理，自桀、紂以下，可數也，而豈專于佛哉？矧佛惡亂而梁武乃簒齊之國家，佛好生而梁武乃殺齊之宗室，佛喜善人而梁武乃用朱异，佛惡凶惡而梁武乃納侯景。則其平日之所以致禮于佛者，止足爲佞耳，惡知佛之可好哉？」

或曰：「佛之先固可恕也，而學佛者多無藉不才之子，乃使雜揉于中國，非計之得也。」曰：「此又非予之所知也。春秋之法，中國而夷狄則夷狄之，夷狄而中國則中國之。此不易之論也。彼學佛者，其善惡固與齊民相等，善者存之，而不善者去之，法之正也。今天下之人，其爲不善者，不少也，輕于自恕而一切歸咎于佛，欲盡去其種類，是惡垢而并薙其髮、惡莠而并揠其苗也。古之聖王，必使天下後世無一物不獲其所、其效，至於草木鳥獸咸若，故有自蠻貊而來歸者，尤矜恤之，況佛之徒處於中國也久，不純于夷也？而矜斥之以自署爲儒，亦不仁矣。」

或曰：「先正嘗病學佛者之髡也、緇也，奉佛之居室太麗也，以爲勿髡、勿緇而廬其居，則其教可漸隳也。」曰此：「又非予之所知也。古有三年無改于父之道者，孔子以爲孝；爲楚囚南冠而不易者，君子以爲忠。父肯堂、子肯構皆見稱于先王之世。佛之去今，千有餘年矣。爲其徒者，奉其師、飾其居、守其法而不變，則其立教之嚴明與受教之堅定，固世之所難也。詩云：『他山之石，可以攻玉。』則存其徒以勵吾人，亦無所不可也。」

或曰：「先正嘗言，釋氏更不分善惡，雖殺人之賊，能一呼佛，便可免罪。是佛者，乃誨盜之首也。」曰：「此又非予之所知也。聖人不貴無過而貴能改，孟子曰：『西子蒙不潔，人皆掩鼻而過之』；雖有惡人，齊戒沐浴，可以祀上帝。此儒者之教也。若佛之心，何以異此？」

或曰：「佛之心固善矣，若其所謂降妖邪、伏猛獸、致晴雨與夫建齋救度、設像奉神，則惑世誣民之甚者。」曰：「此又非予之所知也。周禮方相氏『帥百隸而時儺』，則以之索室而歐疫，大喪則以之擊壙而歐方良，此降妖邪之説也；壺涿氏掌除水蟲，〔三〕『以牡橭午貫象齒而沉之，則其神死，淵爲陵』，『神，謂龍罔象之屬』，而三代皆有豢龍氏，此伏猛獸之説也；

太祝掌事鬼神，曰禬禜以除凶荒禱水旱，司巫掌群巫之政令，國大旱則率而舞雩，此致晴雨之説也；小祝掌禳禱以祈福祥遠罪疹，而素問亦曰『上古之醫祝由而已』，此建齋救度之説也。是數者，在先王之世皆掌于官府。降及後世，官失其守，而佛猶能之。則古之遺法，未泯也。故曰：『禮失則求諸野。』又曰：『儒者耻一事不知。』而中國乃獨以是詆佛爲妄，亦不考之過也。古者祭必用人爲尸，而其流至于以人徇葬。佛也者，最號慈仁，則固不能無過中者。故其祭祀之尸，率以土木之偶代之，蓋有愛禮存羊之意焉，非若後世之直以木主而廢尸也。」

或曰：「釋經言佛乃丈六金身，又有得古骸者，其脛與齒比常人特大，故有佛骨、佛牙之説，是其誕而不可信者。」曰：「此又非予之所知也。左氏載鄋瞞一族，以爲防風氏之後，即禹之所誅者，其身廣九畝，其長三丈，骨節專車；其後裔有僑如者，爲魯所獲，埋其首于魯郭門；有榮如者，爲齊所獲，埋其首于周首之北門。杜預曰：『骨節非常，恐後世怪之，故詳記其處也。』榮如以魯桓十七年死，而其兄焚如至宣十五年猶在，計其年，當百有三歲矣，其當生之年尚未在數，則其形骨之大、壽年之永，在古以爲常，而在今以爲異者，尚多也，豈止佛而已哉？」

或曰：「佛有天堂、地獄、閻羅、夜叉、金光之説，而達磨西來，又倡爲之禪，是則不可不斥也。」曰：「此又非予之所知也。予嘗考之，佛之國在極西之境，其所居謂之天堂，猶後世天朝、天闕之云。其犯罪者，皆掘地爲居室而處之，謂之地獄。南宋主子業囚其諸王，爲地牢，亦此類也。其法有剉燒舂磨之刑，如書所載九黎、三苗之爲者。閻羅則後世之刑官，金剛則後世之衛士也，皆其番國處生人之制。而學佛者不察，謂皆施于已死者，則轉相傳流，而非佛教之也。所謂夜叉、羅刹、鬼國者，皆其地之土名，其地去中國既遠，風化不及，故其所生亦多異狀，無復人類，如史所載狗國及羅施鬼國者，可考也。而世之人乃欲以耳目可及者懸斷其有無，多見其不智矣。達磨之所謂禪，乃其國之人士所撰次，略如後世諸子百家、類書、文集之屬，其間精粗純駁，雖大儒君子亦有所不免也。況今之學者於孔子之道亦不能無出口入耳之弊，而又何暇于禪？此亦不足憂矣。」

或曰：「先正嘗言，人之斥佛者，『皆掠其粗以角其精，據其外以攻其内，而不能辨其似是之非。此佛之教所以愈熾，而儒之道所以不明也。』」曰：「此尤非予之所知也。孔子曰：『民可使由之，不可使知之。』又曰：『仁者見之謂之仁，知者見之謂之知。』不强人之所不能也。聖門教不躐等，性與天道之説，子貢以下皆所未聞。今大儒君子往往原心於眇忽、析理於豪芒而與學佛者較勝負，誠非予之所知也。大抵佛之爲教，亦欲使一世之人皆歸于爲善而已，初不欲一世之人皆髡其首而緇其衣，去其相生相養之道也。其書俱在，可以考見。

而私憂過計者，斥之太甚，遂使佛之爲佛，雖當盛王之世不惟不得預于人列，且不得與草木鳥獸爲伍，此儒者所以不能充其意，而佛至今存也。朱子曰：『予少年見學佛者必攻之，每以勝之爲喜，不勝爲憤。近歲以來，則見彼之陷溺爲可憫，而吾道之不振爲可憂。不知血氣漸衰而然邪？亦情之所發漸得其正也？』嗚呼！斯言蓋盡之矣。

予處墳庵踰三年，釋誠閏者事予甚謹，予每言先世香火所奉，無以用情，當爲爾佛解嘲以報之。本以爲戲，而閏請不已，因拈筆書之。既而悔曰：「是當得罪名教矣。」將裂而火之，則又惻然於中，曰：「噫，是豈足以重佛之幸哉？留識吾過，亦警學之一端也。」

## 新安文獻志凡例

一、編次以本郡先達時文爲甲集，先達行實中兼有外郡人撰次者，以類相從爲乙集。

一、甲集悉遵西山先生文章正宗例，凡先達時文，務取其平正醇粹有關世教者；否雖膾炙人口，不在録也。

一、朱子詩文不敢多入，止取有關于新安者及本集所遺闕者及嘗流傳故鄉而刻石録梓者。

一、二程夫子之先雖新安人，然遷居河南已久，惟載其行實于乙集。其二程夫子子孫從南渡居池、徽者，凡有文字，謹采附入。

一、六朝及唐、五代文字，率用駢儷，間載一二，以備一代之體。

一、先達時文，多有晚年手自竄定之本，致與刊本、石本異者。又有經後賢所删潤者如朱子文有建安祝氏節本，洺水文有定宇陳氏節本，虚谷文有東山趙氏節本，師山文有義烏王氏節本，今參伍相校，務從善本。

一、朱子注書例，凡先達稱官如云范太史、稱爵如云吕榮公、稱謚如云范文正公；否則稱字如云吕伯恭，或兼以號舉如云張南軒。今悉遵此例，不敢稱名，亦景仰忠厚之一端也。

一、先達時文，有經名公題跋評品者，隨所見附書。

一、國初先達文字，有紀述高廟刱業時事者，謹備載之，使觀者不敢忘于帝力，非獨以其文而已。

一、近世聞人已捐館者，其詩文隨所見附入，餘俟續編。

一、乙集不分行狀碑銘誌傳，止云行實，以朝代先後爲次，乃遵西山續文章正宗例，分「道原」等類，以便觀覽。

一、行實中有文字冗長或牽書者，遵朱子伊洛淵源例，略加删節，不復識别，取備事也。

一、行實中有紀載弗詳，他文可以互見者，附書其下。其先達行實簡略不能成章者，止於編首總目中見之。

## 休寧志凡例

一、休寧舊有海陽諸志，多詳於宋、元略於本朝。本朝所修者，又多附於府志，其勢益略，今悉蒐訪增入。

一、自「沿革」以下諸目，多依舊志，略加增損。惟「名宦」、「人物」，必其人已没乃録，事定也；題名及義烈、賢孝已經旌表者，無問存亡，可徵也。

一、人物略用西山續文章正宗例，分「勳賢」等類，以便觀覽。

一、田賦租税户口，必兼前代書之，見其等差者，民命所繫也。

一、物産與他方同者，不贅録，惟特産者書之。

一、舊志有「書目」一類，凡新志並削之，今仍增入，不泯其著作之功，使觀者可以尚友也。

一、山川、古蹟、祠墓、寺觀等類，悉以遠近爲次。

一、宫室、山川、名宦、人物、事蹟志已書之，如有專文，又附載之，不厭重者，所以備考閲，且使觀者不以案牘視此本也。

一、所附文字，在公署者必可按而行，在民間者必可恃而勸，非徒膾炙人口、張大其事而已。若慶壽、哀輓、譜序及扁額、贈遺之類，出於汎常者，俱不能載。

一、凡地里人事中有疎脱者補之，差舛者正之，不能一一識别。題名中有不能追補，亦據可知者書之。

右凡例十條，初定著以語歐陽君，君亟是之，曰：「據此必有可傳者。」會予與君前後入京，未及竣事。附者益衆，率與此例不協，而鄙文又多在焉。不倫之誚，其能免乎？志之以諗觀者。

## 動静問〔四〕

離謂坎曰：「人之生也，其壽年率以百二十歲爲常，而人不能以自全也，則有戕閼之而已，於是謂七十者爲古稀。然以七十年計之，始十年之穉也無所知，後十年之耄也無所樂，其間所得，五十年爾。以五十年計之，夜居晝之半焉，則其所得者二十五年而已。」坎曰：「不然。古之達者以爲無事此，靜坐一日，似兩日，若活七十年，便是百四十，由是觀之，子戚戚然以七十年縮之而爲二十五之短，我于于然以七十年演之而爲百四十之長，是固不可以執一論也。」

乃相與質之於震。震曰：「二子者之言，皆是也。夫離之以長爲短者，警夫動之無節者也；坎之以短爲長者，樂夫靜之有恒者也。靜者壽而動者否，其斯之謂歟？」他日，二子者以語巽。巽曰：「是何言之舛也！子不見乎户之樞乎？空屋之户樞終歲不動而朽，闤闠之户樞無日不動而存，是動者壽而靜者否也。」二子者憮然，曰：「噫！言若是其不同也，吾且何歸乎？」則又以語兑。兑曰：「子何泥之深邪？風中之燭不旋踵而消，密室之燭則可以通夕。至人之所喻也。孰謂壽者之一於動乎？亦孰不謂壽者之一於靜乎？子毋泥於是而自得之，可也。」

二子者未之有得也，復往就艮而問焉。艮曰：「皆非也。子徒知夫動靜云爾，動中之靜，靜中之動，子弗知也。終日擾擾，而主人翁者凝然，動之靜也；心如死灰，而中有豆爆焉，靜之動也。知動之不可無靜，靜之不可無動，則知壽之理矣。」語未畢而坤至，撫掌曰：「此真人之道，非聖人之道。聖人也者，順天地，法四時。春萌而夏茂者，陽之動也；秋斂而冬閉者，陰之靜也。當動而動，不逆之以斁吾陽；當靜而靜，不反之以耗吾陰。陽常舒而魂慁，春夏之温且燠也；陰常慘而魄凝，秋冬之凉且肅也。一動一靜，惟其時，於是而有不壽之壽焉。世之人烏得窺之？」

二子者曰：「至論哉！」受以歸，上崆峒之山，禮乾而告之故。乾曰：「此聖人之道，非所謂神人之道也。神人者，以太一爲體，以太虛爲用。其目瞢瞢，其耳聵聵，其心冥冥，其體礧礧，其居若尸，其行若游，其語若忘，其寢若休。混兮闢兮，不可以象；溟兮滓兮，不可以執。無動也亦無靜也。先天而生莫知其所成，後天而終莫知其所窮。又何有於壽年之久近、晝夜之短長、動靜之相沿、有無之相乘，而爲汝譊譊然著之言語文字之末哉？」

二子者相顧自失，俯伏以謝曰：「此非所謂天人語邪？何其淵哉！幽眇而解倫，昭曠而無垠，使閱之者洒然若沉痾之去體、悦然若大夢之得醒也！」

予在南山竹院，與逸清高士閒坐。逸清以人生易返相警，予因以長公息軒詩相謔，逸清遂請書其事，而鄙見有不可遏者，乃極論之如此。逸清以爲何如？

## 校勘記

〔一〕君子所其無逸　「其」，原作「以」，據篁墩程先生文粹卷四改。

〔二〕大學始教必肄鹿鳴四牡皇華之詩三　「皇」，原作「黄」，據四庫本改。

〔三〕壺涿氏掌除水蟲　「除」，原作「取」，據四庫本改。

〔四〕篁墩程先生文粹卷四此篇署：「弘治五年歲在壬子秋八月念一日。」

# 篁墩程先生文集卷六十

## 賦　詞　誄

### 瀛東別業賦并序。

予家有別業在瀛城東之青陵鄉，皆先世所遺者。出東門十里餘，縈紆而北，過桃園，望之有堂翼然高出，即其處。別業有三十有二楹，榜曰晴洲。晴洲者，家君別號。距屋後不百武爲金沙嶺，先塋在焉，嘗有芝産之異。塋周繚以垣，垣左右松檜蓊然，榆柳匝植，而榆特盛，又號榆莊。出垣後有山阜三，隆然自遠徂近，浮青沃緑，蔚有殊意，抵垣而止。垣之前平岡漫疇，可十頃，宜麥與禾黍，皆不敢自有，取以供祭祀、周族人，義莊也。垣之東爲虹堰，如伏龍蜿蜒數十百丈，沉沉而南。有土峰四，巍然參聳。杖策一登，則平原曠野、豐草長林，杳然無際，荒烟野燒間，多遼、金以來遺跡，殘碑斷碣，拂拭可讀。斗折而南，爲南暕村。村居十餘家，雞犬聲相聞。登前峰，手歷歷可數。稍北，入湖泊，中多菰蒲葦蘆，傾城人樵取之。月明風清，有聲雜遝。西行二里餘，爲澗河，兩水交拏，中得平地，結草堂其間，河流縈帶，潔清紺寒，迤邐而北。夏月紅蓮緑荷，不下萬本，香冉冉聞十里餘。乘小舟載酒以入，摘新房，煮鮮鯉，使人竟日忘歸。河水溢而旁行，平沙漫流，潺潺然與風疾徐。築堤以捍水，岸兩夾田數頃，其水宜稻，稻色紅而味香，蓋鍾蓮之氣故也。予以天順甲申秋謁告歸省，始獲居之。愛其地之偏，先塋之在即，可以業進修而却世紛也，乃撮其景而書之，又從而賦之。

噫，予宅此瀛之東兮，實裴迴于故林。邈塵紛之却掃兮，日娱事乎幽尋。出四顧于原野兮，覺山幽而水深。孰使予之不能去此兮，恍冲發乎靈襟。儼前瞻乎衡門兮，蔭嘉榆之好陰。敞茅堂之奕奕兮，中有書而有琴。眷後顧而得翠阜兮，抱樂丘之嶔嶔。想玉芝之開祥兮，悵白楊之蕭參。極吾目而南望兮，見土巒之參聳。曰青陵之四峰兮，踞長原與高隴。陟崔嵬而眺遠兮，訝海雲之飛湧。凛予足之不可久駐兮，倏神悸而心動。深吾行乎北坂兮，循沙嶺以委蛇。日下照而晃漾兮，粲金粟之離離。欲低頭以披揀兮，笑童子之何知。疑布地之不可拾兮，幻色界之潛移。羌一堰之數百丈兮，獨横亘而在東。坐廢堤以凝睇兮，若沉沉之澗虹。撫故國而發永嘆兮，餘白草之荒叢。望墟里之依微兮，識南暕之遠村。

隱桑柘之藹藹兮，聞雞犬之喧喧。每東作於南畝兮，恐荷蕢之過門。策吾馬以南馳兮，入桃園之深塢。遇東風之駘蕩兮，紛細落之紅雨。憶天台與武陵兮，遺仙踪于千古。忽予不知所如往兮，問樵夫以前路。放吾舟于北渚兮，下澗河之中流。渺紅綠之十餘里兮，聽匝岸之蓮謳。時舉網而得魚兮，佐壺觴以夷猶。日既夕而興不可極兮，反予棹兮汀洲。惟茲境之爲勝兮，固穹昊之所閟。謇予獨何人兮，乃專之以自計也。嗟夫人之膠擾兮，慕冠蓋之相望。辟蒼狗之過目兮，胡終日而遑遑。抑孰若予之容與兮，製薜蘿以爲裳。涉吾水以擊鮮兮，登吾山而採芳。揖安期與羨門兮，聊駐景于扶桑。約山水而永誓兮，樂吾生以尚羊。

## 歲寒三友圖賦

君子三友，直、諒、多聞。

瀛東子夢遊寒山之下、暮江之濆，渺長空之黯澹，靄凍雪之繽紛。見籬筵之清景，臭樸樕之奇薰。爰有侃侃徂公，亭亭渭君，攜江娥而並駕，挾光景以三分。予乃翼然而趨，輾然而喜。慨紅紫之烟銷，忽青白之鼎峙。願締好于一時，請致頌于三子。若夫勁節外聳，虛心内涵。陋晉賢之數七，卑蔣逕之徒三。撫斑管以含情，攀龍有恨；挺瑯玕而結秀，棲鳳無慚。亦有冰骨蘼容，鐵心自守。據山枿以稱魁，愛水仙而篤友。半苞異味，終爲調鼎之資；五出蕃英，的是散花之手。亦有勢軋虬鬚，力擎鰲極。凌桂月之高寒，突排雲之孤直。材斯鉅也，將供梁棟之需；性孔堅兮，不愳冰霜之蝕。蓋三子者，豈終老于窮荒，必晉用于王國者也。於是渭君戞然長鳴，以告瀛東子曰：「吾徒樂廣漠之居，稅囂煩之障。照寒陂以容與，對幽嵒而舒暢。恐世鞅以來仍，詎子言之可諒。乃左引徂公，右挾江娥，擊素節，發浩歌。歌曰：

「佩連娟兮山之阿，歲云晏兮霜霰多。眷同盟兮保貞吉，世炎涼兮將奈何。」

瀛東子亦倚歌而和之，歌曰：

「月昏昏兮波沄沄，喜執手兮悲離群。誓三良兮望不極，悵回首兮空梨雲。」

歌畢，相顧而散，餘音尚聞。羌宿酲兮未解，顧塵絆兮方殷。託丹青以寄傲，何夢覺之足云也。

成化癸巳初冬，予醉卧槎山小處，夢遊江南籬落間，爲人作三友圖賦，覺而忘之，獨記其韻。時大雪方霽，寒氣襲人，四顧窅然，月色如晝，想三友之不可見，欲追賦，未能也。同門友祠部李君景和携此本求題，因模倣舊遊，用以塞白。而才疎詞拙，不免爲大方家所笑，輒附此以志愧云。

## 保齋先生劉文安公哀詞

緊先生之不可作兮，羌獨慨于予衷。眷哲人之已矣兮，越吾道之將窮。抑上帝之福善兮，忍孰遘夫厲凶。猗先生之早歲兮，鏑有聲于江右。行冰雪其皦如兮，文燁若兮瓊玖。亹家學之孔藏兮，嬂石潭之善誘。既得雋于丹陛兮，遂儤直于黄幃。爰抽書與晉講兮，每紆金而賜緋。媲古賢之法從兮，舍夫人其疇依？柄校文于兩闈兮，詔儲材于三館。乃紹古以作程兮，翕諸生之相勉。眎先正之施教兮，嗟典刑其未遠。儼南宫以副任兮，應北扉之旁求。用敷惠于下土兮，以祇贊夫帝猷。胡先生之觀化兮，遽反袂于故丘也。亦將厭世之鞅掌兮，思與造物而真游也。皇念兹以不忘兮，曰錫命于九原。惟褒崇與節惠兮，應足慰乎貞魂。紛愍册以來下兮，藏冠舄于御壟。雖身殁而文鳴兮，在先生其奚慟？辞曰：

悲風飄蕭兮，夜塚幽陰。哀鈴索寞兮，寒雨浸淫。撫故國以何許兮，望江上之家林。顧巽嶺之雲黯兮，瞰禾川之水深。恍德音之在耳兮，悵予涕之沾襟。竚先生以歸來兮，渺人間之古今。

## 哀楊化州詞

楊時亨父諱景，滇人也，起儒爲吏，歷霸、澧、化三州，皆有惠政。既引謝，貧不能歸，乃棲跡楚之巴陵。會有薦其子一清者，因偕來京師。歲壬辰，一清舉進士，而時亨父竟以疾卒。予與一清友，悲時亨父之客死也，爲賦楚些三章，以見世之爲廉吏者其難如此云。

嗟嗟化州兮何之？雞山崒崒兮，滇水瀰瀰。撫故國兮天一涯，夫君去兮魚鳥悲。蠻烟撲馬兮棘道，委蛇門巷兮蕭蕭。丘隴兮纍纍，仰看明月兮，羌不可以獨往。嗟嗟化州兮，盍歸乎來。

嗟嗟化州兮焉如？五嶺嵐深兮，山鬼揶揄。夫君往兮路縈紆。渺遺黎兮長號，儼徘徊兮故墟。懸兩旗兮佩桃弧，望夫君兮歲云徂。幽明異路兮，杳不可以終極。嗟嗟化州兮，歸來尒居。

嗟嗟化州兮曷歸？楚江溢兮開兩扉。洞庭雲兮晝冥，巴陵草兮春菲。舟遥遥兮旅櫬，見烏鵲兮南飛。慨浮生兮朝露晞。惟素業兮皜皜，與令名兮緋緋。嗟嗟化州兮，悵不可以再作，渺予懷兮涕沾衣。

## 倪文僖公誄

南京禮部尚書靜存倪公先生之捐館也，有詔贈太子少保，謚文僖，遣使者諭祭，官給葬事，恩禮優渥。走竊私念古者公卿大夫之請謚也有狀，其定謚也有議，其受謚也有誄，而近代闕焉。走童子時即獲登先生之堂，先生不鄙而禮之，其後又獲與先生之子侍讀君岳聯名鄉薦書，同職詞林，踵先生之後。通家之誼，視他人爲深。顧無所用其情，謹掇拾群行，補爲誄詞一篇，授侍讀君，用備家乘云尔。非敢以施諸廟堂之上也。

嗚呼倪氏，有偉靜存。泝流而原，維寬之孫。由汴徂淛，三徙上元。展也仁里，焕乎德門。維是靜存，粤克讓父。生抱奇質，不與衆伍。電輝雙目，星列四乳。早遊社庠，繼入公序。勤學好問，遠迩夸詡。策登一甲，名動九重。篮官詞苑，日直鼇峰。巍巍北岳，代祀禮共。旱魃銷亡，不爲歲凶。渺渺朝鮮，皇華使通。夷獠啁啾，避其詞鋒。入奉經幃，恒事啓沃。番從文華，每有忠告。再轉桂坊，荐佐芸局。時分郊獻，亦預廷讀。景皇稽古，國志告完。胡越一家，有筆有刊。進大學士，位極儒冠。予出内帑，白金綺紈。英廟中興，俾告復位。荆楚諸王，有祝有幣。秩中大夫，得參政議。歸載官舟，圖書襆被。迨居翰長，選輔皇儲。詞言懇懇，容色愉愉。竭當京試，遂握文樞。才者彙進，幸者斯祛。白璧何瑕？青蠅載止。詔獄難窮，朔方遠徙。左右琴尊，倘佯山水。釋尤來歸，害愠害喜。猗與舊學，復侍今皇。東閣珥筆，南院分章。兩京興禮，除命交相。萬壽來賀，賜衣輝煌。維老成人，宜大宗伯。疾疢俄嬰，優閒竟獲。特荷恩綸，錫之誥策。祖考增封，寵光有赫。胡命不淑，遽捐高閎。士林傷盡，當宁悼驚。贈官宫保，節惠易名。祭遣使諭，葬許官成。嗚呼静存，身歷三聖。華國之文，事上之敬。公議百年，豈無攸定。哀榮一時，於斯爲盛。矧有令子，庭訓孔揚。玉堂接武，金榜傳芳。新亭江遠，鳳臺山蒼。箕裘不墜，冠舄永臧。嗚呼文僖，没而不亡。

## 張太原誄

故懷遠將軍太原左衛指揮同知江都張君諱玉，字克温，起諸生，以受世禄備禦偏頭關若干年，檢身愛士，爲時聞人。屢用敗虜功，被爵賞，而桑林平之捷尤奇。不幸未究其施而以疾卒。公有三子，其孟曰泰，以功進山西都司都指揮僉事；其仲曰頤，舉進士，歷官都察院右僉都御史巡撫宣府；其季曰晉，方以鄉貢士待次禮部。而都憲所以爲顯揚之地在異日者，蓋有大焉。公於此可無憾矣。走不佞辱交都憲公，成化初獲聯官于史局、經幃之間，又同侍青宫，得聞其先事甚悉。故因其請，爲述誄詞一首畀之，以少見通家之義云。

粤張之先，世望清河。孝友維仲，名著弦歌。善積孔厚，子孫寔多。封留佐漢，功尚韓、何。亦有埋輪，遺直靡頗。嘉貞顯唐，高門峩峩。父子弟昆，里號鳴珂。宋相師亮，才勇番番。將兵守代，威懾沙陀。本根百葉，分布條柯。猗懷遠公，故家江北。起于維楊，世濟其德。迨其考君，益培以植。紆金服緋，功在武翊。嗣世得公，長鬚紫色。考厥平生，維祖是式。少遊于庠，好修雅飭。涉獵經史，弗事行墨。玄象堪輿，握奇占扐。苟可輔身，亦罔不力。爰世其爵，動止靡忒。有關偏頭，據山之崱。屏衛京畿，寔是險塞。方公未來，邊事孔棘。曁公戾止，號令有則。言言武弁，爾奉爾職。膴膴屯田，爾力爾穡。死者與槥，懲彼掊剋。逋者代償，卹彼貪冒。一軍大和，鮮或譏慝。有黠者虜，近我關閫。去來如風，勢不可測。抵桑林平，衆也惶惑。大聲叱之，氣已吞賊。鐵甲雕戈，白馬金勒。獨當其鋒，誓以報國。黄塵四驚，赤日未仄。一矢向虜，應弦而踣。從騎乘之，烽火遂熄。還我畜牧，安我反側。孰是大酋，入我微纆。孰是名馬，歸我畢戈。于再于三，殪尒蝥螣。維皇録功，嘉此雄特。綵幣載函，獸錦是織。副之帑金，下自宸極。懋賞屢班，崇階峻陟。子繼孫承，有誥有敕。五十四年，齒壯髮黑。天胡降菑，一疾遂革。行者弔公，罔不太息。麾下哭公，罔不傷盡。太原之郊，奠此塋域。百畜未施，公壽何嗇，於戲哀哉！幸公三子，有武有文。如古三鳳，羽毛繽紛。孟也克肖，提其舊軍。允釐戎務，既清以勤。襲虜籌邊，亦策奇勳。乃受閫寄，名振并、汾。仲職侍從，敻超人群。渠渠史局，紀載華勳。秩秩經幃，鋪張典墳。高文直道，一日登聞。賜衣總憲，刺豸盤雲。受詔行邊，天葩吐芬。士望攸愜，帝憂以分。竚繩祖武，絶彼塞氛。楚楚季子，學窮朝曛。鄉書以薦，宦業方殷。於戲三子，鼎立誾誾。公於九原，胡寧不欣。顧走淺劣，託交次君。聆公之名，如嗅斯薰。誦公之行，如飲斯醺。西矚佳城，宿草初蕡。岸山形勝，磵水聲沄。彷佛英魂，以蒿以焄。敬述斯誄，莫知所云。

## 彭城廢縣賦

予南歸抵徐州境，過所謂彭城廢縣者，默念從古受兵，莫甚于斯，因問舊戰場及戍守之地，漫無知者。蓋徐之爲樂土也，久矣。馬上四顧，山川相望，慨然興懷而爲之賦。

繄歲功之將晏兮，攬予轡而安之。撫周行以長邁兮，歷彭城之舊基。迤蒼山而西騖兮，渺黄河之東馳。苦朔風之孔棘兮，顧寒日而凄其睠。此邦之千里兮，乃水陸之一會。想前朝之攻伐兮，餘戰場于河外。庸默叩于青編兮，付興衰于永嘅。惟偃王之僭王兮，紿侯國以來賓。方周室之殷盛兮，寔肇亂于伊人。偉劉、項之崛起兮，紛逐鹿于亡秦。望睢沙與臺草兮，莽蹤蹟之湮陳。彼操布之相持兮，屬炎政之不振。爰藉州而倡義兮，嘉漢中之懿親。粤五胡之迭興兮，地胥淪于盜據。羌祖生之桓桓兮，稍輯寧夫徐豫。迨典午之中葉兮，又惡鍾于宋裕。亦偃月之堂堂兮，却魏人于兹處。考南北之分疆兮，蓋無日而不兵。計景宗之摧堅兮，與明徹之毁成。固時運之使然兮，貽千載之稱評。問士弘之竊有兮，曾一敗而不支。及從巢之逆温兮，竟覆唐而代之。嗟汴宋之失守兮，尤扼腕其可悲。死趙立于淮陰兮，潰顯忠于符離。近勝國之迄籙兮，復首兵于斯土。何李貳之逋逃兮，罹脱脱于讒苦。固天假以驅除兮，啓真人而作民主也。慶今徐之百年兮，安其生而莫予侮也。

誶曰：

徐之田兮條桑，徐之川兮有梁。弦誦興兮，干戈不揚。舟車會兮，罔有殊方。仰帝力于無窮，徐之樂兮未央。念昔人兮安在？聊述古而成章。

# 哀龍峰詞

成化己亥春二月既望，予謁告省覲，自新安還朝，道出無錫。其明日，縣人武昌太守秦君送予惠山之下，泣指其望中以示曰：「此謂龍峰，嬽得地其址而營之以葬母安人殷氏者也。」既又泫然道安人所以爲女、爲婦、爲母，皆鑿鑿乎孝淑賢慈之實，蓋予心識之不忘。抵京之踰月，秦君寓書告哀於所還往。予固秦君友也，追爲詞三疊以相其哀云。

彼龍峰之趾兮，孰揜斯土？猗安人之居室兮，允孝維女。父客兮何之，我殷疾兮愁苦。歲屢更兮食不甘，恨不爲男兮幹父之蠱。將女宗兮爲期，詎凡子兮可伍。性之純兮壽而康，曷蒼顔兮榛莽。望龍峰兮巋然，嗟孝女兮終古。

彼龍峰之趾兮，生氣攸聚。猗安人之理家兮，允淑維婦。相夫子兮肅雍，晝壼政兮孰予敢侮？髮刀騷兮垂霜，心恭儉兮如許。率女紅兮不爲勞，敬婦之職兮作尔繩矩。何禄命兮愆期，俾夫子兮淚如雨。望龍峰兮挺然，嗟淑婦兮終古。

彼龍峰之趾兮，有營一塢。猗安人之在堂兮，允賢維母。儼鼎峙兮三男，舉華身兮簪組。偉一男兮亢宗，奉鸞封兮綵衣舞。屬榮養兮孔殷，遽神遊兮玄圃。肅音容兮無方，渺青陽兮在户。望龍峰兮蒼然，嗟賢母兮終古。

## 弔嵇莊詞

予在史局，考宋諸傳記，見高郵之地有嵇莊，莊之人曰嵇聳，當文山丞相自北亡歸時，聳迎事其家甚謹，又津遣赴行在。其後工部侍郎柳岳奉降表過莊上，聳憤其賣國，殺之。殆古所謂義俠者也。而史不詳著其事。予過高郵，問莊所在，漫無知者，因爲辭以弔之。

莽予舟兮北征，過淮南之故城。問嵇莊兮何許，懷志士兮如生。方文山兮竄身，脱羈械兮宵遁。望南天兮淚流，孰可雪兮終恨。嗟若人兮傾家，濟纍臣于方困。雖中興兮無期，盡我心而奚論。彼柳生兮胡顔，乃北面于裔戎。賣吾君其奚忍，幸千里兮途窮。凛若人兮奮劍，顧白日兮當空。揮佞首于一擲，竭草野之孤衷。噫！宋社之莫復兮，固天旣之不悔。既夷夏之決防兮，遂忠讒之失類。夫何一士之蹇蹇兮，獨此心之不悖。眷衣冠之濟濟兮，曾編氓之弗逮。豈民彝之未泯兮，繄世教之終在。眄湖水之東流兮，撫桑柘之依依。

黯青陽之西逝兮，澹條風其吹衣。慨去宋之既遠兮，渺人物之俱非。咄前史之靡究兮，豈見略于卑微。想叔世之義俠兮，舍斯人其安歸？

## 程逸士士廣哀詞

士廣諱宗大，世居婺源長徑，與予同出梁將軍忠壯公。長徑人率稱之曰逸士而不名，本其德也。逸士性孝友，凡從子不能存者，以己産易地于柿木段，爲屋安之。好善樂施，建心濟橋、崇福亭以便行者，飾蓮峰、龍潭諸神祠，爲一鄉祈禱之地，墾闢道路，在在有之。丁歲飢，則輸粟以助有司賑貸焉。配秋湖詹氏，婦道母儀，庶幾古人，蓋逸士樂有賢内助而德益劭、名益顯。其卒也，合葬胡倉之原。子四人，曰祥、金、銓、鎬，鎬以輸粟授義官。孫十九人，曰理、紀者，尤秀穎不群，選爲儒學生，屢赴秋試弗利，蓋逸士積善累仁、未食其報而有待于異時者，將在於此。紀嘗從予遊，予編統宗世譜，理與其事，因得逸士之爲人而不及見也。哀之以詞。

眷吾宗之逸士兮，曾幾何而遽亡。惟相湖之分支兮，指星源而東騖兮，望長徑之舊鄉。粤逸士之有生兮，如材木之孔良。尚大禮以爲冠兮，服衆義而爲裳。兮，底星水而益長。

守一敬以爲輿兮，篤正學而爲航。彼群從之無安居兮，考柿木爲之房。彼行人之或病涉兮，駕心濟爲之梁。客路險而莫可遵兮，孰爲之康莊。忽相顧而愕貽兮，歌遠道之尚羊。神棲毁而弗顧歆兮，孰使之焜煌。忽偉觀之在目兮，便鄉人之禜禳。丁歲事之大侵兮，發我居之積倉。嘉一子之應門兮，被束帶而增光。懼家聲之弗振兮，績奕世之書香。儼諸孫之服訓兮，傳兩經而擷芳。惟德善之克備兮，亦女德之交相。方壽考以偕老兮，宜樂養乎高堂。曷優游而卒歲兮，竟全歸于一岡。渺東流之不返兮，嗟西日之不揚。莽宿草之交道兮，鬱宰樹之相望。緊浮生之如許兮，嘆風燭之易戕。獨令名之可傳兮，撫歲月而難忘。將前修之既嗇兮，必後賢之是償。企青紫之連升兮，看門閥之大昌。表宅墓于後來兮，俾祖德之彌彰。雖逸士之不可以復作兮，亦何憾而晝傷。聊陳詞以慰夫人于地下兮，恨莫奠乎椒漿。

## 望雲詞

休寧北街有宋龍圖閣待制查公道之墓，予每過之，輒裴回而後去。公子孫環居其旁甚盛，曰以忠者，尤讀書好禮，思其親不忘，嘗顔其軒曰望雲。予嘉其孝，爲賦望雲詞三章。

雲之興兮油油，澹若絲兮山之頭。蟬綿不已兮，杳莫知其所由。朝吾軒兮相望，渺吾親兮焉求？彼雲之烝然兮來思，增我心之離憂。

雲之行兮靄靄，紛若絮兮山之外。廣漠無方兮，莽不知其所届。晝吾軒兮相望，嗟吾親兮安在？彼雲之飄然兮何之？發我心之長嘅。

雲之歸兮溶溶，騰若馬兮山之中。委蛇無餘兮，忽不知其所終。暮吾軒兮相望，眷吾親兮何從？彼雲之漠然兮去之，重我心之忡忡。

## 忠愛廟四時哀詞

忠愛廟者，閩汀之人以奉其郡推謝侯得仁者也。初，謝侯爲汀有惠政，民以不冤，而又當鄧寇之亂，力戰堅守，以完其郡、生其人，劇盜漸平而卒于軍。故汀人哀思之不置，又相與私祀之甚久。成化初，有司以聞，乃秩諸祀典，而號其廟忠愛云。前此，敏政之族兄熙嘗倅于汀，能道侯事，蓋每有懷賢之感而莫致瓣香之敬焉。比來京師，侯之子今少宗伯先生，復出先師李文達公所爲侯墓表相示，因益以知其家世行治之詳，輒不自揆，爲撰四時哀詞，遺汀之人，以相夫歲之有事于廟中者。

嗟侯之不可作兮，經今幾春？汀民思侯兮，曾不間乎夕晨。青陽來兮駘蕩，紛碧草兮如茵。倉庚鳴兮下上，裊垂柳兮映人。仰侯像兮在堂，儼朝衣兮端鞸紳。我遺黎兮孫子，念歲事兮更新。觥有注兮村醴，俎有薦兮溪蘋。感侯之德我兮涕下，侯無忘兮汀之民。

嗟侯之不可作兮，經今幾夏？汀民思侯兮，每登高而望松檟。羌薰風兮應弦，倏大雨兮鳴瓦。朱實紛兮垂庭，鬱青苗兮被中野。我侯兮何之，廟巋然兮山之下。扶老兮携孫，遲侯來兮車馬。新麥薦兮滿盤，清酤酹兮三斝。侯無忘兮汀之民，感侯之德兮，我淚盈把。

嗟侯之不可作兮，經今幾秋？汀民思侯兮，揮予涕而莫收。慘涼風兮夜發，望大火兮西流。采黄葉兮别浦，擷芳芷兮中洲。告西成兮祠之下，紛羽衛兮鳴騶。彼欒公兮已矣，孰如汀兮社吾侯。動絲竹兮歌賽，燕雞豚兮膳羞。汀之民兮侯不忘，我民之感德兮無時休。

嗟侯之不可作兮，經今幾冬？汀民思侯兮，淚莫知其所從。交密霰兮在地，凛朔吹兮鳴空。溪水落兮石露，瘴雲消兮日中。奉侯鞸兮遺愛，撫侯劍兮遺忠。幸我民兮農隙，感流光兮歲窮。開臘醅兮謝侯功，插寒梅兮爲侯容。願無忘汀民兮如子，感侯之德我兮如翁。

# 厚德羅先生誄

公諱昇，字進善，泰和人。其先蓋出于旌孝羅氏，世業儒，而公之大父子理入國朝首舉進士，同知德安府事，以廉介弗偶聞。至公不幸早孤，益勤其身以懋纘先世之德業，因自號進修。受學其外世父太師楊文貞公，文貞愛育之，與諸子恒均。其卒也，年僅四十有九。文貞之子奉常公叔簡題其墓曰「大明厚德羅先生」，君子謂之稱情。于今蓋三十年矣，公之子明仲遂以經術致身，受國之寵而貤之公，初贈翰林編修，再贈司經洗馬。君子又知天之報善人，固有出于身後而不爽者。惜予生晚，不及升堂考德問業，而獲與明仲遊，同事於史館、經筵最久，同爲宮僚，受麗澤之益最深。蓋因明仲而益得公之爲人。於是敬述群行，爲誄詞一通，用致景行之意，且以告夫四方士之未知公者。

猗歟羅氏，系出祝融。儲休委祉，望江西東。或爵之顯，或貲之雄。有赫旌孝，益稱碩宗。維此旌孝，在宋之紀。始望太和，曰伯壽氏。封股藥親，誠孝曷比。帝書在門，永照墟里。傳世凡幾，迺至德安。以經起家，以道守官。維蘗斯苦，維冰斯寒。罹枉被謫，操豈不完。吁嗟乎公，德安孫子。斬焉遺孤，失所棲止。身羈西戎，籍未東徙。如玉如金，沙石叢委。吁嗟乎公，道豈終貧。維天祚善，悔銷慶臻。孰其保之，嚴嚴孺人。孰其拯之，赫赫師臣。維此師臣，異姓伯父。愛公比兒，悼公何怙。既授之經，載正其譜。維公孑然，志亦繩武。隱惡必瞀，懼菑其身。善言必踐，懼辱其親。賢哉乎公，緊性之醇。心如處子，行方古人。孰從貴游，歛容退却。孰薦公車，力辭末學。賢哉乎公，惟義之樂。謝彼塵氛，安此丘壑。謂公眉壽，爲士之依。孰謂公疾，而與世違。此夕何夕，雲昏少微。羊羊之嶺，溘焉全歸。肅肅奉常，師臣之嗣。厚德之名，爰勒墓次。如漢有道，匪我私謚。美哉稱情，身後之事。嗚呼厚德，没今幾秋。有偉震器，克對先猷。爰奉詩禮，卒其進修。及第于廷，名動九州。史館儲闈，卓收儒效。貤恩贈公，有敕有誥。既世其忠，亦世其孝。孰謂善人，而罔食報。維我無似，属在後生。獲友公子，聿思老成。敢述群行，慰于冥冥。嗚呼厚德，百世之徵。

## 邊先生哀詞

邊先生之捐館于任丘也，鄉人子弟相與弔且哭曰：「噫，先生古人也，而今遂不可作矣。」先生以經術取進士，爲行人、爲户部二十年，而伈伈若無官之人，屢乘使軺，不辱君命。晚司邦計，善於其職，而默默若無能，其所發宏矣，而先生持之以恂恂。謝政十餘年，享壽八十有一，其所得侈矣，而先生處之以兢兢。蓋其施于身者有淳謹樸茂之行，積于家者有孝弟忠厚之澤，與漢之萬石君相類，故禄至于大夫，封至于金紫，人不以重輕而獨曰邊先生者，以德不以官也。古所謂「鄉先生没而祭于社」者，其庶幾乎？走之先尚書襄毅公與先生契交，而走與都憲同受業閣老吕文懿公之門，每以童子登先生之堂，奉几杖而聆誨言，故於其没也，尤盡然不能忘，輒爲哀詞一章，以自附于通家之義。

猗嗟先生非今之人兮，其言之訒而行之醇兮。發軔仕途無停輪兮，南走越裳而西入秦兮。進署東曹揭垂紳兮，朝計蓊萎而莫閱困兮。郎位老成宜奉宸兮，孰使之歸而逸其身兮。社鼓闐闐會比隣兮，杖屨雍雍撫松筠兮。舉目菑畬，凛先業之未湮兮；遶膝斑斕，喜後嗣之益振兮。矧有子而桓桓作憲臣兮，抑有孫而娟娟異常倫兮。白髮朱顔際昌辰兮，踰八望九樂天真兮。云胡遘疾而遽罹屯兮，有登于堂索其賓兮，有飲于鄉弃其僎兮。奠出九重，列鼎食于重茵兮；恩隆一丘，表碩行于堅珉兮。嗟嗟生死如隔晨兮，望望桑榆倏經春兮。豈無貴富，等浮塵兮。孰如先生，里之仁兮。蓊鬱家林，緑蓁蓁兮。嗚咽河水，白粼粼兮。羌德容之莫親兮，悵教言之若新兮。寓蕪詞于一陳兮，寫我心之哀呻兮。

## 屠公哀詞

竹軒居士屠公諱機，字汝敬者，平湖之聞人也。教其子勳，舉進士，歷官南京大理寺右丞，再受封至奉政大夫刑部郎中乃卒，葬邑之鄂陽山五年矣。予嘗聞其賢，未之獲識。邇者被放南歸，始得李學士賓之所爲銘文讀之，益知其詳。而予於大理君雅厚善也，則爲詞一通以哀公，致懷賢之思焉。

緊鄂陽山之何許兮，渺白雲之悠悠。下瞰平湖之水兮，浩無聲而東流。悵若人之已矣兮，藏冠舄于斯丘。雖聲容之日遠兮，羌德音之未休。惟夫人之抱奇操兮，允可覬于前修。紉蕙蘭以爲佩兮，緝芙蓉而爲裘。時脱略乎塵鞅兮，亦容與于芳洲。强吾莫之懼兮，弱吾莫與之仇。謹禮維與義防兮，前吾行于大猷。粤歲之孔侵兮，念同胞之瘦死。發私廪以賑之兮，拯菜色于安止。彼官服之與官階兮，初何心于爲市。令款門以至再兮，堅吾讓而終已。凛玄冬以夕游兮，聞泣聲而呱呱。解縶人于水國兮，得更生于窮途。奉百金以爲壽兮，猶此報之曷紓。急麾之而弗納兮，豈吾行之可渝。亶至性之天成兮，知孝弟之在我。

生舐其患瘍而愈兮，没又廬于墓左。雖先民之奉慈兮，亦何慚于印可。疾吾事之終身兮，子又恤其坎坷。眷愛兄之若斯兮，誠有警于嵬瑣。矧内子之聯德兮，人聿稱其肅雝。彼三女之來歸兮，迺中處無愠容。挺七桂之森森兮，益克昌于屠宗。非夫子之示則兮，將内治之憧憧。顯有嫡之一郎兮，式克遵于王度。起一經而登仕兮，匪有慕于貴富。佐廷尉而帝汝嘉兮，歷要津而上溯。非而子之克家兮，寔義方之有素。噫賢聲之孔碩兮，終莫掩于聽論。觀鄉射之禮行兮，飲惟公之是尊。凡十有二賓席兮，作儀範于里門。被命服以昭德兮，仰天語之粹温。由郎大夫以漸進兮，彰勸善之貤恩。胡閲世七十有五歲兮，遽返駕于昆侖？驚馬没雲散于一朝兮，恨高風之不可即也。惟琴書之與杖履兮，將儼然如昨日也。望嘉禾之仙里兮，莽予思之東馳。采山花以崇豆兮，挹湖光而薦巵。擊琅玕而些夫子兮，魂庶幾其聽之。徒怊惝而莫予遂兮，聊遡風而陳詞。

## 永思堂辭

都憲光山熊公騰霄失怙恃之三年，舉進士，登科之録署曰「永感」。既出宰武進，乃題其故里之堂曰永思。感其禄不逮而終慕之意也。故太宰王公武進人，實記之，而搢紳大夫爲之贈詠成卷矣。公出入中外幾三十年，所至必以自隨，遇相知，必出以求益。其思之弗置如此。弘治丙辰春，自山東馳書新安，請予一言。予方在疚，凡一切文事久已謝去，然發公之書而重其意，爲賦哀詞一章，且序其事，見予言之不得已也。

晨登吾堂而省兮，恍音容之猶炳炳兮。孰使予不敢仰視而氣屏兮，覺吾親之不可得而駐茲景也。羌庭戺之閒靜兮，越風雨之凄冷兮。等百世于一刻之頃兮，亦孰以泄吾之悲哽兮？惟訓言之恒警兮，庶以盡吾之耿耿兮。

昏登吾堂而定兮，若有聞乎欬與謦兮。孰使予之若夢而伏聽兮，呼吾親而莫之應也。悵紅日之既暝兮，又白煙之交凝兮。慨九原之不可即而遼夐兮，其孰使吾目之瞑兮？迪吾後以義方而或感兮，庶吾思之或稱兮。